The 1st step to digital marketing

1

からの
デジタル・
マーケティング

西川英彦
澁谷 覚 編著

発行所：碩学舎
発売元：中央経済社

序　文

　皆さんは、デジタル・マーケティングは何だか難しそう、自分には縁がないものだと思っているかもしれない。だが実際には、「LINEでクーポンを手に入れた」とか、「お気に入りの商品の画像をインスタグラムにアップした」などの経験をしただけで、すでに皆さんはデジタル・マーケティングに関わっているのである。このように、皆さんにとってデジタル・マーケティングは実はとても身近な現象なのである。

　本書は、デジタル・マーケティングをはじめて学ぶ方、あるいは１から学び直したい方のためのテキストである。デジタル・マーケティングを学ぶための書籍は、世の中にたくさん存在する。だが、これらの多くは、技術的ノウハウやツールの使い方などを解説する実践書であったり、専門用語が多くて難しかったり、あるいは内容に偏りがあったりと、デジタル・マーケティングの基礎知識となる「理論」や「概念」を体系的にわかりやすく学べる標準的なテキストは見当たらない。このことの背景には、デジタル・マーケティングを取り巻く市場の変化が速いことや、関連する理論や概念の変化が速いこと、そして、そのために標準的なテキストを作成することが難しいこと、などの業界や書き手側の事情もある。

　このような事情にもかかわらず、本書はあえてデジタル・マーケティングの標準的なテキストを作成することを目指して執筆と編集を行った。そのため本書では、いくつかの工夫をしている。

　まず第１に、従来からの伝統的マーケティングの枠組みを使って、伝統的マーケティングを説明しつつ、デジタル・マーケティングの理論や概念を解説していることである。そのことで、デジタル・マーケティングの理論や概念を体系的に理解しやすくなるというだけでなく、伝統的マーケティングとの違いが理解できる。具体的には、伝統的マーケティングのSTP（セグメンテーション、ターゲティング、ポジショニング）や、４Ｐ（製品、価格、チャネル、プロモーション）が枠組みとして利用され、その変化が説明される。このような方法を用いた理由は、今日のデジタル社会においても伝統的マーケティングとデジタル・マーケティングは両方とも必要だからであり、そして、そのために両方を体系的に関連付けて理解することがきわめて重要だからでもある。

第2に、理論や概念の変化が激しい中でも、変わらずに重要であり続けている、デジタル・マーケティングの基礎として学ぶべき理論や概念を説明していることである。そのために、多くのデジタル・マーケティング関連のテキストや研究を参考にしつつ、マーケティングの各分野の優秀な研究者を執筆陣に招き、何回もの議論を重ねて、基礎となる理論や概念を選別した。とりわけ、『コトラーのマーケティング4.0：スマートフォン時代の究極法則』は、本書の全体を通して参考とした。ぜひ、本書の次に読んでもらいたい。

　第3に、アマゾンや食べログ、メルカリ、無印良品など身近な企業のケースを通して、デジタル・マーケティングの概念や理論を説明していることである。執筆陣と重ねた議論の中で、それぞれの概念や理論を理解する上で代表となる事例を選別し、メインケースとして詳しく取り上げ関連づけることで、皆さんの理解を手助けしている。

　第4に、理論や概念をできるだけわかりやすい言葉で、そして事例を使いながら具体的に説明していることである。専門用語を使う際にも、はじめて学ぶ方が理解できるように、その意味の説明を行うようにしている。

　第5に、シンプルな3部構成にして、理解をしやすくしていることである。まず「第Ⅰ部 デジタル・マーケティングとは」において、デジタル社会の特徴や、顧客側の消費者行動の変化、企業側のビジネスモデルの変化などのデジタル・マーケティングの全体像を理解した上で、次の「第Ⅱ部 デジタル・マーケティング戦略」において、4Pの各戦略の基本と拡張を学び、最後の「第Ⅲ部 デジタル・マーケティングのマネジメント」において、デジタル・マーケティングを実践するためのツールやインフラを理解できるようにしている。

　このように本書を通して、デジタル・マーケティングが皆さんにとってとても身近な現象であることが理解できるだろう。言い換えれば、それだけ身近な現象であるデジタル・マーケティングを学ぶことは、皆さんにとって不可欠であるともいえるのだ。デジタル・マーケティングの基礎知識を身につけ、身近な現象と結びつけつつ深く理解することを通じて、ますます進展するデジタル社会で皆さんが活躍されることを期待している。

2019年1月

編著者　**西川英彦・澁谷　覚**

CONTENTS

序　文　i

第Ⅰ部　デジタル・マーケティングとは

第1章　デジタル社会のマーケティング————— 3
　　　　　　—アマゾン

1　はじめに……………………………………………… 4

2　アマゾン…………………………………………… 4
　　創　　業・4
　　サイト開始・5
　　エブリシングストア・6
　　マーケットプレイス・7
　　プライム会員・8
　　さらなる拡大・9

3　リーチとリッチネス……………………………… 9
　　リアル社会：情報とモノの一体・9
　　デジタル社会：情報とモノの分離・11

4　デジタル・マーケティング……………………… 13
　　デジタル・マーケティングとは・13
　　デジタル・マーケティング戦略・15
　　デジタル・マーケティングのマネジメント・17

5　おわりに…………………………………………… 17
　　Column 1 - 1　インターネットと情報端末・10
　　Column 1 - 2　アーキテクチャの生態系・14
　　考えてみよう／次に読んで欲しい本・18

1

❖目　　次

第2章　デジタル社会の消費者行動―――――――― 19
　　　　 ―食べログ

1　はじめに……………………………………………… 20
2　食べログ……………………………………………… 20
　　食べログの概要・20
　　外食市場における標準的なカスタマー・ジャーニー・22
　　消費者行動の変化と対応・24
3　カスタマー・ジャーニー…………………………… 26
　　カスタマー・ジャーニーとタッチポイント・26
　　消費者購買意思決定モデルとカスタマー・ジャーニー・28
4　デジタル・リテラシー……………………………… 28
　　デジタル・リテラシーとは・28
　　食べログとデジタル・リテラシー・31
　　デジタル社会とデジタル・リテラシー・31
5　おわりに……………………………………………… 32
　　Column 2 - 1　ソーシャルグラフとインタレストグラフ・25
　　Column 2 - 2　90-9-1の原則・29
　　考えてみよう／次に読んで欲しい本・33

第3章　デジタル社会のビジネスモデル――――――― 35
　　　　 ―メルカリ

1　はじめに……………………………………………… 36
2　メルカリ……………………………………………… 36
　　メルカリとは・36
　　メルカリの仕組み・38
　　メルカリの成長・39
3　プラットフォーム……………………………………41
　　プラットフォームとは・41
　　プラットフォームの特徴・42
4　ネットワーク効果…………………………………… 43

目　次 ❖

　　サイド内ネットワーク効果とサイド間ネットワーク効果・43
　　ネットワーク効果が企業の成功にもたらす影響・45
　5　おわりに……………………………………………………… 47
　　Column 3 - 1　先発優位・後発優位・40
　　Column 3 - 2　スイッチングコスト、マルチホーミングコスト・46
　　考えてみよう／次に読んで欲しい本・47

第4章　デジタル・マーケティングの基本概念———— 49
　　　　―無印良品
　1　はじめに……………………………………………………… 50
　2　無印良品……………………………………………………… 50
　　主婦の一言・50
　　顧客との共創・51
　　ネットとリアルの補完・53
　3　協　　働……………………………………………………… 55
　　一方向から協働へ・55
　　STPから顧客コミュニティによる承認へ・56
　4　マーケティング・ミックス………………………………… 59
　　4 Cの重要性・59
　　デジタル社会のマーケティング・60
　　デジタル社会のマーケティング・ファネル・62
　5　おわりに……………………………………………………… 63
　　Column 4 - 1　パーミッション・マーケティング・58
　　Column 4 - 2　絶対価値・61
　　考えてみよう／次に読んで欲しい本・63

3

❖ 目　次

第Ⅱ部　デジタル・マーケティング戦略

第5章　製品戦略の基本―――――――――――――――― 67
―アップル

　1　はじめに…………………………………………………… 68
　2　アップル…………………………………………………… 68
　　　アップルミュージック・68
　　　音楽配信事業の市場環境・69
　　　HomePodの市場導入・70
　3　デジタル財………………………………………………… 71
　　　デジタル財とは・71
　　　カスタマイゼーション・74
　4　IoT………………………………………………………… 75
　　　IoTとは・75
　　　IoTがもたらす機会・77
　5　おわりに…………………………………………………… 78
　　　Column 5 - 1　標準化戦略・73
　　　Column 5 - 2　n 次創作・78
　　　考えてみよう／次に読んで欲しい本・79

第6章　製品戦略の拡張―――――――――――――――― 81
―レ　ゴ

　1　はじめに…………………………………………………… 82
　2　レ　　　ゴ………………………………………………… 82
　　　レゴの沿革・82
　　　マインドストーム事件・83
　　　次世代マインドストームの開発・84
　　　レゴアイデア・85

目　次 ❖

3　クラウドソーシング……………………………………………… 86
　クラウドソーシングとは・86
　問題解決と予測・87
　クラウドソーシングの有効性・89
　クラウドソーシングの参加者・89

4　イノベーション・コミュニティ……………………………… 90
　消費者主導のコミュニティ・90
　オープンソース・ソフトウェア・90
　イノベーション・コミュニティの有効性・91
　イノベーション・コミュニティの参加者・92
　イノベーション・コミュニティと企業の関係・92

5　おわりに……………………………………………………………… 93
　Column 6-1　オープン・イノベーション・88
　Column 6-2　メイカー・ムーブメント・93
　考えてみよう／次に読んで欲しい本・94

第7章　価格戦略の基本 ———————————————— 95
　　　　　　　—ANA

1　はじめに……………………………………………………………… 96
2　ANA…………………………………………………………………… 96
　ANAの設立と成長・96
　ANAの価格戦略の経緯・97
　ANAのマイレージ・プログラム・98

3　時期に対応したダイナミック・プライシング……………… 100
　ダイナミック・プライシングとは・100
　需要予測の重要性とレベニュー・マネジメント・101
　時期に対応したダイナミック・プライシングにおける注意点・102

4　顧客に対応したダイナミック・プライシング……………… 102
　ダイナミック・プライシングの拡大・102
　顧客の収益性に応じたダイナミック・プライシング・105

5

❖ 目　次

顧客に対応したダイナミック・プライシングの課題・105

5　おわりに……………………………………………………… 107

Column 7 - 1　フリーミアム・103

Column 7 - 2　サブスクリプション・106

考えてみよう／次に読んで欲しい本・107

第8章　価格戦略の拡張 ——————————— 109
——エアビーアンドビー

1　はじめに…………………………………………………… 110

2　エアビーアンドビー………………………………………… 110

エアビーアンドビーの成り立ち・110

エアビーアンドビーのビジネスモデル・112

エアビーアンドビーの料金システムと決済方法・113

3　消費者間取引のダイナミック・プライシング……………… 114

消費者間取引における価格の役割・114

消費者間取引における参加型価格決定メカニズム・115

消費者間取引のダイナミック・プライシングとは・116

4　電子決済……………………………………………………… 118

電子決済とは・118

電子決済システムの買い手側のメリット・118

電子決済システムの売り手側のメリット・121

電子決済システムと消費者間取引・121

5　おわりに……………………………………………………… 122

Column 8 - 1　クラウドファンディング・117

Column 8 - 2　電子通貨と仮想通貨・120

考えてみよう／次に読んで欲しい本・122

第9章　チャネル戦略の基本 ——————————— 123
——ユニクロ

1　はじめに…………………………………………………… 124

目　次 ❖

2　ユニクロ────────────────────── 124
　ユニクロの概要・124
　ユニクロのビジネスモデル・126
　デジタル社会におけるユニクロの対応・127

3　ダイレクトモデル（直販）───────────── 128
　間接流通と直接流通・128
　流通における中間業者介在の意義・129
　ユニクロのダイレクトモデル・130
　ビジネスモデル変化の背景・131

4　オムニチャネル───────────────── 131
　チャネルの変遷・131
　チャネル変化とカスタマー・ジャーニーの変化・132
　ユニクロのオムニチャネル化・134
　オムニチャネル化の背景と課題・134

5　おわりに──────────────────── 136
　Column 9 - 1　ショールーミングとウェブルーミング・133
　Column 9 - 2　消費シーンに近づくチャネル機能・135
　考えてみよう／次に読んで欲しい本・136

第10章　チャネル戦略の拡張────────── 139
　　　　　─ウーバー

1　はじめに──────────────────── 140
2　ウーバー──────────────────── 140
　ウーバーの概要・140
　ウーバーの成長と対立・141
　ウーバーを支える技術と仕組み・143

3　消費者間取引───────────────── 144
　消費者間取引の仕組み・144
　消費者間取引を支えるポイント・147

4　シェアリング・エコノミー───────────── 147

7

❖ 目　次

シェアリング・エコノミーの特徴・147

シェアリング・サービスに向いている製品やサービス・148

5　おわりに……………………………………………………… 150

Column10-1　３D技術・146

Column10-2　レンタルとシェア・149

考えてみよう／次に読んで欲しい本・151

第11章　プロモーション戦略の基本 ——————— 153
―ローソンクルー♪あきこちゃん

1　はじめに………………………………………………………… 154

2　ローソンクルー♪あきこちゃん………………………………… 154

SNSアカウントの開設と「あきこちゃん」・154

「あきこちゃん」機能の発展・157

「あきこちゃん」の効果・157

「ローソン研究所」での活躍・158

3　トリプル・メディア……………………………………………… 160

ペイド・メディア・161

オウンド・メディア・162

アーンド・メディア・163

4　コンテンツ・マーケティング…………………………………… 163

コンテンツ・マーケティングとは・165

コンテンツ・マーケティングが重視される背景・165

コンテンツ・マーケティングの実行・166

5　おわりに………………………………………………………… 168

Column11-1　企業アバター・156

Column11-2　YouTuber・164

考えてみよう／次に読んで欲しい本・168

目　次　❖

第12章　プロモーション戦略の拡張————————————————— 169
　　　　　—トリップアドバイザー

　1　はじめに…………………………………………………… 170

　2　トリップアドバイザー………………………………………… 170
　　トリップアドバイザーとは・170
　　情報の透明化・172
　　消費者と施設に与えた影響・173

　3　クチコミ……………………………………………………… 174
　　消費者のクチコミ動機・175
　　広告とクチコミ・177

　4　共同格付け…………………………………………………… 178
　　消費者が共同格付けを参考にする理由・179
　　バンドワゴン効果とスノッブ効果・179
　　共同格付け情報のメディア性・180

　5　おわりに……………………………………………………… 181
　　Column12-1　インフルエンサー・178
　　Column12-2　炎上・182
　　考えてみよう／次に読んで欲しい本・183

第Ⅲ部　デジタル・マーケティングのマネジメント

第13章　デジタル社会のリサーチ————————————————— 187
　　　　　—グーグル

　1　はじめに…………………………………………………… 188

　2　グーグル……………………………………………………… 188
　　創業の原点・188
　　競合他社との違い・190
　　さらなる成長・191

9

❖ 目　次

3　探索的リサーチ ……………………………………………… 192

ビッグデータの収集と分析・192

ソーシャル・リスニング・193

4　検証的リサーチ ……………………………………………… 196

マーケティング活動の効果測定・197

A/Bテスト・198

5　おわりに ………………………………………………………… 199

Column13-1　ネトノグラフィー・195

Column13-2　エムロック・196

考えてみよう／次に読んで欲しい本・200

第14章　デジタル社会のロジスティクス ―――――― 201
　　　　―ヤマト運輸

1　はじめに ………………………………………………………… 202

2　ヤマト運輸 …………………………………………………… 202

宅配便の誕生・202

宅配便の高付加価値化・204

物流情報システムの整備・205

3　ロジスティクス ……………………………………………… 206

物流ネットワーク・206

物流改革の動き・209

4　再　配　達 …………………………………………………… 211

オンライン小売業との法人契約・211

ドライバーの配達業務量・212

配達先とのすれ違い解消・212

5　おわりに ………………………………………………………… 214

Column14-1　ドローン・207

Column14-2　倉庫・RFIDタグ・210

考えてみよう／次に読んで欲しい本・214

目　次 ❖

第15章　デジタル社会の情報システム ——————— 215
—セールスフォースドットコム

1　はじめに……………………………………………………… 216
2　セールスフォースドットコム……………………………… 216
　　企業向けクラウドのパイオニア・216
　　高い成長性と効率性の両立・218
　　顧客情報のセキュリティが肝心・218
　　スクラム開発への転換と顧客への展開・220
3　クラウド……………………………………………………… 221
　　クラウドの全体像・221
　　クラウドの特徴・223
4　アジャイル開発……………………………………………… 224
　　ウォーターフォール開発・224
　　アジャイル開発の背景・226
　　アジャイル開発の特徴・227
5　おわりに……………………………………………………… 228
　　Column15-1　プライバシー・219
　　Column15-2　AI（人工知能）・225
　　考えてみよう／次に読んで欲しい本・229

〔参考文献〕…………………………………………………………… 231
〔索　　引〕…………………………………………………………… 237

第 I 部

デジタル・マーケティングとは

第 **1** 章

デジタル社会のマーケティング

：アマゾン

1　はじめに
2　アマゾン
3　リーチとリッチネス
4　デジタル・マーケティング
5　おわりに

❖ 第Ⅰ部　デジタル・マーケティングとは

1 はじめに

　皆さんは、たくさんの友人と、非常に内容の濃い情報を共有できるだろうか。こうした共有する友人数など情報の量を「リーチ」、そして内容の濃さなど情報の質を「リッチネス」とすると、一般的には多くの友人と濃い情報の共有は難しく（リーチが広がれば、リッチネスは下がる）、少ない友人と濃い情報の共有はしやすい（リーチが狭ければ、リッチネスは上がる）。このように、リーチとリッチネスは、トレードオフ（二律背反）の関係にあるのだ。

　確かにリアル社会では、そうかもしれない。だが、デジタル社会になり、SNSがその関係を大きく改善した。リーチとリッチネスをともに高くすることを可能にしたのだ。これが、デジタル社会を理解する上での基礎理論となる。インターネットという新しいインフラストラクチャー（インフラ）と、パソコンやスマートフォン（スマホ）などの情報端末の登場が契機となり、多くの消費者や企業が、リーチとリッチネスをともに高く、つながることのできるデジタル社会となった。このことが、いままでのマーケティングの前提を大きく変えることになる。

　本章は、デジタル・マーケティングの背景となるデジタル社会の基礎理論や、本書全体の構成を理解するためにデジタル・マーケティングとは何かを、米国オンライン小売市場の4割を占め、徹底的顧客志向と、創業期のスピード感を失わず「Day One」（まだ初日）哲学を実践し続けるアマゾンドットコム（以下、アマゾン）をケースに学ぶ。

2 アマゾン

❖ 創　　業

　アマゾンは、インターネットを利用した新規事業のアイデアの1つとして、ニューヨークの投資会社の創業者と、その社員であったジェフ・ベゾスとの会議から生まれた。無料電子メールやオンライン証券に加え、「インターネット企業が

メーカーと消費者をつなぎ、世界に向けてあらゆる商品を販売する」という「エブリシングストア」の事業アイデアが出てきた。

ベゾスは、ネットの普及速度をみて、事業が急成長すると予測した。最初に1つの市場を立ち上げれば、他の市場に展開できると考えた。コンピュータソフトウェア、事務用品、アパレル、音楽など20種類の候補の中から、書籍が選択された。書籍は、商品の品質を心配せずに顧客が購入でき、大手卸売があり仕入れが簡単で、大型書店でもすべての在庫をもつことが不可能なほど種類があり、インターネットの強みを活かせると考えたのだ。

だが、会社の中の新規事業では、自分の会社にはならない。独立を決断した30歳のベゾスは、本を素早く入手できるよう大手卸売の倉庫があるワシントン州のシアトルに移動し、1994年に起業した。

【写真1-1　ジェフ・ベゾス】

写真：AP/アフロ

❖ サイト開始

1995年春、友人数十人に秘密裏にテスト。文字だけのサイトで、見た目はたいしたことはなかったが、ショッピングカートや簡単な検索エンジン、クレジットカードを安全に入力する仕組みも用意されていた。7月には、一般公開。大型書店でも約18万タイトルしかない中、100万タイトルを超える書籍が買える「地球最

❖ 第Ⅰ部　デジタル・マーケティングとは

大の書店」が誕生した。ロスリーダー（目玉商品）として、新刊やベストセラーを
40％割引とした。大手書店の常套手段だが、その割引率を大きく超えた上に、そ
れ以外の本もすべて10％引きとした。

　すぐに、レビュー機能も登場。ベゾスは、先行するオンライン書店サイトより、
顧客が書いた書評が多くなれば、有利になると考えた。しかも、否定的なレビュー
も掲載した。それに対し、出版社役員から文句がでたが、顧客の判断の助けになる
と反論した。こうしてアマゾンは躍進するが、大手書籍チェーン店は、自らのリア
ル書店の売上を奪う可能性をもつ、オンライン書店を始めることには消極的であっ
た。さらに、大手チェーンの流通の仕組みも個人配送には向いていなかった。

　1996年には、第三者のサイトの書籍紹介経由の顧客がアマゾンで購入すると、
紹介料８％をその第三者に支払う「アフェリエーション」という、大きなイノベー
ションが誕生した。他のサイトをアマゾンの傘下にするようなものであった。さら
に、顧客が購入した本から、レコメンデーション（推薦）する機能も誕生した。顧
客がある本を購入した際に、全顧客の購買履歴をもとに、その本と一緒に（時期は
異なっても）購入された別の本を顧客に勧めた。これが売上を牽引したのである。

❖❖ エブリシングストア

　1998年にベゾスは、在庫可能な品目が多く、かつリアル店舗では見つかりにく
くて郵送しやすいカテゴリーを探すように指示。音楽CDと映像DVDが選ばれ、書
籍と同じように、卸売からの仕入れから始め、実績を積んだ後に大手メディアと直
取引し、成功をおさめた。サイトに掲げたスローガンも「地球上で最大級の品ぞろ
え」、つまり「エブリシングストア」へと変化した。同じ頃、クレジットカード情
報と届け先をあらかじめ取得し、ボタンを１回クリックするだけで注文を完了でき
るという「ワンクリック」というサービスも誕生した。

　1999年には、玩具と家電にまで拡大。だが、卸売がないため仕入れで苦戦した。
電子小売業のシステムがなく苦労していたトイザらスからの打診があり、物流セン
ターに在庫を預かりアマゾンで販売した。アマゾンの中で、コストが最もかかる部
分を他社が利用するというプラットフォーム・ビジネス（第３章参照）への第１歩
となった。他にも提携し、短期的に収益をもたらしたが、その後提携は解消した。
無限の品揃えという目標を他社頼みとすることをベゾスは気に入らなかったのだ。

❖ マーケットプレイス

　オークションサイトのイーベイが急成長する中、エブリシングストアという称号を奪われることを危惧したベゾスは、1999年にアマゾンオークションを開始。だが、決まった価格で購入できるサイトと、アマゾンを認識している顧客にとって、オークションサイトは馴染まずに失敗した。その後、零細小売店が出店できるプラットフォームへと進化したが、それも不調であった。

　その原因は、プラットフォーム上のアマゾン以外の売り手による商品ページがアマゾンのサイト内で孤立していて顧客の目に留まらないためだった。多少なりとも発生しているプラットフォームの商品ページへのアクセスをベゾスらが分析すると、直接アクセスされているのではなく、アマゾンの類似商品ページに自動的に貼られたリンクからのアクセスが大部分であった。アマゾンの商品ページ経由というのは重要な発見であった。イーベイでは商品名で検索すると何十ページも見つかり顧客のアクセスは分散するが、アマゾンでは商品情報の充実したページが1つだけ見つかり、そこに顧客のアクセスは集中していたのだ。

　インターネット上で一番充実した信頼できる商品情報を数多くもつのがアマゾンの強みで、この活用こそがプラットフォーム成功のカギだとベゾスらは気づいた。アクセスが多いアマゾンの商品ページに、アマゾンが販売する商品と並べて、社外の売り手の商品を掲載するというマーケットプレイスの仕組みを開発した。

　最初に扱われた古本では、顧客は古本の価格が安い時、あるいはアマゾンの欠品時に購入でき、アマゾンは手数料を受け取ることができた。だが、出版社や作家から新刊が売れなくなると批判を受け、社内でも第三者に売上を取られると衝撃が走った。ベゾスは、顧客の選択肢が増え、アマゾンの品揃えが充実するなら問題はないと、取り合わなかった。

　この思想を支持するモデルが描かれた。2001年外部講師の教えにより、ベゾスたちは、事業を強化する良い循環である「弾み車」を描き出した（図1-1）。低価格にすると、顧客体験が向上し、来客数が増える。来客数が増えると、手数料を払ってくれる第三者の売り手が集まる。そうなれば、サーバーや物流センターなどの固定費を有効活用でき、低コスト構造になる。低コスト構造になると、さらに価格を引き下げられる。どの部分からでも弾み車を押すことができれば、好循環のスピードを上げられるというわけだ。

❖ 第Ⅰ部　デジタル・マーケティングとは

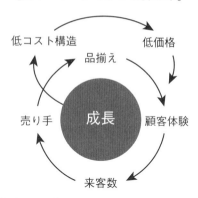

【図1-1　アマゾンの弾み車】

出所：アマゾンサイトをもとに著者訳・作成

❖ プライム会員

　ベゾスは、顧客はクチコミで集まるので、顧客体験の改善が、最も弾み車を回せると考えた。配送料無料キャンペーンが、それだ。だが、すべての無料化は難しい。航空会社は、目的地に土曜宿泊するレジャー顧客には割引価格で提供し、平日移動する会社経費で購入してくれるビジネス顧客には割引をしない。ベゾスは、急ぐ顧客には今まで通り有料配送し、急がない顧客には一定金額以上購入すると無料にして、トラックに余裕があるときに宅配業者や郵便で届ければ、費用を抑えられると考えた。導入の結果、1回当たりの購入金額も増加し、他のカテゴリーでの購入も増えるという結果となった。

　2004年には、逆に時間を優先する人への2日以内配送の無料サービスが考案された。それが、日本円換算で年会費約8,500円のプライム会員制度となった。無料サービスを何度も利用されると赤字となる可能性も危惧されたが、プライム会員になると購入金額が倍に上がり、弾み車に勢いをつけた。2006年には、出品者からの商品を預かり発送するフルフィルメントバイアマゾンを導入。その商品はプライム会員向けの2日以内配送の無料サービスの対象となるため、成功をおさめた。

　2010年には、プライム会員への魅力を高めるため、テレビ番組や映画制作・配給を行うアマゾンスタジオを設立。その映画が、2017年アカデミー賞で、脚本賞、主演男優賞などを受賞した。

第1章　デジタル社会のマーケティング：アマゾン

❖ さらなる拡大

　2005年には、アマゾンのオリジナル製品であるアマゾンベーシックを始め、乾電池や電源ケーブル、旅行用ケースなどを展開。2007年には、電子書籍の端末であるキンドルの発売と共に、電子書籍を販売した。2006年には、ストレージ（データ保管）やデータベース、処理能力という基本的なコンピュータのインフラの販売であるアマゾンウェブサービスを立ち上げ、それが大きな収益源となった。2014年には、音声アシスタント機能アレクサを搭載したスマート・スピーカーのエコーの発売、2015年には、冷蔵庫や洗面台に貼り付けて、ボタンを押すだけで注文できるダッシュボタンを発売するなど、新たな挑戦は続いている。

3 リーチとリッチネス

❖ リアル社会：情報とモノの一体

　では、インターネットによって、どのように社会が変化してきたのだろう。まずは、いままでのリアル社会での原則を確認することからはじめよう。

　店舗の商品陳列棚を思い浮かべてみよう。陳列棚は、消費者が商品を選んだりする際に必要な情報を伝える「広告ボード」（情報）であると同時に、商品の「在庫」（モノ）でもある。つまり、陳列棚は、「情報」と「モノ」という2つの異なる機能を同時に果たしているといえる。今まで、こうした見方をしたことはないかもしれないが、これこそがデジタル社会を理解する上での重要な手掛かりとなる。

　こうした「モノ」と「情報」の原理は、本来、根本的に異なるはずである。情報は、ほとんどコストをかけずに際限なく複製可能なのだ（第5章参照）。しかし、リアル社会では「情報」が物理的な「モノ」に埋め込まれ、この2種類の経済原理が結びつくことになる。再び、陳列棚を思い出して欲しい。店舗が「情報」提供の目的だけで、陳列棚をレイアウトするとしたら、商品の種類をできるだけ拡大することを考えるだろう。なぜなら、商品の品揃えを広げれば、消費者に提供する商品の選択肢を広げることができ売上増が期待できるからだ。逆に、「モノ」の経済原

9

❖ 第Ⅰ部　デジタル・マーケティングとは

Column 1 - 1

インターネットと情報端末

　インターネットは、米国において1960年代初頭に理論研究が始まり1969年に実際に稼働した。その後1990年初頭までインターネットは、軍関係や高等教育機関、少数の企業研究機関での利用に限定されており、商用利用は不適切なものとして捉えられていた。当時、商取引に関する情報や取引そのものは禁止、という明確な利用制限があったのだ。

　だが、1990年代初めに大きな変化が起きた。今まで資金提供していた米国政府が利用制限の解除を実施したのだ。それを受けて1994年に新たにインターネットの基幹となる通信回線の構築が行われ、商用利用が可能となった。同時期にネットの操作を簡単にする基盤システムであるワールドワイドウェブ（www）が飛躍的な発展を遂げたことも、商用利用に拍車をかけた。

　一方、個人利用に対しては、ネット接続を容易にした1995年発売のWindows95を搭載したパソコンにより拡大する。その状況は日本においても同様であり、その登場に呼応するように、同時期にダイヤルアップ回線（ナローバンド）の地域も広がりをみせ、個人ユーザーに普及しはじめる。その後、高速・大容量な通信回線（ブロードバンド）が登場し、2003年にはブロードバンドとナローバンドとの比率が逆転し、多くの人が家庭のパソコンから簡単に利用できるようになった。

　さらに、2007年のiPhoneの登場からスマホが普及し、多くの消費者や企業が、いつでも、どこでもネットにつながるデジタル社会となった。2014年のアマゾンエコーを皮切りに、いくつかのスマート・スピーカーが登場し、手入力不要で、話しかけるだけで操作でき、入力が苦手な高齢者も使いやすいものとなり、情報端末は新たな局面を迎える。

　このように、ネットと情報端末の登場が契機となり、いままでのマーケティングの前提を大きく変えることになる。

理だけを重視すれば、販売動向を見ながら効果的に、陳列商品の在庫をもつことを考えるだろう。なぜなら、商品の品揃えを広げれば、売れない商品も持つこととなり、仕入れコストや在庫コストがかかることが多いからだ。このように、「情報」と「モノ」の経済原理を同時に実現するのは、不可能であったのである。

　こうして「情報」が物理的な「モノ」に縛られている限り、「情報」の経済原理は、1つの基本法則に支配される。濃度、密度、豊富さなど情報の質的水準である

【図1-2　情報のリーチとリッチネスのトレードオフ】

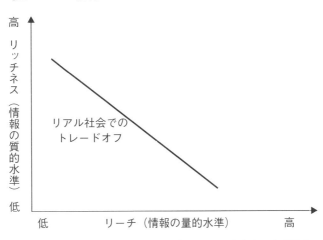

出所：エバンス，ウースター（1999）図3-1をもとに著者作成

「リッチネス」と、情報の到達範囲などの量的水準である「リーチ」がトレードオフになるという基本法則である（図1-2）。リアル社会において、たくさんの友人と、非常に内容の濃い情報を共有するのが難しいという冒頭での話を思い出して欲しい。

❖ デジタル社会：情報とモノの分離

だが、インターネットの普及によって、デジタル社会となり、「情報」と「モノ」を分離できるようになった。物理的な媒体から情報を分離すれば、「リーチ」対「リッチネス」というトレードオフは解消するはずである。

書店業界の例を見てみよう。伝統的書店は、店舗は小さいが地域の顧客ニーズに合わせて品揃えし、店員に相談すれば、推薦の書籍を紹介してくれる。すなわち、伝統的書店では、リーチは低いがリッチネスを高くして取引をしていたのだ。こうした中、伝統的書店に対して、膨大な品揃えと新刊の大幅値引き（日本では定価）を武器に大型書店が攻撃を仕掛けたのだ。だが、伝統的書店に比べて、大型書店では店員が身近にいるわけではなく相談しにくい。大型書店は、リッチネスを犠牲にして、リーチを広げたのである。

その後、デジタル社会になって、オンライン書店のアマゾンが、大型書店をはる

❖ 第Ⅰ部　デジタル・マーケティングとは

かに超える品揃えで参入した。初期のアマゾンは、店頭での立読みや即入手というリッチネスを犠牲にして、リーチを広げたのである。大型書店でも約18万タイトルしかない中、100万タイトルを超える書籍が買える「地球最大の書店」であった。だが、自社で在庫を保有していないため、「情報」では地球最大の書店だが、「モノ」では地球最小の書店でもあったのだ。デジタル社会になり情報とモノを分離することができた恩恵を最大限利用したのである。

さらに、現在のアマゾンは、商品カテゴリーの拡張だけでなく、音楽や映画などのデジタル財や、第三者の提供する商品までも掲載し、オンライン試読や短時間での納品、レコメンデーションなどのサービスを提供する。このように、リーチを広げたまま、ネットによってリッチネスを高めることができたのだ（図1‐3）。

【図1‐3　書店業界のリーチとリッチネス】

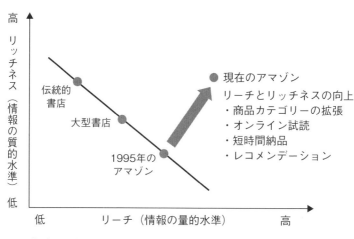

出所：エバンス，ウースター（1999）図3‐1をもとに著者作成

こうしたデジタル社会におけるリーチの拡大を説明する概念として、「ロングテール現象」がある。ある特定の分野において、上位20％の商品が全体の80％の売上を占める（つまり下位80％の商品が全体の20％の売上を占める）ことから「20対80の法則」といわれる伝統的ビジネスの経験則に対して、デジタル社会のビジネスでは、横軸に商品を販売数量順に並べ縦軸を販売数量とすると、下位の商品が恐竜の尻尾（テール）のように長くなるといわれる。つまり、下位の低い販売数量の商品数が極端に多いのだ。このグラフの形状から「ロングテール」現象とよ

ばれる。なお、上位部分が「ヘッド」、下位部分が「テール」といわれる（図1－4）。情報とモノの分離により、リアル社会ではありえないほど、リーチが拡大したのである。同時に、リーチが広ければ、幅広い商品から個別顧客に最適なレコメンデーションが可能となり、リッチネスも高めることができるのだ。

【図1－4　ロングテール】

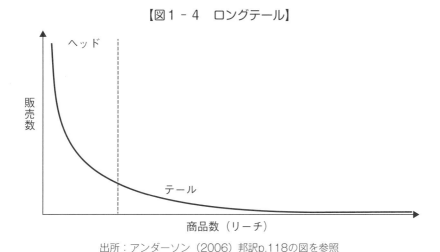

出所：アンダーソン（2006）邦訳p.118の図を参照

4 デジタル・マーケティング

本書で学ぶデジタル・マーケティングについて、アマゾンと関連付けつつ確認していく。

❖ デジタル・マーケティングとは

まず第Ⅰ部では、デジタル・マーケティングの全体像を理解していく。第2章では、食べログをケースに、デジタル社会の消費者行動を学ぶ。アマゾンでは、顧客は売れ筋ランキングやレコメンデーションによって商品を知り、レビューで検討した上で購入し、使用後にレビューもアップできる。こうした顧客の購買意思決定プロセスの各段階と、企業との接点をみる「カスタマー・ジャーニー」と、デジタル社会での能力となる「デジタル・リテラシー」を理解する。

❖ 第Ⅰ部　デジタル・マーケティングとは

Column 1 - 2

アーキテクチャの生態系

　インターネットの構造であるアーキテクチャが、ネットビジネス間の依存や協調関係という生態系をもたらす。濱野智史がいう「アーキテクチャの生態系」である。

　インターネットは、バラバラの場所に設置されたコンピュータ（サーバー）の間を相互にネットワークで結ぶ仕組みになっている。その各コンピュータにあるウェブサイト（ファイル）を必要な時に読みにいける仕組みがワールドワイドウェブ（www）と呼ばれ、そのファイルを参照する方法としてハイパーリンクや、そのファイルの住所としてURLが作られた。

　こうして生まれたたくさんのウェブサイトを探すのに、ヤフーなどの検索エンジンが登場した。だが、人力で収集されたリストのため、限界があった。この状況に対して、システムで対応したグーグルの登場により劇的に変化した。グーグルは、「ページランク」という検索のアルゴリズム（計算方法）を使い、重要なサイトを検索できるようにした（第13章参照）。サイトに書かれた内容によって重要性が判定されるのではなく、ハイパーリンクが多いサイトが上位にランキングされる。これを、グーグル自身は投票に例える。あるページからのリンクを支持投票とみなし、この投票数で重要度をみる。さらに，単にリンク数だけでなく、重要度の高いページからの票が高く評価される。

　こうしたグーグルに、ブログは検索されやすいサイトを自動的につくる仕組みであった。ブログは、記事単位にリンクを生成する。人々はブログの面白い記事を見つけたら、自分のブログ上で、記事のリンクを貼って紹介する。さらに、リンクを貼った際に、リンク先にそのことを通知する仕組みである「トラックバック」もリンクである。引用元のブログと引用したブログの間で「相互リンク」の状態を自動的に生み出したのだ。

　こうして、ウェブサイトの構造がグーグルを生み出し、グーグルの構造が多くのブログの成長をもたらすことになった。先行世代のアーキテクチャの特性を活かし、それを最適化するような仕組みを採用することで、自らの効用や価値を高めたのである。アーキテクチャの生態系という視点で、デジタル社会のビジネスをみることは、デジタル・マーケティングを考える上で重要であろう。

第1章　デジタル社会のマーケティング：アマゾン ❖

【図1-5　本書の構成】

第Ⅰ部 デジタル・マーケティング とは	第1章 デジタル社会のマーケティング			
	第2章 デジタル社会の 消費者行動	第3章 デジタル社会の ビジネスモデル	第4章 デジタル・マーケティ ングの基本概念	
第Ⅱ部 デジタル・マーケティング 戦略	第5章 製品戦略 の基本	第7章 価格戦略 の基本	第9章 チャネル戦略 の基本	第11章 プロモーション 戦略の基本
	第6章 製品戦略 の拡張	第8章 価格戦略 の拡張	第10章 チャネル戦略 の拡張	第12章 プロモーション 戦略の拡張
第Ⅲ部 デジタル・マーケティングの マネジメント	第13章 デジタル社会の リサーチ	第14章 デジタル社会の ロジスティクス	第15章 デジタル社会の 情報システム	

　第3章は、メルカリをケースに、デジタル社会のビジネスモデルを学ぶ。アマゾンは、第三者が出品し、顧客に販売できるマーケットプレイスを運営する。こうしたデジタル社会で急成長する「プラットフォーム」と、その要因となる「ネットワーク効果」を理解する。

　第4章は、無印良品をケースに、デジタル・マーケティングの基本概念について学ぶ。アマゾンでは、顧客のレビューを掲載し、顧客参加を取り込む。こうした企業と顧客との「協働」や、後述する「マーケティング・ミックス」を理解する。

❖ デジタル・マーケティング戦略

　第Ⅱ部では、デジタル・マーケティング戦略として、マーケティング・ミックス（MM）を構成する4P（4つの構成要素の頭文字）の製品（Product）、価格（Price）、チャネル（Place）、プロモーション（Promotion）について、企業中心の戦略を「基本」とし、さらに顧客との協働の拡大に対応した、顧客中心の戦略を「拡張」として、理解を深めていく。

❖ 第Ⅰ部　デジタル・マーケティングとは

製品戦略

　第5章では、アップルをケースに製品戦略の基本について学ぶ。アマゾンでは、電子書籍や音楽、テレビ番組・映画などのデジタル財や、ネットにつながるエコーやダッシュボタンが展開される。「デジタル財」や、ネットに接続された製品である「IoT」を理解する。第6章では、レゴをケースに、製品戦略の拡張を学ぶ。アマゾンでも実験的に実施されているが、顧客との共創による開発である「クラウドソーシング」や、仲間による開発である「イノベーション・コミュニティ」を理解する。

価格戦略

　第7章では、ANAをケースに、価格戦略の基本を学ぶ。アマゾンでは、需給に応じて価格を変更する。さらに，プライム会員割引や学割など顧客層によって価格も異なる。こうした「時期」や「顧客」に対応し柔軟に価格を変更する「ダイナミック・プライシング」を理解する。第8章では、エアビーアンドビーをケースに、価格戦略の拡張を学ぶ。アマゾンのマーケットプレイスでは、出品者の消費者が、自由な価格で販売できる。こうした「消費者間取引のダイナミック・プライシング」や、それを支える「電子決済」を理解する。

チャネル戦略

　第9章では、ユニクロをケースにチャネル戦略の基本を学ぶ。チャネルとは、メーカーが製造した製品が消費者の手に届くまでの経路のことだ。アマゾンでは、テレビ番組や映画、アマゾンベーシック、エコー、キンドルの企画から販売までを自社で実施する。こうした直販の「ダイレクトモデル」や、顧客が購入や受取場所を自由に選択できる「オムニチャネル」を理解する。第10章では、ウーバーをケースに、チャネル戦略の拡張を学ぶ。アマゾンでは、消費者同士が売買できるマーケットプレイスがある。こうした「消費者間取引」や、消費者が所有するモノを第三者に貸す「シェアリング・エコノミー」を理解する。

プロモーション戦略

　第11章では、ローソンクルー♪あきこちゃんをケースに、プロモーション戦略の基本を学ぶ。アマゾンでは、サイトやメルマガなどの自社媒体をはじめ、テレビCM、フェイスブックなどの費用のかかる媒体で販促を行う。さらに、アフェリ

第1章　デジタル社会のマーケティング：アマゾン

第1章

エーションによりブログなどの第三者の媒体での紹介も促す。こうした３つの媒体を考える枠組みの「トリプル・メディア」や、その実践的手法の「コンテンツ・マーケティング」を理解する。第12章では、トリップアドバイザーをケースに、プロモーション戦略の拡張を学ぶ。アマゾンでは、顧客が、商品や出品者に対しての感想や星評価を入れてレビューできる。こうした「クチコミ」や、星評価などの「共同格付け」を理解する。

デジタル・マーケティングのマネジメント

　第Ⅲ部では、デジタル・マーケティングを実施する上で重要なリサーチやインフラのマネジメントを理解していく。第13章では、グーグルをケースに、デジタル社会のリサーチを学ぶ。アマゾンでは、マーケットプレイス誕生の際にみたように、膨大なデータから仮説を立て、結果を検証することが可能である。こうした「探索的リサーチ」と「検証的リサーチ」を理解する。

　第14章では、ヤマト運輸をケースに、デジタル社会のロジスティクスを学ぶ。アマゾンでは、個別配送に適したセンターや、大都市に１－２時間で配送できる拠点を設ける。大都市近郊では、消費者が運ぶサービスも実施する。こうした「ロジスティクス」や、その問題点である「再配達」を理解する。

　第15章では、セールスフォースドットコムをケースに、デジタル社会の情報システムを学ぶ。アマゾンでは、基本的なコンピュータのインフラの販売であるアマゾンウェブサービスを提供する。こうしたサービスのことを示す「クラウド」や、デジタル・マーケティングを実践する企業が、自社開発する際に重要となる開発手法である「アジャイル開発」を理解する。

　以上、本書の概要をみてきたが、改めてアマゾンの凄さを実感できたのではないだろうか。

5 おわりに

　本章では、アマゾンのケースを通して、デジタル・マーケティングの背景となるデジタル社会の基礎理論としてリーチとリッチネスや、各章の概要を確認しつつデジタル・マーケティングの全体像を理解してきた。多くの消費者や企業がインター

17

❖ 第Ⅰ部　デジタル・マーケティングとは

ネットにつながるデジタル社会となり、スマホで、誰かのレビューを見たり、オンライン小売サイトで購入したり、フリマアプリで売ったり、企業のアイデア募集に投稿したりという日常の些細な行動が、すでにデジタル社会のマーケティングに組み込まれているということがわかっただろう。

さらに、「Day One」哲学を実践し続けるアマゾンの進化を通して、デジタル社会においてもマーケティングが重要であることを実感できたのではないだろうか。

ますます進展するデジタル社会で活躍していくために、デジタル・マーケティングを学ぶことは不可欠となる。本章で学んだことは、それを理解する上での基礎知識や、全体像を把握するためのガイドラインを提供するだろう。

❓ 考えてみよう

① 書店業界のリーチとリッチネスの変化を考えてみよう。

② 書店業界のようなリーチとリッチネスの変化を、他の業界を例に考えてみよう。

③ アマゾンに対抗できる企業をあげて、その理由を考えてみよう。

次に読んで欲しい本

☆デジタル社会のネットビジネスの生態系について、詳しく学ぶには…。

　濱野智史『アーキテクチャの生態系：情報環境はいかに設計されてきたか』筑摩書房、2015年。

☆デジタル・マーケティング全般について、詳しく学ぶには…。

　フィリップ・コトラー、ヘルマワン・カルタジャヤ、イワン・セティアワン（恩藏直人監修、藤井清美訳）『コトラーのマーケティング4.0：スマートフォン時代の究極法則』朝日新聞出版、2017年。

第 2 章

デジタル社会の消費者行動

: 食べログ

1　はじめに
2　食べログ
3　カスタマー・ジャーニー
4　デジタル・リテラシー
5　おわりに

❖ 第 I 部　デジタル・マーケティングとは

1 はじめに

「おじいちゃん、そんな古い本でいい店を探せるわけがないじゃない！」と大学生の孫が祖父に言う。

会社役員の祖父は、海外から来日する重要な顧客との会食を設定するために、長年愛用していて付箋をたくさん貼り付けた『京都の名店500選』という本で、候補の店を探すのがいつものやり方である。なるほど本は少し古いが、グルメ評論家の意見を信頼できる出版社がまとめたその本に掲載されている店なら間違いがない。祖父はそう考えている。

一方，大学生の孫は、食べログやインスタグラムなどのソーシャルメディアで店の雰囲気や料理の味などを判断すればよいのに、と考えている。祖父が使う本の情報は何年も前のものであり、そんな古い情報で本当に大切な会食の店を選んでしまって大丈夫なのかとも思っている。

これらの情報はすべて製品やサービスと消費者との接点であり、こうした接点を「タッチポイント」と呼ぶ。その多くはデジタル技術によってインターネット上で提供されている。今日の消費者が製品やサービスを購入するまでのさまざまな経験は、多様なタッチポイントによって形成されている。消費者が製品やサービスを知り、情報を集め、購入・使用し、その体験をシェアするまでのプロセスを、カスタマー・ジャーニーと呼ぶ。

今日の消費者は、製品やサービスを選択するときに、どのようなタイミングで、どのような情報をどのように参照しながら意思決定しているのだろうか。本章では、このようなデジタル社会に生きる私たちの消費者行動について学習する。

2 食べログ

❖ 食べログの概要

食べログは、2005年にカカクコムにより立ち上げられたレストランのクチコミ

第2章　デジタル社会の消費者行動：食べログ

【写真2-1　食べログのPCサイト・トップページ】

写真：カカクコムの許可を得て掲載

共有サービスである。当時の同社の中心的なサービスは価格.comであり、これはインターネット上のパソコンや家電製品等に関するクチコミや価格情報を一カ所に集め、消費者の情報収集の利便性を高めることを事業のミッションとして成功していた。食べログもまた、レストランについての情報収集を行う消費者に利便性を提供することを目指してスタートした事業であった。

　当時の価格.comがクチコミや価格情報を収集していた家電製品やパソコンは、購買間隔が長い製品であるため、同サイトを訪れるユーザーの訪問間隔もまた長い（すなわち訪問頻度が低い）という課題を抱えていた。これに対して食べログが扱うレストランは、消費者が日常生活の中で頻繁に利用するサービスであるため、レストランに関するクチコミを求める消費者の訪問頻度も高かった。このように食べログはカカクコム内で価格.comと補完関係を形成しながら順調に利用者を増やしていった。2009年には、レストランが食べログ内に自店の情報を掲載できる有料の店舗会員サービスを開始し、売り上げも順調に伸びていった。さらに2013年には、食べログからレストランの予約ができるネット予約サービスもスタートし、消

❖ 第Ⅰ部　デジタル・マーケティングとは

費者はレストランのクチコミを確認しながら予約もできるようになった。

　現在食べログに掲載されたレストラン数は、80万件超で国内のレストランをほぼカバーしており、また投稿されたクチコミ総数は約2,400万件であり、いずれも国内では最大である。上に述べた有料店舗会員は約5万6,000店、レストランのランキングによる検索やプレミアムクーポンによる優待などのサービスを受けられる個人有料会員は約150万人、月間の訪問者数はサイト・アプリ合わせて延べ約1億3,600万人であり、名実ともに国内で最大のレストラン・クチコミサイトに成長していた。

❖ 外食市場における標準的なカスタマー・ジャーニー

　ここで図2 – 1を参照しながら、あるレストランを利用するさまざまな消費者のカスタマー・ジャーニーを考えてみよう。特定のレストランの顧客には、(a)そのレストランの存在自体をまだ知らない層、(b)そのレストランを利用したことはないが存在は知っている層、(c)そのレストランを一度利用したことがある層、(d)そのレストランのリピーター、の4つの顧客層を考えることができる。またそれぞれの顧客層のレストランの意思決定プロセスとして、そのレストランを知り（認知段階）、どんなレストランなのかを調べ（検討段階）、実際に予約して利用し（行動段階）、利用後に満足の度合いによって他者に推薦する（推奨段階）、という4つの段階を設定することにしよう。

　カスタマー・ジャーニーでは、図2 – 1のように縦軸（顧客層）と横軸（意思決定プロセス）とのそれぞれの接点を、このレストランとそれぞれの消費者層とのタッチポイント（接点）ととらえ、それぞれのタッチポイントにおいて消費者が具体的にどのような情報を、どのようなメディアから参照するのかを具体的に記述する。

　たとえば、(a)「そのレストランの存在自体をまだ知らない層」にとっては、(a) – ①のタッチポイントでは、グーグルなどの検索エンジンで「地名＋中華料理」などのキーワードでレストランを検索し、表示された検索結果の中にこのレストランが含まれていたため、次の(a) – ②のタッチポイントでは、このレストランのメニューや外観・内観、あるいはクチコミなどを食べログで確認する。この段階で、この消費者は(b)の「このレストランを知っている層」に合流する。

　(b)「そのレストランを利用したことはないが、存在は知っている層」は、すでに

第2章 デジタル社会の消費者行動:食べログ

【図2-1 外食市場における標準的なカスタマー・ジャーニー】

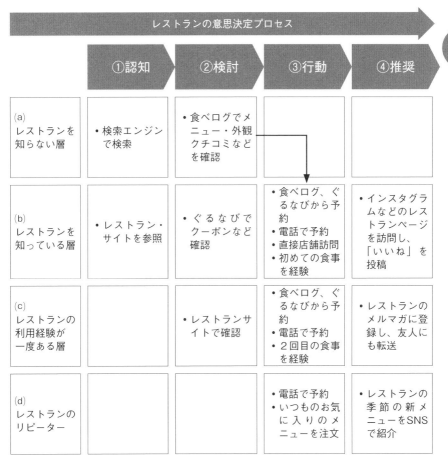

このレストランを知っているため、(b)-①のタッチポイントでは検索などはせず、直接レストランのサイトで営業時間や場所などを確認する。次に(b)-②のタッチポイントでは、ぐるなびでクーポンの有無などを確認し、(b)-③では食べログやぐるなび、あるいは直接電話でレストランを予約したり、あるいは直接店舗に行ってみて最終確認したりする。その上で気に入ればそのレストランで食事を楽しむ。そしてこのレストランを利用した結果、満足すれば(b)-④のタッチポイントでは、このレストランのフェイスブックやインスタグラムなどのページを訪れるかもしれない。

(c)「そのレストランを一度利用したことがある層」では、①の「認知」段階をスキップし、(c)-②のタッチポイントでは、レストランのサイトで本日営業しているか

❖ 第Ⅰ部　デジタル・マーケティングとは

を確認した上で、(c)−③では食べログ、ぐるなびのネット予約や、電話での直接予約などでレストランの予約をとり、2回目の食事を楽しむ、さらに(c)−④では、このレストランのメルマガに登録し、友人に転送するかもしれない。

　最後に、(d)「そのレストランのリピーターである層」では、①や②の段階をスキップして、利用を思い立ったら(d)−③では直接電話で店主に予約を入れ、いつものお気に入りのメニューに沿って食事を楽しむかもしれない。また(d)−④では、このレストランの季節の新メニューの写真を撮り、自らのSNSでお奨めするかもしれない。

　このような外食市場における標準的カスタマー・ジャーニーの中で、食べログをはじめとしたいくつかのレストラン関連の情報サイトが競合している。食べログは、レストランのクチコミについてはもっとも信頼できるサイトであるというイメージをすでに確立しており、また検索エンジンの検索結果でも上位に表示される場合が多いため、カスタマー・ジャーニー中の、①認知や、②検討、④推奨の段階において、強さを発揮している。他方で、②検討や、③行動ではぐるなびも強く、また②検討ではクーポンが得意なホットペッパーも強みをもっている。

　カカクコムでは、こうした外食市場におけるカスタマー・ジャーニーの中で、食べログの確固たるポジションをさらに固めていくため、③行動においても強さを発揮できるよう、クチコミとネット予約の両方をワンストップで提供する最大のサービスとなるべく、さまざまな活動を進めている。

❖ 消費者行動の変化と対応

　価格.comや食べログは、設立以来パソコンで情報収集を行う消費者を想定した情報提供や、そのための画面づくりを行ってきた。しかし近年はスマートフォンなどのモバイル情報端末を使用する消費者がますます増加している。食べログの月間利用者数は、スマホ経由が1億1,371万人、PC経由が2,280万人である（2017年12月）。こうした中で、スマホを前提としたカスタマー・ジャーニーへの対応を進めていくことが重要である。そのための中心的な戦略は、スマホのホーム画面に食べログ・アプリを置いてもらい、「外食するといえば食べログを使う」というユーザーを増やすこと、およびそのためにアプリ・ユーザーを増やすことであった。

　ただし、すべてのユーザーを無理にアプリのダウンロードに誘導するのではなく、ライト・ユーザー（外食利用頻度の低いユーザー）に向けては、スマホのブラウザ

第2章　デジタル社会の消費者行動：食べログ ❖

> **Column 2-1**

ソーシャルグラフとインタレストグラフ

第2章

　インターネット上における人々の結びつき方には2通りある。第1は興味・関心による結びつき方であり、そこでは自分と似た趣味や興味・関心を有している人々と交流する。こうした人々の間の結びつきをインタレストグラフと呼ぶ。第2は交友関係による結びつき方である。学校の友達、職場の同僚、地域の知り合い、家族などのオフライン上での交友関係がある人々とはネット上でも結びつくことが多い。このような人々の間の社会的関係をソーシャルグラフと呼ぶ。つまりインターネット上でソーシャルグラフによって結びつく人々の大部分は、もともとの知り合いである。これに対してインターネット上でインタレストグラフによって結びつく人々は、興味・関心が似ているが、面識はない場合がほとんどである。

　フェイスブックはもともとの（オフラインの）知り合い同士がネット上でも結びつき、近況を報告し合ったり連絡を取り合ったりするためのコミュニケーション・プラットフォームとしてスタートした。つまりフェイスブックに代表されるSNS上での人々の結びつきは、ソーシャルグラフを介した結びつきである。このようなソーシャルグラフによって結びついた人々の間では情報交換はきわめて盛んだが、興味・関心を共有しているわけではないため、ソーシャルグラフ経由で送られてくる情報には、受信者から見て興味がないものも多い。

　これに対してインタレストグラフで結びついた人々の間のコミュニケーションは、興味・関心を共有しているため、互いの関心は高く、積極的である。ただしこのようなコミュニケーションから得られた情報は、インタレストグラフで結びついた人々同士の閉じたコミュニティを超えて拡散していくことはまれである。なぜなら、コミュニティの外では興味・関心が共有されていないため、その情報に関心を示す人がいないからである。つまりインタレストグラフによる結びつきには、情報を拡散する力が弱いという特徴がある。

からも十分に食べログを使えるように、スマホ用サイトのインターフェース等にも日々改良を重ねていた。同時にヘビー・ユーザー（外食利用頻度の高いユーザー）に対しては、アプリを使ってもらうための働きかけを継続していた。このように、ライト・ユーザーからヘビー・ユーザーまでの全方位戦略へと徐々にシフトを進めていた。

25

❖ 第Ⅰ部　デジタル・マーケティングとは

3 カスタマー・ジャーニー

❖ カスタマー・ジャーニーとタッチポイント

　スマートフォンなどのモバイル機器が普及したデジタル社会では、個々の消費者は自宅や学校、職場から移動中、店舗内を含めたさまざまな場所と機会において、多様なコミュニケーション・チャネル（経路）を通じて、無数に存在する企業が提供するコンテンツに接している。このような企業が提供するさまざまなコンテンツと個々の消費者との接点を、先に見たようにタッチポイントと呼ぶ。

　今日の顧客経験は、いわゆる消費者の購買意思決定プロセスの各段階において、企業が提供するさまざまなコンテンツとのタッチポイントの集積によって構成されている。そして個々の消費者の購買意思決定プロセスの各段階にタッチポイントを位置づけたものをカスタマー・ジャーニーと呼ぶ。つまりカスタマー・ジャーニーとは、ターゲット顧客に対してどのようなタイミングで、どのようなコミュニケーションを通じて働きかけ、どのような態度変容を起こすのかを理解し計画するための枠組みである。

　図2－2は、一般的なカスタマー・ジャーニーの例である。横軸には消費者の購買意思決定プロセスとして、図2－1と同様に認知、検討、行動、推奨の4段階を設定している。ここでどのような段階を設定するかは、扱う製品やサービスにより、またはマーケティング・キャンペーンの目的や制約等によって異なるが、図2－2の各段階は一般的に用いられるものである。縦軸も、図2－1と同様に製品の使用経験をもとに細分化した各セグメント（層）を設定している。すでに見たように、これら縦横のマトリクスから形成される各セルがタッチポイントである。各タッチポイントには、各セグメントに属する消費者のそれぞれの態度変容の段階において最適なメディアとコミュニケーション・チャネルをデザインする必要がある。このようにして設計された顧客経験の全体像が、カスタマー・ジャーニーである。

　ここでは図2－2のすべてのタッチポイントについての説明は記載しないが、たとえば製品を知らない層に対する認知段階である(a)－①のタッチポイントでは、実際に製品を試用してもらうサンプル配布や、こうした層が何かよい製品はないかと

第2章　デジタル社会の消費者行動：食べログ

【図2-2　カスタマー・ジャーニーとタッチポイント】

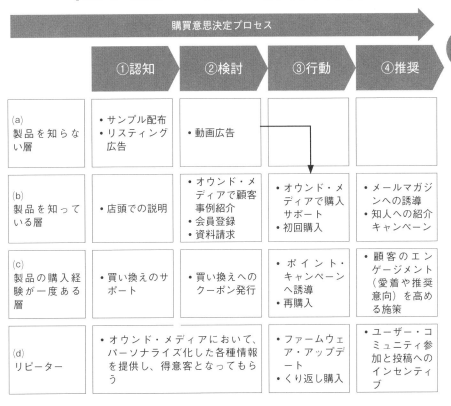

検索エンジンで検索した際に、上位に自社製品を表示させるリスティング広告（第11章参照）などを想定している。

　製品をすでに知っている層の検討段階の(b)−②のタッチポイントでは、すでにその製品を購入し利用している既存顧客のクチコミを、企業自らが保有する媒体であるオウンド・メディア（第11章参照）に掲載すること（顧客事例）はきわめて有効である。またリピーター顧客の行動（使用）段階である(d)−③のタッチポイントでは、製品を動かすソフトウェアの改訂版などをネットからダウンロードしてインストールしてもらうことによって、製品の機能を改善したり追加したりするファームウェア・アップデートは、顧客満足を高める上で、有効な施策である。

❖ 第Ⅰ部　デジタル・マーケティングとは

❖ 消費者購買意思決定モデルとカスタマー・ジャーニー

　消費者の購買意思決定モデルとして従来もっとも影響力があったものとして、ジョン・A・ハワードとジャグディシュ・シェスが提案したモデルが著名である。このモデルの根底にあったのは、消費者の購買意思決定プロセスの各段階に広告がどのような影響を及ぼすかという問題意識であった。

　インターネットが広く普及した今日の購買意思決定プロセスを理解する枠組みとして、従来のAIDAモデルやAIDMAモデル（Attention、Interest、Desire、Memorize、Actionの５段階で捉えるモデル）に代えて、AISASモデル（Attention、Interest、Search、Action、Shareの５段階で捉えるモデル）などのさまざまな新しいプロセス・モデルが提案されている。これらはいずれも、デジタル社会における消費者による購買意思決定プロセス（購買後も含む）をさまざまな角度から捉えたものであり、図２-１や図２-２に示したカスタマー・ジャーニーの横軸として利用可能である。上にも述べたとおり、カスタマー・ジャーニーの横軸においてどのような購買意思決定プロセスを用いるかは、個々のキャンペーンや分析の目的に応じて選べばよい。

　今日のデジタル社会ではさまざまなコミュニケーション・チャネルが普及したために、カスタマー・ジャーニーの各タッチポイントにおける顧客経験の管理は、非常に複雑になっている。

4 デジタル・リテラシー

❖ デジタル・リテラシーとは

　デジタル・リテラシーとは、情報端末とインターネットの利用に関する概念であり、PCやモバイル機器を通じてインターネット上のさまざまなサービスや情報を使いこなす能力を指す。インターネット上には信頼性の低い情報や偏った情報も数多く存在しているため、インターネット上の情報を使いこなすということには、インターネット上の多様な情報の中から、必要かつ信頼できる情報を選び出すことも

第2章　デジタル社会の消費者行動：食べログ ❖

Column 2 - 2

90-9-1の原則

　Column 2-1で見たインタレストグラフによって結びついた人々は、共有している興味・関心に関する話題について情報交換を行うが、実際には情報交換の場においてコンテンツの作成や投稿を行う者は全参加者の約1％に過ぎないことが知られている。参加者の9％は、誰かのコンテンツにコメントする形での発言はするものの、自らコンテンツの作成や投稿を行うことはない。そして残りの90％はただ見ているだけである。この90％の人々は、黙っているため情報交換の場に足跡を残すこともなく、従来「潜伏者」と呼ばれることもあった。

　このような90-9-1の法則は、インターネットが普及した当初より経験的に知られていたが、従来は事例ベースの研究や小規模な調査による検証に留まっていた。しかし近年米国では、健康や医療に関して興味・関心をもつ人々が集まる4つの大規模なオンライン・コミュニティにおいて、計27万6,000名を超える参加者を分類するという形で大規模な検証が行われ、結果としてやはり90-9-1の原則がほぼ成り立っていることが確認された。このことから、この原則はインタレストグラフによって結びついた人々が集まるインターネット上のコミュニティでは、一般的に成り立っていると考えることができる。

　またこのようなオンライン・コミュニティにおいて、上に述べた潜伏という行動をとる90％の参加者についても研究が進められている。従来、潜伏行動については、投稿せずに情報を得るだけであるため、これを否定的に捉える論調が強い傾向があったが、近年は大部分の参加者にとってインタレストグラフによって結びついたオンライン・コミュニティとは交流の場ではなく、質問や疑問に対する回答などの必要な情報を得るための場であると考えられていることがわかってきた。また潜伏という行動は、参加者の性格特性や行動特性にもとづくものではなく、すべての参加者がコミュニティに初めて参加した際に通過する一時的な状態であり、コミュニティのルールや過去の投稿などについて学ぶために必要な期間であるといった、肯定的な捉え方もされるようになってきている。

含まれる。またこうして得られた情報を、インターネット上で他人とシェアする能力もまたデジタル・リテラシーに含まれる。

　これらの能力は大きく分けて、①ネット・コミュニケーション力（既知の関係だけでなく、インターネット上の未知の人々ともつながり、コミュニケーションを行う能力）、②ネット操作力（複雑化する情報端末を操作する能力）、③ネット懐疑志

❖ 第Ⅰ部　デジタル・マーケティングとは

向（多種多様な情報が混在するインターネット上で、情報を批判的に解釈し理解する能力）に整理することができる。

　また、以上の能力を第1段階のデジタル・リテラシーと位置づけた上で、単に情報端末を操作するだけでなく、さらに第2段階として、④プログラミング能力、すなわちコンピュータやアプリケーションを用いて自分がやりたいことを実現する能力もまたデジタル・リテラシーに含まれる（図2-3）。グローバル化が進む今日の社会では、多様な文化や価値観の中で生きていくための共通言語の1つとしても、デジタル・リテラシーを身につけることの重要性が高まっている。

　今日の消費者は職場では90％以上、日常生活でも大半の場面において、何らかの形でデジタル・リテラシーを必要とする活動を行っていると言われる。しかし消費者の多くは、自分が使っているデジタル・ツールやソフトウェア等について十分には理解していない。例えばソーシャルメディアを利用している消費者の多くは、利用しているサービスのさまざまな機能や制約を正しく理解していない。このようなデジタル・リテラシーの不足が一因となって、ソーシャルメディアからプライベートな情報が流出するような事態を招いてしまうこともある。

【図2-3　デジタル・リテラシー】

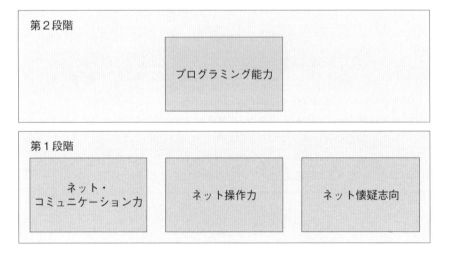

第2章　デジタル社会の消費者行動：食べログ

❖ 食べログとデジタル・リテラシー

デジタル・リテラシーの高い人は、自宅や職場、学校のコンピュータだけでなく、持ち歩いているスマホやタブレットなどのモバイル情報端末を駆使して、移動しながら、あるいは必要な場所で、必要な情報を適切に検索し、参照することができる。このように食べログを利用するには、一定のネット操作力が求められる。

さらに、特定の誰かと直接コミュニケーションするわけではないが、食べログにクチコミ投稿などの情報発信をするには、ネット・コミュケーション力が必要であろう。

また、ネット懐疑志向があれば、誤った情報に踊らされることもない。例えば食べログについて、レストランに対して否定的なクチコミはすべて削除されてしまうという誤った情報をネット上で拡散している人もいるが、こうした情報を安易に鵜呑みにせず、批判的に検討できることも重要だ。

また、食べログに投稿された数多くのクチコミには、特定のレストランを高く評価するポジティブなものとネガティブなものが含まれる。その中からたまたまポジティブなクチコミを信用してそのレストランを利用してみたところ、その店の料理は自分にはおいしく感じられなかったという経験をする場合もある。このようなケースに対して食べログでは、「自分と味の好みが近い人からお店を探す」ことを推奨している。このように適切にクチコミを使うことを通じて、満足のいくレストランを探し出し利用することができることも、ネット操作力だといえる。

❖ デジタル社会とデジタル・リテラシー

2016年の米国大統領選挙の頃から、インターネット上では多数のフェイク・ニュースが作成され拡散されていることが知られるようになった。意図的に拡散される事実とは異なる情報は古くからデマと呼ばれ、古代ローマの時代から行われてきたが、デジタル社会になって、フェイク・ニュースはより容易に、かつ大規模に拡散することが可能になった。こうした意図的に拡散される虚偽の情報に惑わされずに、信頼できる情報を収集し、意思決定することが重要である。このような能力はネット懐疑志向に含まれ、デジタル・リテラシーの一部である。

さらに今日では、こうした意図的な虚偽の情報ではなく、さまざまな検索エンジ

31

❖ 第Ⅰ部　デジタル・マーケティングとは

ンやソーシャルメディアなどが、利用者の利便性を高めるために、個々の利用者の過去の検索履歴や発言などから好みや傾向を把握し、それらに最適化された情報を優先的に表示するアルゴリズムを採用している。こうしたサービスの機能が日常生活に浸透した結果、今日の消費者は気づかないうちにインターネット上で、自分が好み、見たい情報しか見えなくなってしまっていることが指摘されている。こうした現象はフィルター・バブルと呼ばれることがある。自らを取り巻くこうした情報の偏りを適切に回避する能力もまた、ネット懐疑志向の１つであるといえる。

　インターネットやこれに接続されたモバイル機器が生まれたときから当たり前に存在し、これらを日常生活の中で自然に使いこなしながら育ってきた世代を、デジタル・ネイティブと呼ぶことがある。これとは逆に、経済的事情や地域的要因、あるいは年齢などの理由により、デジタル機器を適切に使いこなす機会がほとんどなく、ネット操作力などの基本能力を身につけることができなかった層をデジタル・デバイドと呼ぶことがある。デジタル社会に生きる私たちは、こうした年齢や育った環境などによる影響を超えて、幅広くデジタル・リテラシーを身につけることが求められている。

5 おわりに

　本章では、食べログのケースやカスタマー・ジャーニーという概念などを学びながら、デジタル社会の消費者がどのようなタイミングでどのような情報を参照しながら、製品やサービスを選び、利用し、またその経験をシェアしているのかというテーマについて学んできた。そこでは、購買意思決定プロセスの各段階を歩む消費者が、それぞれの段階に企業が提供するさまざまなコンテンツ（広告やサポートなど）に接する場面をタッチポイントと呼ぶこと、今日の消費者が経験する大部分のタッチポイントはインターネット上でデジタル・コンテンツとして提供されていること、などを学んだ。

　また各段階の消費者がどのようなメディアに接し、どのような情報を利用するかは、それぞれの消費者のデジタル・リテラシーによって異なることも学んだ。個々の消費者が置かれている状況や年代、あるいは製品やサービスへの関心の高さや利用履歴等によって、購買までの各プロセスにおけるタッチポイントにおいて利用する情報が異なることを知ることは、デジタル社会の消費者行動を理解する上できわ

第2章　デジタル社会の消費者行動：食べログ

めて重要である。

？ 考えてみよう

① カスタマー・ジャーニーには、一般的にどのような段階があるか考えてみよう。

② 自らのソーシャルグラフとインタレストグラフを想定して、この結びつき方によって、それらの人々とあなたの交流の仕方に、どのような違いがあるかを考えてみよう。

③ オンライン英会話スクールでは、消費者のカスタマー・ジャーニーの各段階に対応させて、どのようなタッチポイントを用意すればよいかを具体的に考えてみよう。

次に読んで欲しい本

☆オンライン・クチコミと対面クチコミの性質や影響力の違いについて、詳しく学ぶには…。

　エド・ケラー、ブラッド・フェイ（澁谷覚、久保田進彦、須永努訳）『フェイス・トゥ・フェイス・ブック：クチコミ・マーケティングの効果を最大限に高める秘訣』有斐閣、2016年。

☆デジタル・リテラシーやその国際比較について、詳しく学ぶには…。

　西川英彦、岸谷和広、水越康介、金雲鎬『ネット・リテラシー：ソーシャルメディア利用の規定因』白桃書房、2013年。

第 **3** 章

デジタル社会のビジネスモデル

：メルカリ

1 はじめに
2 メルカリ
3 プラットフォーム
4 ネットワーク効果
5 おわりに

❖ 第Ⅰ部　デジタル・マーケティングとは

1 はじめに

　皆さんも、高校生の時に購入した服を、古臭く感じたり子どもっぽく感じたりして処分した経験があるだろう。フリマアプリの登場で、以前は捨てていたかもしれない服を、簡単に出品することができるようになった。フリマアプリへの出品プロセスは以下のようになる。まず、売り手は服の写真をスマートフォンで撮影し、ブランド名や購入時期、購入場所など簡単な説明文を入力し、価格を決めて出品する。ほどなくすると、出品した服に対して何人かのユーザーが「いいね！」を押してくれたり、コメントをくれたりするだろう。そして、もし買い手が商品と価格を気に入れば、自分の出品した服を購入するのである。

　この事例では売り手と買い手がプラットフォーム上で出会い、売買取引が成立した例であるが、他にも泊まりたい人と泊めたい人、語学や料理などを習いたい人と教えたい人など、社会にはマッチングの需要が数多くある。着なくなった服を「おさがり」として他者に提供する、友人を部屋に泊める、友人・知人に料理を教える、といった行動は昔から行われてきたことなので、とくに目新しい現象ではない。しかし、友人・知人ではない相手に対してそうした行動が提供され、それに対して対価が支払われる、といった現象はデジタル社会ならではの新しい現象である。つまり、デジタル社会においては距離的、時間的、社会的制約が取り払われ、遠く離れた会ったことがない人と出会い、取引ができるようになった。こうしたマッチングを可能にするがプラットフォームである。

2 メルカリ

❖ メルカリとは

　「メルカリ」とは、メルカリが2013年7月に提供を開始したオンラインのフリーマーケット・サービスである。このサービスでは、スマートフォンやPCを使って、誰でも簡単に売り買いができる。メルカリには、ファッションから雑貨、家電、本

第3章　デジタル社会のビジネスモデル：メルカリ

や漫画に至るまで、幅広いジャンルの商品が数多く出品されている。

　メルカリのミッションは、「新たな価値を生みだす世界的なマーケットプレイスを創る」である。メルカリは、誰かには価値があるのに消費者がモノを捨ててしまうことは、資源の無駄になっていると考えている。同社は消費者が安易にモノを捨てることをなくすために、個人間で簡単かつ安全にモノを売買できるフリマアプリの「メルカリ」を日本とアメリカで展開している。

　メルカリで出品されているものは、中古品、あるいは未使用の新古品である。こうした商品は一般的に新品より安価なので、買い物をするユーザーは割安にショッピングを楽しむことができる。また、こうした価格面の魅力に加え、旬の商品や状態のよいブランド品など、掘り出し物を探すワクワク感といった買い物体験も提供している。出品するユーザーにとっては、不要になった服や小物を出品して売上金を得ることは、小遣い稼ぎでもある。出品することによって得た売上金はポイントに変えることが可能であり、そのポイントはメルカリ上での商品の購入に使うことができる。

　メルカリはサービス開始当初はスマートフォンアプリ限定のサービスであったが、

【写真3-1　メルカリのスマホアプリの画面】

写真：メルカリ提供

❖ 第Ⅰ部　デジタル・マーケティングとは

その後ブラウザ（インターネット・エクスプローラーやグーグルクローム等）経由での利用も可能になった。2014年5月からはテレビ広告を開始し、さらにユーザーを増やしている。

❖ メルカリの仕組み

　メルカリのスマートフォンアプリのインターフェイスはシンプルで、基本表示として商品の価格と画像のみ表示される（写真3 - 1の左）。また、右下の「出品ボタン」はカメラのアイコンになっており、これを押せば出品する商品を撮影できる。写真3 - 1の中央は、各商品の詳細画面である。この商品の価格や、「いいね！」、コメントの状況、販売状況などがわかる。写真の左上には「SOLD」と記載されているため、この商品は既に売れていることがわかる。ユーザーは、すでに売れた商品を検索結果から除き、現在販売中の商品だけを検索することも可能である。

　メルカリの閲覧は、ユーザー登録をすることなく行うことができるが、出品や購入を行う場合は、利用者登録が必要となる。利用者登録を行うにあたっては、ニックネーム、メールアドレス、パスワード、電話番号、住所、支払い方法の入力を行う。出品における費用は無料で、出品したい商品の写真を撮影し、商品説明や配送方法、出品価格等の必要情報を登録すれば即座に取引可能である。同社によると、出品に要する時間は約3分である 。

　メルカリ上では、出品者は購入者によって評価される。出品者評価は良い、普通、悪い、の3段階である。写真3 - 1の右は各ユーザーのプロフィール画面である。この画面から、このユーザーは84件の評価を獲得していることがわかる。メルカリでの取引後、出品者を「良い」と評価した割合はメルカリ全体で約98%である。このことは、メルカリ上では悪意のあるユーザーによるトラブルが少ないことを示している。

　取引が成立した場合、カード支払いであれば買い手に手数料は発生しないが、コンビニやATM、携帯キャリア経由での支払いを選択すると、購入金額に加えて振込手数料が発生する。売買が成立すると、商品が売り手から買い手へと発送される。代金は買い手からプラットフォームであるメルカリへと納められ、その代金から手数料を差し引いた金額が売り手へと渡る。手数料は買い手から支払われた金額の10%である。この10%の手数料が、メルカリの収益となる。取引の流れは図3 - 1のとおりである。なお、プラットフォームであるメルカリは楕円、プラット

38

フォームの参加者（後述のユーザーグループ）である売り手と買い手は長方形、プラットフォームへの参加行動は点線、モノとお金の流れは実線の矢印で表した。

メルカリは、ユーザーが安心・安全な取引を行うために、さまざまなサービスを導入している。たとえば売り手による商品の発送については、ヤマト運輸との連携による「らくらくメルカリ便」や日本郵便との連携による「ゆうゆうメルカリ便」といった匿名配送サービスを提供している。匿名配送サービスの場合、出品者は送り状の宛名書きを行わなくてよい。宛名書きを行わないということは、出品者、購入者ともに互いに名前や住所を伝えなくてよいということである。このサービスは、個人情報のやり取りに不安を感じるユーザーに安心して取引できるベネフィットを提供している。また、こうした匿名配送サービスは発送先が全国どこでも一律の料金というメリットがあるうえ、料金が通常より安価に設定されている。

こうした配送に関連するサービスの進化以外にも、メルカリはさまざまな新しい取り組みを行っている。たとえば、ユーザーの多様なニーズに応えるべく、ライブ動画配信で商品の売買ができる「メルカリチャンネル」、不用品を即座に現金化できる即時買取サービスの「メルカリNOW」をリリースするなど、アプリ内の新機能も充実しつつある。

❖ メルカリの成長

進化を続けるメルカリは、日本ではサービス開始から約5年で7,100万ダウンロード、米国では3,750万ダウンロードを超え、世界合計では1億800万ダウンロードを突破している（2018年3月）。サービス開始からの5年間で取引された件数は累計約2億8,000万回となり、平均すると1時間に約6,400回の取引が行われている。メルカリ上で売買される金額は、毎月300億円を超える。

❖ 第Ⅰ部 デジタル・マーケティングとは

Column 3-1

先発優位・後発優位

　プラットフォームにおける一人勝ちをもたらす要因の1つに、先発優位がある。一般的に、他社に先んじて市場に参入すると、原材料や立地、人材、販売チャネルなどを先取りできる。また、先発ブランドは当該製品カテゴリーの代名詞として認識されやすい。さらに、経験の蓄積による経験効果からコスト優位性を享受することも可能であるし、製品の規格を決定しやすいといった先発優位を得ることもできる。先発企業は初期にユーザー基盤を獲得しやすい。プラットフォームの場合は、初期のユーザー基盤はネットワーク効果（4節）によって増幅され、先発企業はより一層成長することが可能となる。

　一方、後発企業が享受する後発優位もある。後発企業は先行する企業の技術を模倣したり、改良を加えたりすることができるため、研究開発コストを低く抑えることができる。また、消費者に新技術や新製品を理解させる、あるいは採用するリスクを緩和する、といった製品カテゴリーの普及のための諸活動は、先発企業が既に行っている場合が多い。そのため、後発企業は先発企業の啓蒙活動にタダ乗りをして、自社製品を販売することに集中し、効率的な広告・販促活動を展開することが可能である。このように、後発企業ならではの後発優位性があるのである。

　また、先発企業が常に一人勝ちの状況になるかというと、その限りではない。いち早く市場に参入したとしても、スイッチングコストやマルチホーミングコスト（Column 3-2）を設定し、他社プラットフォームへの流出を防がなければ、一人勝ちを維持することは困難である。

　また、技術やデバイスに大きな変化が起こると、既存の業界内の競争枠組みが破壊され、競争の逆転が起こることもあり得る。インターネット接続におけるPCからモバイルへのシフトは、さまざまな領域で勝ち組の転落と新しい市場リーダーの出現をもたらした。

　このようにユーザーが増加し、取引が増加したのは、どのような要因があったのだろうか。フリマアプリでは、売り手が増加すると出品が増えるので買物の場所としての魅力が増大する。そのことにより、より一層買い手が増加する。買い手が増加すると売り手からみれば出品した商品が売れる可能性が増大するので、売り手にとって魅力が増大し、ますます売り手が増える。このように、プラットフォームビジネスでは一度市場シェアを獲得しだすと一人勝ち（WTA：Winner Takes All）

第3章　デジタル社会のビジネスモデル：メルカリ

の状態が生じやすい。

　2018年6月、メルカリは東証マザーズに上場し、上場初日には東証マザーズ市場で時価総額が首位となった。このことは、メルカリのさらなる成長に投資家から高い期待が寄せられていることを示している。

3 プラットフォーム

❖ プラットフォームとは

　インターネット上でのさまざまな財の商取引が増加している中で、急速に成長しているのが、プラットフォーム・ビジネスである。「プラットフォーム」という用語は、製品開発論の文脈においては部品を載せる「土台」として、IT業界においてはコンピュータのプログラムを作動させるためのOS（基本ソフト）として使われてきた。近年の戦略論やマーケティングでは、異なるユーザー・グループ同士を結びつける仲介者という意味で用いられることが多い。

　本章におけるプラットフォームとは、専門用語でマルチサイド・プラットフォームと呼ばれる。マルチサイド・プラットフォームとは、「異なる複数のユーザー・グループを結びつけ、直接交流させることによって価値を生み出す製品・サービス・技術」である。例えば、冒頭の例に挙げたインターネット上で物品販売を仲介するプラットフォームにおいては、売り手と買い手を結びつけ、売買取引という形の交流を直接させている。「交流」は売買以外にもゲームの対戦、貸し借り、教える・学ぶなど多様な姿をとることができる。マルチサイドのサイドとは、ユーザー・グループを指す。マルチサイド、と呼ばれるのは、サイドが複数存在するためである。とりわけサイドが2種類の場合は、ツーサイド・プラットフォームと呼ばれる。プラットフォームが結びつけるサイド間のインタラクションは、企業・消費者間（B2C：Business to Consumer）、企業間（B2B：Business to Business）、消費者間（C2C：Consumer to Consumer）など多様な形式をとりうる。たとえば楽天市場の場合はB2C、メルカリやエアビーアンドビーはC2Cのマッチングと取引を実現している。後述のフェイスブックはB2C、C2C、B2Bのすべてのインタラクションが存在する。

41

❖ 第Ⅰ部 デジタル・マーケティングとは

【図3‐2 マルチサイド・プラットフォームの概念図（フェイスブックの場合）】

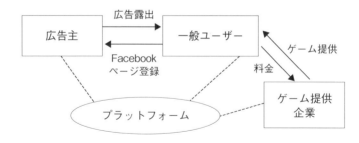

　図3‐1におけるサイドの数は売り手と買い手の2つなので、この図はツーサイド・プラットフォームである。マルチサイド・プラットフォームは、フェイスブックを事例としたプラットフォームの概念図（図3‐2）のようにあらわすことができる。この図ではプラットフォームであるフェイスブックに、長方形で表現された一般のユーザー、フェイスブック上に広告を掲載する企業（広告主）、フェイスブック上で稼働するゲームなどを提供する企業（第三者的に参画するサードパーティのデベロッパー）の3つのユーザー・グループが参加している。

❖ プラットフォームの特徴

　マルチサイド・プラットフォームは土台であり、市場仲介者の側面も持つ。この2つの特性について考えてみよう。コンピュータのOSやゲームコンソール（装置）を指す場合の「プラットフォーム」とは、顧客に価値を提供する製品群の土台と定義できる。図3‐2において、フェイスブックはサードパーティのデベロッパーが各種ゲームを提供するための土台であり、広告主が広告を掲載するための土台にもなっている。
　次に、市場仲介者の側面について考えてみたい。市場仲介者は、売り手と買い手など2種類以上のサイドの取引コストを削減することを主たる収益とする。ここでいう取引コストとは、取引相手の探索、取引条件の交渉、取引結果の検証にかかわるコストである。市場仲介者の具体例としてはスーパーマーケットが挙げられる。市場仲介者であるスーパーマーケットは売り手企業から商品を仕入れて在庫を持ち、最終消費者に販売する。そのため、商品およびその提供プロセスを完全にコントロールできるという特徴がある。

第3章　デジタル社会のビジネスモデル：メルカリ

このようにマルチサイド・プラットフォームは土台であり、市場仲介者でもある。楽天市場を例に考えると、プラットフォームは各加盟店が商品を販売する土台であり、各加盟店と消費者の出会いと売買取引を可能にする仲介者である。純粋な市場仲介者との違いは、マルチサイド・プラットフォームはスーパーマーケットのように商品を仕入れ、在庫を持ち、商品を発送することはせず、顧客への提供プロセスをコントロールしないという点である。

第1章で紹介されたアマゾンは、マーケットプレイス上で第三者の売り手が商品を販売する仕組みを持っているため、楽天市場と同様にプラットフォームであるが、自ら仕入れを行い、在庫を持つ場合もあるため、スーパーマーケットと同様に純粋な市場仲介者の顔も持つ。

通常のビジネスと異なり、マルチサイド・プラットフォーム自体は製品・サービスの生産や販売は行わない。本章の事例であるメルカリの場合も、販売されている服や小物はメルカリが仕入れて、在庫を持っているわけではない。出品されている商品はユーザーの各家庭にあるものである。また、取引成立後に服をきれいにたたみ、包装し、発送するのはメルカリではなく売り手のユーザーである。このように、生産、販売、発送といった一連のプロセスをプラットフォームの参加者が担うのが、プラットフォーム型ビジネスの特徴といえる。

プラットフォームは売り手と買い手、貸し手と借り手といった参加者同士のマッチングを計ることによって取引コストの削減を実現し、価値を創出している。中古品のC2Cの取引の場合、買い手にとって欲しい商品をみつけることは困難であり、売り手にとっては買い手をみつけることは困難である。メルカリはこのマッチングを計ることによって、両者の取引コストを削減している。

4 ネットワーク効果

❖ サイド内ネットワーク効果とサイド間ネットワーク効果

プラットフォームにおいては、ネットワーク効果が強く働く。ネットワーク効果にはサイド内ネットワーク効果とサイド間ネットワーク効果がある。サイド内ネットワーク効果とは、同一サイド内のユーザーが増えると既存のユーザーに大きな価

❖ 第Ⅰ部　デジタル・マーケティングとは

【図3-3　サイド内・サイド間ネットワーク効果】

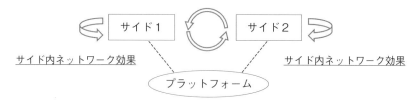

値がもたらされる効果である。この説明は正の効果であるが、ユーザーが減少するとさらに既存ユーザーにとっての価値が下落する、という負の効果もあり得る。フェイスブックを例に考えると、ユーザーの周囲の友人・知人が数多く加入すると、ますます楽しさや利便性が増加する。ところが、自分の友人・知人が離脱していくと、プラットフォーム上でコミュニケーションができなくなり、便益が低下する。この効果が働くと、多数のユーザーを抱えるプラットフォームはますますユーザーが増加し、ユーザーが少ないプラットフォームはさらに新規ユーザー獲得が困難になり、ユーザーの離脱が増えていく。

　サイド間ネットワーク効果とは、片方のサイドでユーザーが増えると別のサイドの既存のユーザーに大きな価値がもたらされる効果である。逆もしかりで、片方のサイドでユーザーが減少すると別のサイドの既存のユーザーの価値が減少する。メルカリを事例に考えると、売り手が増加すると品揃えが豊富になるため買い手に大きな価値がもたらされる。また、買い手が増加すると商品が売れる可能性が高まるため、売り手に大きな価値がもたらされる。結果的に、片方のサイドのユーザーの増加は、別のサイドのユーザーの増加へとつながっていく。

　このように、メルカリの場合はサイド間ネットワーク効果がビジネスの成長に大きく影響しているが、サイド内ネットワーク効果も働いていると考えられる。メルカリで出品して売れた、あるいはメルカリで買った、という驚きや経験は、クチコミで広がり、さらなる売り手と買い手の流入をもたらす。また、出品や購入の成功体験は、プラットフォーム上で可視化されている。このことは、他の潜在的な出品行動および購買行動の動機向上や、売り手の出品スキルの向上といった形で価値となる。

　ネットワーク効果と類似した概念で、規模の経済と範囲の経済がある。規模の経

第3章　デジタル社会のビジネスモデル：メルカリ ❖

済は生産量の増大に伴う平均コストの低減、範囲の経済は複数事業を行うことによる平均コストの低減であり、どちらも供給サイドである企業が享受するメリットである。一方、ネットワーク効果は供給サイドではなく需要サイドの規模の経済と位置付けることができる。

❖ ネットワーク効果が企業の成功にもたらす影響

　すでに見てきたように、正のネットワーク効果が働くと、ユーザーが多いプラットフォームはますますユーザーが増えていく。また、負の効果が働くと、ユーザーが少ないのでユーザーが獲得できない、という負のスパイラルに陥る。大きなユーザー基盤を有する企業はネットワーク効果の正のスパイラルを享受できるが、ゼロからプラットフォームを立ち上げる企業や市場シェアを獲得できていない企業は、この負のスパイラルに直面することになる。この初期の状態を脱却するためには、広告や無料トライアルキャンペーンなどによって、早期に十分なユーザー基盤を獲得することが重要となる。メルカリの事例でも、テレビ広告を活用してユーザー拡大を行っていた。

　サイドの数を増やせば、それだけサイド間ネットワーク効果が働く機会が生まれる。フェイスブックの例で考えてみると、ユーザーと広告主の2つのサイドに加えて、フェイスブック上で稼働するゲームを開発するサードパーティ・デベロッパーが第3のサイドとして存在することが、より一層のユーザー獲得を可能にし、更なる広告主の獲得に寄与する。

　しかし、サイドを増やすということは、プラットフォーム運営企業の立場からするとコントロールの対象となる関係者の種類が増え、より複雑なマネジメントを求められるという側面もある。また、複数のサイド間の利害調整もより複雑になる。プラットフォームに参加するユーザーや企業は、それぞれ異なる意図を持っているからだ。

　広告を例に考えると、広告主は可能な限りユーザーに広告を露出したいという意図があり、ユーザーはできれば広告を見ることなく他のユーザーとの交流を楽しみたい、という意図がある。2つのサイドでも利害調整は存在するため、サイドの数が増えるということはそれだけ利害調整が困難になるということである。つまり、サイドの数とサイド間ネットワーク効果は正の相関関係にあるが、複数サイドの利害調整コストとも正の相関関係にある。

❖ 第Ⅰ部　デジタル・マーケティングとは

Column 3 - 2

スイッチングコスト、マルチホーミングコスト

　スイッチングコストとは現在利用している製品・サービスから別会社の製品・サービスに乗り換える際に、顧客が負担しなければならないコストを指す。マルチホーミングとは、ユーザーが複数のプラットフォームを並行して同時に使用することであり、マルチホーミングコストは、その行動にまつわるコストを指す。スイッチングコストとマルチホーミングコストには、「金銭的コスト」以外に「心理的コスト」「手間コスト」などがある。

　NTTドコモ、au、ソフトバンクなどの携帯電話のキャリアに複数加入するユーザーが一般的に少ないのは、1つのキャリアと契約すれば十分であるうえに、マルチホーミングコストが高いからである。また、携帯電話各社は長期にわたって契約するユーザーや家族で申し込むユーザーに割安な条件を提供することによって、スイッチングコストを高く設定している。ユーザーは長く契約すればするほど別のキャリアにスイッチすることが不利になる。また、家族割引のためにブランド・スイッチをする場合は家族全員でスイッチしたほうが金銭的に得であるが、家族全員でキャリアを変更することは非常に大きな手間となる。番号ポータビリティが導入される前は、携帯電話番号やメールアドレスがブランド・スイッチの障壁であったが、同制度の導入によりこの障壁は消失した。

　デジタル社会のプラットフォームにおけるスイッチングコストは、これ以外にも蓄積したポイントやマイル、長期契約割引、プラットフォーム上で獲得したレビュー・システムの評判、蓄積したデータとその移管の手間、会員ステータスなどの地位、蓄積したソーシャルネットワークなどが挙げられる。

　あるプラットフォームで高評価を獲得したユーザーが別のプラットフォームに移行すると、そこで築き上げた活動に応じた地位が失われてしまい、ゼロから評価やポイントを獲得することになる。同様に、SNSのブランド・スイッチは、友人、フォロワー、ファンといった人間関係の再構築を意味する。

　関連して、ユーザーが増えるということは、それだけ不確実性やトラブルの可能性も増えると考えることができる。C2Cのフリマアプリを事例に考えると、プラットフォーム上で売買取引を行うのは企業ではなく一般の生活者である。こうしたサービス提供者はアマチュアであり、サービスの提供によって生計を立てているわけではない。こうした売り手が出品、梱包、発送を行うが、そのサービス品質は企業より低くなりがちである。先に述べた通り、プラットフォームは土台であり仲

第3章　デジタル社会のビジネスモデル：メルカリ ❖

介業者であるため、プラットフォーム上で取引される商品やサービスの品質を直接管理することはない。このため、ユーザーが不安を感じずに取引できる仕組みを整えなければならない。ユーザーが安心、安全なプラットフォームではないと判断すると、ユーザーが離脱し、ユーザーの離脱はネットワーク効果の「負のスパイラル」へと陥る可能性がある。

5 おわりに

　アマゾン、メルカリ、フェイスブック、ウーバーなど、デジタル社会で活躍する多くの企業が、プラットフォーム・ビジネスである。プラットフォームは低コストで事業を始めることができ、初期ユーザーを獲得すればネットワーク効果によって短期間で飛躍的に成長できるという特徴を持っている。そして、デジタル技術はこの異なるサイド間のマッチングを行うプラットフォームを加速させることができるため、プラットフォームはデジタル社会の重要なビジネスモデルとなっているのである。

　本章では、メルカリのケースを通じてプラットフォームの概念と、プラットフォームを特徴づける重要な概念であるネットワーク効果を学んだ。ネットワーク効果にはサイド間とサイド内の効果があり、正負の両方の方向に作用しうる。そして、ネットワーク効果は企業間の競争に大きな影響を及ぼす。これらの概念はデジタル社会のビジネスモデルを理解するうえで重要な基礎知識となるだろう。

❓ 考えてみよう

① メッセージアプリにおけるサイド内ネットワーク効果とサイド間ネットワーク効果を考えてみよう。

② メルカリ以外のオンライン上のプラットフォームを挙げて、その成功理由を考えてみよう。

③ サイド内・サイド間ネットワークが働いても、ライバルにユーザーを奪われる場合を考えてみよう。

❖ 第Ⅰ部　デジタル・マーケティングとは

次に読んで欲しい本

☆プラットフォームについて、理論を詳しく学ぶには…。

　根来龍之『プラットフォームの教科書：超速成長ネットワーク効果の基本と応用』
　　日経BP社、2017年。

☆プラットフォームについて、理論と事例を詳しく学ぶには…。

　出井伸之監修『進化するプラットフォーム：グーグル・アップル・アマゾンを超え
　　て』KADOKAWA/角川学芸出版、2015年。

第 **4** 章

デジタル・マーケティングの基本概念

：無印良品

1　はじめに
2　無印良品
3　協　　働
4　マーケティング・ミックス
5　おわりに

❖ 第Ⅰ部　デジタル・マーケティングとは

1 はじめに

　皆さんは、フェイスブックなどのソーシャルメディアでの知らない人からの突然の友達申請には、どう対応するだろうか。おそらく、その友達のプロフィール情報や発信する内容をみて、「承認」や「無視」あるいは「拒絶」を決めるのではないだろうか。突然の申請ではなく、リアルで多少は話をしているとか、申請をしてきた理由をメッセージでもらうと、承認しても良いと思うのかもしれない。あるいは、逆に、多少話をしているからこそ、この人は友達としては拒絶したいということもあるかもしれない。

　では、友達の中で、何かを「協力」や「協働」したいと思う友達とは、どのような人物だろうか。おそらく、そう思う相手というのは、個人的にも、他の仲間からも、信頼できる人物ではないだろうか。

　実は、こうした「承認」あるいは「協働」したいという感覚が、デジタル・マーケティングの基本の理解につながるのだ。デジタル社会では、友達との承認や協働の関係が、企業と顧客との間で必要とされる。言い換えれば、どのような企業であれば、仲間として協働したくなるかを考えれば良いわけだ。これが、デジタル・マーケティングの基本概念となる。

　本章では、無印良品のケースを通して、デジタル・マーケティグの基本概念となる顧客コミュニティとの協働と、デジタル社会におけるマーケティング・ミックスについて学ぶ。

2 無印良品

❖ 主婦の一言

　無印良品誕生のきっかけは、1975年頃の西友の商品科学研究所における、開発担当とメーカー、主婦モニター10人による、素材缶詰「マッシュルーム」の味覚テストにさかのぼる。開発担当が、「ホール（まるごと）缶とスライス缶を同じ価

格で発売する」と説明すると、主婦の1人が、「何で、くずみたいなスライス缶の値段が、ホール缶の立派なものと同じなの?」と怒りだした。開発担当は、「マッシュルームのカサの端を切る手間をかけた分、ホール缶よりスライス缶のほうが高いが、マージンミックス(全体で利益調整)にして同じ値段にしている」と回答した。品質に変わりはないにもかかわらず見栄えを良くするため、手間をかけてカサの端を取り除いていたのである。

　その後、担当者が工場訪問の際に観察すると、鮭は頭と尾を落として、真ん中の形の良い部分だけを使っていた。椎茸も、調理の際に切るのであれば同じなのに、多くのスタッフが細かく選別し、割れた椎茸を除いていた。乾麺でも、棒に干した際に曲がるU字形のところを使っていない。あまりに過剰な基準であるJAS規格を見直して、歩留まりを上げれば、味も変わらないし、安くなる可能性を実感した。すぐに開発するまでには至らなかったが、それがセゾングループ代表で西友社長の堤清二に伝わり、後に無印良品の誕生につながる。まさに顧客の声により生まれたブランドである。

　こうして1980年12月に、「わけあって、安い。」というコピーの下に、家庭用品9アイテム、食品31アイテムの計40アイテムで誕生した。「素材の選択」、「工程の点検」、そして「包装の簡略化」という3つの訳をもって開発したため、従来の単に低価格追求型のプライベートブランド商品(小売業者の独自ブランド)とは一線を画す、独自性の高い商品となった。西友全店舗に加えファミリーマート、西武百貨店などで一斉発売された。各店の食品・日用雑貨売場でのコーナー展開であったが、目標を大きく超える実績をあげた。1983年には無印良品だけの専門店が生まれ、1989年には西友から独立し良品計画となり、クリエイターであるアドバイザリーボードらの協力も得て、多くの商品カテゴリーや店舗へと拡大した。

❖ 顧客との共創

　1999年には、顧客からの声を「お客様室」に一元化し、製品・サービスの開発や改善に活用できる体制にし、それを店頭ポスターでも訴求した。第1弾では「声のキャッチボール」という企業姿勢を伝え、第2弾では、「無印良品に言いたいこと」として、電話、カタログに添付された「お客様の声」ハガキ、電子メール、情報連絡メモという4つの窓口があることを説明した。第3弾では、「こんな三角関係」として、どのように製品開発をしているかを伝えた。ポスターだけでなく、店

❖ 第Ⅰ部　デジタル・マーケティングとは

頭POPやプライスカード、カタログ、チラシを通して、「お客様の声」による製品・サービスの開発や改善の実績を示した。

【写真4－1　「声のキャッチボール」店頭ポスター】

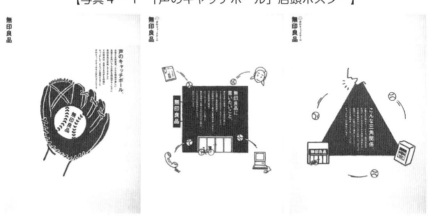

写真：良品計画提供

　2000年には、「ネットであれば時間・空間の制約なしにビジネスができる」という構想から、さまざまな企業と提携し、ネットを通して生活関連の製品・サービスを提供する子会社「ムジ・ネット」が設立された。無印良品のポータルサイトが立ち上げられ、ムジ・ネットが顧客との共創により自動車、集合住宅、旅行などの提案を行う「無印良品ネットコミュニティー」を運営し、良品計画がオンライン小売である「無印良品ネットストア」を始めた。

　顧客との共創により、2001年には日産自動車と同社の「マーチ」をベースにした「MUJI＋Car1000」を発売。顧客の声を聞いて、5人乗りだが後部座席をフラットにすると大きな荷物スペースとなる自動車が生まれた。さらに、無印良品の商品を対象にした「モノづくり家具・家電」も開始した。顧客のアイデア投稿から始まり、それらアイデアに対しての顧客の人気投票、その人気アイデアに基づいた無印良品からの複数デザイン案の提示、それらデザインに対しての顧客の人気投票、その人気デザイン案に基づいた無印良品からの試作品の提示、そして、顧客からの事前予約を受け、その数が製造の最小ロットに達すると商品化が決定するというプロセスであった。「持ち運びできるあかり」をはじめ、大ヒット商品となる「体にフィットするソファ」、「壁棚」が発売された。その後、事前予約はなくなったが、

第4章　デジタル・マーケティングの基本概念：無印良品

「お客様の声プロジェクト」として広がり、顧客との共創で生まれた商品は、同じカテゴリーの既存商品と比べると、3.6倍も高い売上高をあげた。こうした顧客との共創により、製品開発力を強化しつつ、商品アイテムを拡大していった。

【写真4-2　モノづくり家具・家電「体にフィットするソファ」】

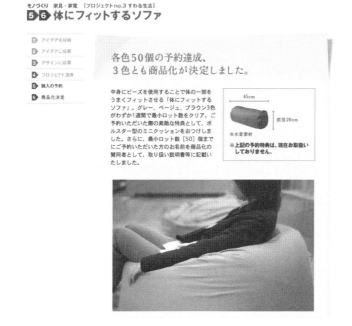

写真：良品計画提供

❖ ネットとリアルの補完

こうした中、無印良品ネットストアは成長を続け、2009年にはリニューアル。1週間に100万人の訪問があり、店舗来店人数の7分の1程度の規模になっていた。「WEBカタログ」も公開し、売り場では表現できない詳細な情報を発信し、店舗への送客も促進した。

2010年にニューヨークでは、無印良品30周年記念のイベントにあわせて、iPhone、iPadアプリ「MUJI CALENDAR」、「MUJI NOTEBOOK」、「MUJI to GO」が無料公開され、好評を博した。いち早く、ソーシャルメディアにも対応す

◆ 第Ⅰ部　デジタル・マーケティングとは

る。2009年にツイッターの公式アカウント、翌年にフェイスブックの公式ページを開始した。2014年には、400万ものファンを獲得するまでに至り、顧客からも社会からも高い評価を得て、情報発信が強化された。

　さらに、2013年にスマホ向けに「MUJI passport」アプリを無料公開した。このアプリは、3つのサービスを顧客に提供した。第1に、「ショッピングガイド機能」であり、顧客は最寄りの店舗在庫をリアルタイムに検索し、スムーズに購入することができる。第2に、「無印良品週間」の割引クーポンの利用ができる。第3に、「MUJIマイルサービス」の提供である。MUJIマイルは、店舗でのチェックインをはじめ、商品に「ほしい！」や「持ってる」をクリック、店舗やネットストアでの購入、そしてサイトでアイデアやクチコミの投稿で、入手できる。MUJIマイルは、一定のマイル数に達するとショッピングポイントが付与され、買い物で利用できる。購入時にしかつかない一般的なポイントやマイルと違い、いろいろな場面でマイルを付与するのは、顧客との多くの接点が大事だからだという。

　こうしたマイル付与の工夫により、顧客属性や購入頻度、位置情報、チェックイン情報、クチコミ、アイデア投稿履歴などが分析でき、販促や出店の分析に役立つ。さらに、メルマガの開封・閲覧率が低下しているなか、アプリでプッシュ通知がで

【写真4-3　「MUJI passport」】

写真：良品計画提供

54

第4章　デジタル・マーケティングの基本概念：無印良品 ❖◆

きることで、顧客に販促しやすいというメリットも持つ。こうした効果を裏づける
ように、実際にアプリユーザーの購入回数は増加した。

　MUJI passportは、クーポンを入手できる「無印良品週間」中に店舗での告知
を増やすことでダウンロード数が増え、2015年には320万ダウンロードを超えた。
同年には中国で開始され、その後、台湾、韓国、香港へと広がった。こうしてネッ
トとリアルは補完関係を持ち、両者でファンを増やし、その結果、双方の売り上げ
を押し上げていった。

3 協　　働

❖◆ 一方向から協働へ

　デジタル・マーケティングでは、企業と顧客は、一方的な関係ではなく、さまざ
まな場面での「協働」が重要となる。その理由としては、次の3点が挙げられる。
いずれも、前章まで見てきたデジタル社会の背景や消費者行動、ビジネスモデルと
関連する。

　第1に、デジタル社会によって、顧客コミュニティが、企業やブランドの好き嫌
いを積極的に会話し評価できるようになり、企業とのパワーバランスが変わってき
ているからだ。デジタル社会以前は、企業からの広告などの発信に対して、顧客は
受け身であった。ブランドイメージを維持するために、広告で本当の差別化とはい
えない虚偽まがいの差異をつくりだす企業もあったが、顧客がその真偽を判断する
ことは困難だった。だが、デジタル社会では、顧客同士がリーチとリッチネスをと
もに高く、簡単につながれるソーシャルメディアによって、企業やブランドについ
て、大企業を恐れることなく、顧客は自由に会話できるようになった。さらに、そ
こでの会話の透明性によって、顧客は、企業による虚偽の説明から身を守れるよう
になったのである。

　そのため、顧客が信頼する情報も、企業発信の広告や、権威者あるいは専門家の
意見から、ネット上や直接の会話へと変わってきている。信頼する情報は、Fファ
クター（Friends 友達、Families家族、Facebook Fansフェイスブック・ファン、
Twitter followers ツイッターのフォロワー）といわれる。顧客は、購買決定の際

❖ 第Ⅰ部　デジタル・マーケティングとは

に、自らの属する顧客コミュニティの影響を受けているのだ。企業は顧客コミュニティと上手く協働していくことが不可欠となる。無印良品が、ソーシャルメディアで発信することで、顧客が発言しやすくし、サイトに顧客の声を掲載するのは、こうした変化に対応するものである。

　第2に、デジタル社会により、企業が多様な場面で、顧客と協働できるようになり、企業の競争優位の源泉となっているからだ。デジタル社会以前は、企業と顧客は、広告や販売などの限られたタッチポイントしか接点がなかった。デジタル社会となり、企業と顧客は、カスタマー・ジャーニーの全段階で、リーチとリッチネスをともに高くつながり、多様なタッチポイントをもつことが可能となり、先進的企業は、顧客との協働によるプロモーションや製品開発などで、競争力を身につけてきている。無印良品は、先の顧客の声の掲載や、顧客との共創によるヒット商品の開発など、顧客との協働で成果をあげている。そもそも主婦の一言から生まれた無印良品は、顧客との協働から誕生したブランドであるともいえる。

　顧客サービスについても、デジタル社会以前では、厳密なガイドラインやマニュアルに従ってスタッフが実施するものであった。だが、デジタル社会では、顧客がサイト上で他の顧客の質問に回答するなど、協働が顧客ケアを成功させるカギにもなっている。

　第3に、デジタル社会により生まれた消費者間取引のビジネスモデルによる新市場が成長しているからである。消費者が自ら価格を決め、商品を販売あるいはシェアするビジネスが成長を続ける。いままで同分野の商品やサービスを提供していた企業にとっては脅威であろう。こうした市場の変化に対応して、企業が顧客との協働を、自社の利益に結びつけて考えることが求められる。

❖ STPから顧客コミュニティによる承認へ

　こうしたなか、企業はデジタル社会のマーケティングを、どのように進めれば良いのだろうか。デジタル社会以前の伝統的マーケティングでは、そのプロセスの頭文字をとったSTPを設定することから始まる。まず、地理的・人口動態的・心理的・行動的プロファイルに基づいて、市場を細分化する「セグメンテーション」（Segmentation）を行う。次に、細分化されたセグメントの魅力度や、ブランドとの相性により、セグメントを選択するという「ターゲティング」（Targeting）を実施する。これにより、競合製品との位置付けを明確にする「ポジショニング」

(Positioning)が可能となり、ターゲット市場の顧客に対して、差別化された提案ができる。だが、セグメンテーションやターゲティングは、企業と顧客はハンターと獲物の関係のようで、企業が顧客の同意なしに行う一方的な決定である。企業は広告メディアを通して、メッセージを発信するが、ターゲットとされた顧客は、どうでもよいメッセージを送られ、迷惑しているという可能性もあるのだ。

だが、デジタル社会では、すでに見たように顧客は、もはやSTPの受け手ではなく、単なるターゲットとみなすべきではない。企業と顧客は、ともに協働できる友達や仲間という対等な関係でないといけない。ターゲットを獲物とみて、餌をぶらさげるハンターとしてではなく、顧客のために力になりたいと心から思っている友達として、企業は行動しないといけない。冒頭で見たように、承認の決定権は、顧客が握っているのだ。もちろんSTPが、顧客にとって透明性が高ければ、その慣行は続けてもよいだろう。

さらに、すでに見たように、顧客同士が互いにソーシャルメディアでつながっているので、単に顧客というより、顧客コミュニティがターゲットとなるのである。従来のターゲットとは異なり、顧客コミュニティは、顧客自身が定めた境界の中で、顧客によって自然につくられるものだ。こうした人間関係に基づいたネットワークに企業が無理やり介入しようとしたら、拒絶される可能性も高い。顧客コミュニティには、迷惑メッセージや邪魔な広告は必要ない。企業は自らの本質を明らかにし、本当の価値を正直に示すことで初めて信頼される企業になれる。企業が顧客コミュニティと効果的に関わっていくには、顧客コミュニティによる承認（パーミッション）を得る必要があるのだ。企業は自身をどのようにポジショニングしてもよ

【図4-1 マーケティングの基本】

❖ 第Ⅰ部　デジタル・マーケティングとは

Column 4 - 1

パーミッション・マーケティング

　パーミッション・マーケティングとは、セス・ゴーディンが提唱したもので、情報氾濫をかいくぐり、潜在顧客の同意を求め、友達として話しかけるものだ。顧客から期待され、個別対応し、顧客が関心を持っている内容を適切に提供する。一方、CMや看板、バナーなどの宣伝広告を、インタラプション（邪魔）・マーケティングと呼び、顧客に期待されず、個別対応されておらず、適切なコミュニケーションではないと批判する。

　2つの違いは、婚活に例えると、次のようになる。インタラプション・マーケティングを実践する彼は、高価なスーツ、新しい靴、豪華な装飾品を身につけ、専門家にアドバイスを受け、理想的な婚活パーティを選びだす。パーティ会場に入るなり、一番手近な女性に近づき、いきなりプロポーズする。断られると、次の女性に行き、全員に繰り返すが、すべて失敗する。敗因はスーツと靴にあるとして仕立屋がクビになり、当該婚活パーティを選んだ専門家もクビとなる。そして、新たな婚活で失敗を繰り返す。インタラプション・マーケティングは、まさに大企業のマーケターの手法であり、広告会社と契約し、媒体をリサーチし、大勢の人を邪魔し、数％の人でも購入することを期待する。失敗すると、広告会社のせいにする。

　一方、パーミッション・マーケティングを実践する彼は、まずはデートから始める。最初のデートが上手くいったら、次のデート、さらにデートを重ねる。お互いのことを理解し、互いの家族にも会うだろう。そして、プロポーズ。まさに、お付き合いの要領だ。

　その成功には、5つのステップがある。第1に、顧客が自ら関心をもつ（パーミッションを与える）ようなインセンティブの提供だ。第2に、顧客の関心を利用し時間をかけて製品やサービスを説明する。第3に、インセンティブを強化し、顧客がパーミッションを与えつづけるようにする。第4に、追加のインセンティブを提供し、さらにパーミッションを得る。最後に、時間をかけパーミッションを活用し、消費者の行動を変化させ利益を生み出す。

いが、顧客コミュニティの承認がなければ、見せかけのポジショニングにすぎなくなることに注意を払うべきだろう。

第4章　デジタル・マーケティングの基本概念：無印良品 ❖

4 マーケティング・ミックス

❖ 4Cの重要性

第4章

　伝統的マーケティングでは、STPを決めたら、次にMM（マーケティング・ミックス）を計画・実行することが定石だ。マーケティング・ミックスとは、ターゲット顧客に何を（Product＝製品）、どのように提供するか（Price＝価格、Place＝チャネル、Promotion＝プロモーション）を計画するツールであり、4P（4つの構成要素の頭文字）が最適に設計され、一貫性が取れていることが重要である。

　デジタル・マーケティングにおいても、マーケティング・ミックスの計画・実行は重要である。デジタル社会における、企業が主体的に実践できる企業中心の戦略を「基本」とし、さらに顧客との協働の拡大に対応した顧客中心の戦略を「拡張」として、その概要をみていく。

　まずは、基本戦略を確認する。製品戦略では、モノのデジタル化がカギとなる。デジタル社会では、書籍や音楽、映画のデジタル化や、ネットに接続された製品の「IoT」が進展する。価格戦略では、標準価格設定から、時期や顧客に対応したダイナミック・プライシング（動的価格設定）に変化している。飛行機やホテルなどの需給により変化する価格が、その例である。MUJIマイルサービスなどのロイヤルティ・プログラムも、顧客に対応したダイナミック・プライシングの一例といえる。チャネル戦略では、リアル店舗での販売だけではなく、オンライン小売や、双方を活かしたオムニ・チャネル戦略が重要になっている。無印良品では、ネットで店舗の在庫検索や、ネットで注文した商品を配送料無料で、店舗で受取り・支払いができるなど、オムニチャネル化している。プロモーション戦略では、マスメディアでの広告だけでなく、ネットでの情報発信がカギである。無印良品は、店頭陳列やPOP、カタログだけでなく、自社サイトやメルマガ、ソーシャルメディア、スマホアプリなどの多様な媒体を通して情報発信を行う。

　次に、拡張戦略を確認する。顧客との協働の拡大に対応したマーケティング・ミックスでは、4Cという視点が戦略を考える上でのカギとなる。4Cとは、共創（Co-creation）、通貨（Currency）、共同活性化（Communal activation）、会

59

❖ 第Ⅰ部　デジタル・マーケティングとは

話（Conversation）である。こうした顧客との協働を、企業がいかに利益に結びつけていくのかが重要である。製品戦略では、無印良品のような顧客との共創がカギとなる。価格戦略では、オークションサイトのように消費者間の需給に対応し、為替相場の通貨のように即時に変動するダイナミック・プライシングが実施される。チャネル戦略では、消費者間取引により共に市場を盛り上げていく共同活性化が重要となる。他者の所有物を利用できるシェアリング・サービスも、それにあたる。無印良品では、価格やチャネルでの顧客間の協働に対応した戦略を実施していない。だが、今後の展開の中で、対応が必要となるかもしれない。最後に、プロモーション戦略は、顧客間の会話を活用することが重要となる。無印良品では、ソーシャルメディアの活用だけでなく、サイト内でのクチコミや、星評価などの共同格付けをできるようにしている。

❖ デジタル社会のマーケティング

　だが、デジタル社会のマーケティングにおいて、デジタル・マーケティングが、伝統的マーケティングに代わるべきものではない。2つは、認知、検討、行動、推奨という顧客の購買意思決定プロセスと企業との接点をみるというカスタマー・ジャーニーの全段階で、役割分担しつつ共存することが重要だ（図4-2）。すべてのプロセスの中で、自社が他社より優位性のある、少数のタッチポイントで、顧客と有意義なエンゲージメント（つながり）を築くことがカギだからだ。
　初期段階では、伝統的マーケティングでの店舗や広告などのタッチポイントが、顧客の認知の構築に大きな役割を果たす。無印良品では、街で偶然みかける店舗や、

【図4-2　デジタル社会のマーケティング】

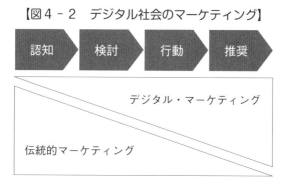

出所：コトラー、カルタジャヤ、セティアワン（2017）図4-1を参考に著者作成

第4章　デジタル・マーケティングの基本概念：無印良品 ❖

Column 4-2

絶対価値

　「絶対価値」とは、イタマール・サイモンソンとエマニュエル・ローゼンが提唱したもので、顧客が体験する「製品の質」という意味である。例えば、レストランでの体験、読書の楽しさ（あるいは退屈さ）、ヘッドホンの聞き心地のことだ。カメラの絶対価値であれば、その技術的仕様や信頼性だけでなく、所有する気持ちや使い勝手も含む。

　だが、デジタル社会以前では、目の前の局所的情報（例えば、価格）で比較して「相対価値」で判断するという相対評価が有効であった。実験では、中価格と低価格のカメラから1台選択するように依頼したグループよりも、同じ2台に高価格カメラを加えた3台の中から1台を選択するようにしたグループのほうが、低価格より中価格を選ぶ比率は高まったのだ。目の前の選択肢から、妥協した中間の項目を選ぶ傾向にあることから、「妥協効果」と言われる。

　デジタル社会になり、同じ状況の実験をすると妥協効果は存在したが、選択の際にアマゾンのレビュー閲覧をしてもらうと、妥協効果は消えていた。つまり、人々が賢くなっているからでも論理的に考えるようになっているからでもなく、高度な検索エンジンや顧客のレビュー、専門家や友人とのつながりやすさというデジタル社会により絶対価値情報を入手しやすくなったからなのである。顧客は購入を迷っている製品やサービスの体験の質（絶対価値）を、今までよりもずっと正確に把握できるようになったのだ。

　こうした変化が、消費者や企業にもたらす影響は計り知れない。絶対価値に頼ることで、消費者は、より的確な判断をくだせるようになるし、企業による広告の心理操作に惑わされにくくなる。

　つまり、企業にとってもマーケティングの意味は一変しつつある。消費者が絶対価値を簡単に把握できるようになれば、かつて多くの製品やサービスの体験の質を予測する手がかりとなっていた「相対的要因」（ブランディング、ロイヤルティ、ポジショニングなど）の影響力は急激に落ちるからだ。この相対から絶対への根本的な変化を乗り切るためにも、経営者、マーケターたちは何もかもを見直す必要があるだろう。

第4章

そこでの商品陳列が重要である。購買意思決定プロセスが進み、顧客が企業とのより緊密な関係を求めるようになると、検討や行動、推奨を促すデジタル・マーケティングの重要性が高まる。とりわけ、すでに見てきたように顧客は、他の顧客の

61

❖ 第Ⅰ部　デジタル・マーケティングとは

評価に影響を受けるのだ（Column 4 - 2）。無印良品では、サイトやアプリを使って、顧客と多くのタッチポイントをもつ。

❖ デジタル社会のマーケティング・ファネル

　デジタル社会以前は、あるブランドを認知している顧客のうち、何人かが検討し、そのうち何人かが購買行動を起こし、さらにそのうち何人かが推奨するというのが、一般的であった。このように、購買意思決定プロセスにおける顧客数の変化は漏斗型になり、マーケティング・ファネル（漏斗）と呼ばれていた（図4 - 3）。
　だが、デジタル社会では、漏斗型ではなく、蝶ネクタイ型に変化できる可能性をもつ。伝統的マーケティングのマーケティング・ミックスと、デジタル・マーケティングのマーケティング・ミックスとの融合により、各段階において適切なタッチポイントをもつことで、企業やブランドを認知している多くの人が検討に至り、そのうち多くが購買行動を起こし、そして認知や検討をしているだけの人も、高い評判のため「いいね！」と推奨の一端を担う可能性もあるからだ。

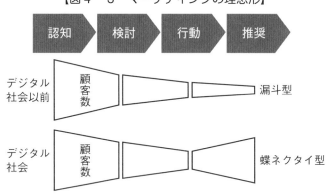

【図4 - 3　マーケティングの理想形】

出所：コトラー、カルタジャヤ、セティアワン（2017）図7 - 2を参考に著者作成

第4章　デジタル・マーケティングの基本概念：無印良品

5 おわりに

　本章では、無印良品のケースを通して、デジタル・マーケティングの基本概念となる顧客との協働と、マーケティング・ミックスについて学んできた。

　デジタル・マーケティングの基本概念は、決して難しい話ではないことがわかっただろう。デジタル社会では、どのような企業であれば仲間にして、協働したくなるかを考えれば良いわけだ。これを企業として、顧客に実践すれば良いのである。

　だが、このことは簡単なようでいて、実はとても難しい。企業は、いままでのマーケティングを見直す必要があるからだ。さらに相手があることなので、顧客に承認を得ようとしても邪魔だと思われるかもしれないのだ。

　だが、デジタル社会の進展の中、この変化を避けることができない。新しい友人や仲間を作る要領で、潜在的顧客に対して、丁寧に承認のステップを進めていくしかないのだ。

? 考えてみよう
① デジタル社会では、なぜ顧客コミュニティの承認が必要なのかを考えてみよう。
② 顧客として協働してみたい企業あるいはブランドを1つあげ、その理由を考えてみよう。
③ 最近購入した製品あるいはサービスを1つあげて、企業とのタッチポイントを考えてみよう。

次に読んで欲しい本
☆デジタル社会における製品の価値や評価について、詳しく学ぶには…。
　イタマール・サイモンソン、エマニュエル・ローゼン（千葉敏生訳）『ウソはバレる』ダイヤモンド社、2016年。
☆デジタル社会における顧客の承認について、詳しく学ぶには…。
　セス・ゴーディン（谷川漣訳）『パーミッション・マーケティング』海と月社、2011年。

第 II 部

デジタル・マーケティング戦略

第 5 章

製品戦略の基本

：アップル

1　はじめに
2　アップル
3　デジタル財
4　IoT
5　おわりに

❖ 第Ⅱ部　デジタル・マーケティング戦略

1　はじめに

　地図、辞書、音楽CD、これらの製品に共通することはなんだろうか。それは、機能を代替するスマートフォンのアプリが存在するということである。地図アプリを使えば目的地までのルート検索が容易にできるし、翻訳アプリを使って言葉を入力すれば無料で言語を変換することができる。また、音楽や動画の配信アプリを使えば、膨大な数の曲を自由に聴くことができる。このように、デジタル化や情報技術によって、顧客価値の提供形態が既存の製品から新たなモノへと変化している。また、さまざまな製品がインターネットに接続され、製品間で情報をやり取りし、連携するようになっている。

　本章では、デジタル・マーケティングにおける製品戦略の基本について、主に企業側の視点から学んでいく。具体的には、次の3つのトピックについて考えていく。はじめに、スマートフォンのアプリのようにデジタル化によって誕生した製品やサービスは、既存の製品やサービスとは何が違うのだろうか。次に、スマート家電のように、製品同士をつなぐ情報技術の発展が製品へもたらす変化にはどのようなものがあるだろうか。最後に、デジタル化や情報技術の発展が企業の製品戦略へどのようなインパクトをもたらすのか。アップルの音楽事業を例にとりながら、それらのトピックについて考えていこう。

2　アップル

❖ アップルミュージック

　2015年6月30日、アップルは「アップルミュージック」というサービスを開始した。アップルミュージックとは、約4,500万曲以上にもおよぶ楽曲を定額で聴取できるサービスである。月額980円を支払えば、消費者は自由に楽曲を聴くことができる。それまで、消費者がiTunesで音楽を楽しむ場合、CDの楽曲を取り込んだりiTunesストアで楽曲を購入したりしてプレイリストを作成する必要があっ

第5章　製品戦略の基本：アップル

た。したがって、聴取できるのは所有している楽曲に限られていた。アップルミュージックはそうした限界を超えるサービスである。定額料金を毎月支払うだけで、アップルミュージックが保有する楽曲を好きなだけ聴くことが可能だからである。iPodでの音楽聴取を「自宅の音楽ライブラリを持ち運ぶスタイル」とするのであれば、アップルミュージックは「巨大なCDレンタルショップを持ち運ぶスタイル」のようなものである。

　アップルミュージックの特徴は楽曲数が多いだけではない。利用者に新たな音楽との出会いの場を提供してくれることも大きな特徴である。アップルミュージックではラジオ番組が24時間放送されており、利用者は気に入った楽曲があればプレイリストへ追加できる。また、コネクトという機能では、好みのアーティストや専門家をフォローして彼らの最新情報を見たり、お勧めの楽曲を聴いたりすることができる。さらに、アップルミュージックが利用者の再生曲を学習し、好みに合いそうな楽曲を勧めてくれるフォーユーという機能もある。

❖ 音楽配信事業の市場環境

　アップルミュージックが音楽を配信する仕組みはストリーミングというものであり、サーバー上にあるデータにインターネット経由でアクセスすることによって、利用者は音楽をダウンロードしながら再生できる。楽曲を購入するわけではないので利用者は楽曲を複製したり、CD-Rなどの記録媒体へ保存したりすることはできないが、一定数以上の楽曲を聴くのであれば1曲ずつ購入するよりも低価格で利用できる。また、インターネットに接続されていれば世界中で音楽を聴くことができる。通信速度の向上をはじめとするインターネット環境の改善によって、ストリーミングは急速に普及している。国際レコード産業連盟のGlobal Music Report 2018によると、2017年における全世界の音楽売上高のうちストリーミングの割合は約38％であり、CDを抜いて最大のシェアとなったという。また利用者は、全世界で1億7,600万人に達している。日本においても、ストリーミングの利用者は増加しており、売上は拡大している。ICT総研による推計では、日本における音楽配信サービス利用者数は2016年末時点で1,420万人にのぼり、2013年の370万人から3年で3.8倍に増加している。また、日本レコード協会によると、2017年の定額音楽配信の市場規模は約238億円であり、2013年の約31億円と比較すると大きく成長していることがわかる。世界の市場と比較すると、日本におけるスト

❖ 第Ⅱ部　デジタル・マーケティング戦略

リーミングのシェアは小さいが、三浦大知や宇多田ヒカルといった人気アーティストのストリーミングが開始されたことにより、今後市場の拡大は加速していくと考えられている。

　音楽配信市場におけるリーダー企業は、イギリスのスポティファイである。同社は2008年にサービスを始めており、2017年末の時点で7,100万人の有料会員を有している。アップルは、定額音楽配信のサービスを行っていたビーツエレクトロニクスを2014年に約3,050億円で買収し、スポティファイから7年遅れの2015年にアップルミュージックのサービスを開始した。後発であるにもかかわらず、アップルはサービス開始からわずか1年間で1,300万人を超える有料会員を獲得し、2018年3月にはその数が3,800万人に到達した。日本市場では、2015年にLINE、AWA、グーグル、アマゾンがサービスを開始し、2016年にはスポティファイや楽天が参入するなど、定額音楽配信事業の競争は激しくなっている。

❖ HomePodの市場導入

　定額音楽配信の市場が拡大し、競合も増える中、2018年2月にアップルは新たな製品を市場に導入した。それはHomePodというスマート・スピーカーである。スマート・スピーカーとは、音声対応の人工知能（AI）を備えたスピーカーである。HomePodの製品コンセプトは「家庭での音楽の楽しみ方の再発明」であり、音楽を日常的に聴いている消費者を主要なターゲットとしている。アマゾンやグーグルといった他社のスマート・スピーカーと比較して高価格だが、HomePodは高機能なCPUやウーファーを備えており、音質に圧倒的な強みを有している。さらには空間認識機能により室内における自機の位置を認識し、それに応じて音を調整できる。また、他のスマート・スピーカーと同様に、さまざまな機器を連携させて、音声によって操作することもできる。機器同士の連携に関して、アップルはホームキットという独自のシステムを開発している。玄関ドアや照明器具など、ホームキットに対応した製品がいくつかの企業から発売されている。

　アプリの販売や定額音楽配信といったサービス部門の売上は、2015年が約2兆4,100億円、2016年が約2兆7,500億円、そして2017年が約3兆3,600億円と右肩上がりで増加している。アップルでは2020年までに2016年の2倍の売上を達成することを目標に掲げており、成長事業の1つとして注力している。

　アップルミュージックやHomePodによって、消費者の音楽の聴き方が変化して

70

第５章　製品戦略の基本：アップル

【写真5－1　アップルのHomePod】

写真：アップル提供

きている。かつては店舗で音楽CDを購入し、それを繰り返し聴くという行動が一般的だった。すでに見たように、iTunesストアの登場によって楽曲をデータで購入できるようになったり、iPodによって大量の楽曲を持ち運べるようになったりしたが、持っている曲の中から自分で楽曲を選択するという行動は基本的に変わっていなかった。ところが、アップルミュージックの場合、自分でアーティストや曲を選ばなくても、どのような曲を聴きたいのかHomePodへ音声で伝えるだけで、好みにあったさまざまな曲を聴くことができる。したがって、知らない曲も含めて多様な音楽を聴くようになっているのである。音楽CDから音楽データ、さらには配信というように製品のデジタル化が進む中で、ビジネスモデルや消費者行動は変わってきている。

3　デジタル財

❖ デジタル財とは

　製品とは、顧客のニーズを満たすために市場で提供される有形財や無形財である。有形財とは音楽CDやプレイヤーのように、実体があり、我々が見ることができ、また手にすることができる製品である。一方、無形財とは、モノとしての実体を有さない製品を指す。伝統的マーケティングでは、製品は「便益の束」として定義さ

れ、顧客にとっての便益という視点からとらえるべきであると強調されてきた。その点についてはデジタル・マーケティングにおいても変わらない。ところが、デジタル社会となりモノと情報（コンテンツ）が分離するようになり、製品形態についてのとらえ方は変化している（第1章参照）。例えば、音楽CDや本を買わなくても、消費者はインターネットから楽曲や文章のデータをダウンロードして入手できる。本章のアップルミュージックのケースはまさにそれであり、音楽CDと比較すると情報のリーチとリッチネスは飛躍的に向上している。アプリをダウンロードするだけで世界中どこでも音楽を聴くことができるし、4,500万曲もの楽曲を聴くことができるからである。

　音楽や映画のようなコンテンツ、天気予報やニュースのような情報、そしてパソコンのアプリケーションのようなソフトウェアをデジタル情報で表したものをデジタル財という。有形財と比較すると、デジタル財には非排他性、複製可能性、非空間性といった特徴が存在する。

　非排他性とは、他の消費者が同じデジタル財を同時に消費しても価値が減損しないということである。例えば、食事の際に友人と料理をシェアすると自分が食べら

【図5‐1　デジタル財の3つの特徴】

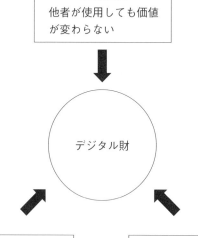

第5章 製品戦略の基本：アップル ❖

Column 5 - 1

標準化戦略

　ほとんどの人が気にしたことはないだろうが、どのメーカーの電気製品にも同じ形の差し込みプラグがついており、日本国内であればどこでもコンセントに接続できる。なぜそのようなことが可能なのだろうか。それは、差し込みプラグとコンセントの形状の規格が標準として決められているからである。

　規格の標準化には、公的な標準化機関によって定められる方法と業界内の企業によって定められる方法の2つがある。例えば、差し込みプラグとコンセントの形状は、JIS（日本工業規格）という日本の国家規格によって定められている。業界内の企業によって決められる標準には、競争によるものと協調によるものがある。例えば、ワイヤレス給電の技術ではフィリップスやパナソニックが主導するQiという規格とAT&Tやデュラセルが主導するパワーマットという規格が競争している。こうした競争の結果によって定められた標準をデファクト・スタンダードという。一方、映像圧縮技術の分野では、アマゾン、アップル、グーグルなど大手企業が協力して標準となる規格の開発を進めている。こうした協調によって定められる標準をコンソーシアム型スタンダードという。

　標準化戦略とは、自社が採用する規格を市場で普及させ、大きなシェアの獲得を目指すことである。デファクト・スタンダードを確立できれば、他の規格を支持していた企業の顧客を奪うことができるため、市場シェアを拡大させられる。したがって、規模の経済（第3章参照）を享受できる。一方、コンソーシアム型スタンダードの場合、デファクト・スタンダードの場合ほどシェアの獲得は期待できないが、多くの企業と共同で規格を普及させるため、市場の拡大が期待できる。そのため、市場拡大による販売数量の増加によって規模の経済の効果を得られる。しかし、コンソーシアム型スタンダードの場合、コスト面に関する条件は競合他社も同じであるため、品質や機能において差別化をしなければならない。

れる量は減ってしまう。また衣服の場合は他の人が着用すると自分は着ることができない。ところが、デジタル財の場合は、他の人が同時に消費したとしても価値は変わらない。アップルミュージックの音楽を複数の人で聴いたとしても音が悪くなるわけではないし、他の利用者が楽曲を聴いたとしてもデータが劣化するわけではない。

　複製可能性とは、デジタル財の生産における限界費用（生産量を1個増やす際に増えるコスト）はほとんどゼロであり、容易に複製ができることである。生産にお

❖ 第Ⅱ部　デジタル・マーケティング戦略

いて原材料を必要とする有形財とは異なり、デジタル財は生産に追加的なコストを
ほとんど必要としない。したがって、生産者側からすると規模の経済（第3章参
照）により大きな利益を得られるというメリットがある一方、海賊版によって知的
財産権を侵害されやすいというデメリットがある。

　非空間性とは、デジタル財には実体がなく、空間的な制約を受けないという特徴
である。有形財であれば、生産地から消費地まで配送したり、保管したりする必要
がある。一方、デジタル財は瞬く間に世界中へ伝達することができるため、物流の
必要がない。例えば、音楽のデータはインターネットを通じて、世界中へ転送する
ことができる。

❖ カスタマイゼーション

　アップルミュージックなどのデジタル財を議論するうえで重要なキーワードはも
う1つある。それは、カスタマイゼーションである。カスタマイゼーションとは、
顧客1人ひとりの好みに合わせて製品やサービスを提供することである。オーダー
メイドのスーツを想像するとわかりやすいだろう。アップルミュージックでは、顧
客が自分の好みに合わせてプレイリストを作ることができるし、好みのアーティス
トや専門家をフォローすることができる。さらに、アップルミュージックは顧客の
再生する楽曲を学習し、好みに合いそうな楽曲やアーティストを提案している。顧
客は自らアップルミュージックをカスタマイズしているのである。顧客がカスタマ
イズできるのはアップルミュージックだけではない。アップルは、アップル・スト
アを通じてさまざまなアプリを顧客へ提供している。顧客は好きなアプリを購入し
たり、無料でダウンロードしたりしてiPadやiPhoneを自分好みにカスタマイズし
ているのである。

　デジタル財においてカスタマイゼーションが有効な理由は2つある。第1に、製
品やサービスをカスタマイズすることにより、顧客のニーズはより高いレベルで満
たされ、満足度が向上するからである。好みのアーティストの楽曲でプレイリスト
を作成できるだけでなく、知らなかったアーティストを発見できれば、音楽好きの
顧客は非常に喜ぶだろう。そうした顧客はアップルミュージックを長期にわたり利
用するだけでなく、クチコミによって新たな顧客を生み出してくれる。

　第2に、カスタマイゼーションによってスイッチングコスト（Column 3-2参
照）が高まるからである。アップルミュージックから他社の音楽サービスへ変更す

第5章　製品戦略の基本：アップル

る場合、顧客は新たにプレイリストを作成しなければならない。また、iPhoneからアンドロイドのスマートフォンへ変更する場合、アプリを新たに購入し直さなければならない。こうした手間コストや金銭的コストがかかるほど、顧客はアップルの端末やアップルミュージックからスイッチする可能性は低くなるものと考えられる。

4 IoT

❖ IoTとは

　HomePodをはじめとするスマート・スピーカーの特徴の1つとして、音声認識技術があげられる。消費者は、スマート・スピーカーに話しかけて音楽を再生させたり、インターネットで情報を検索したりできる。さらに、スマート・スピーカーを通じてテレビのスイッチを入れたり、照明器具を調節したりすることもできる。そうした操作が可能になったのは、テレビや照明器具などの製品がインターネットに接続され、スマート・スピーカーと連携しているからである。

　製品をはじめとするさまざまなモノがインターネットに接続可能になる現象をIoT（Internet of Things）という。IoTが注目されている背景には、スマート製品と呼ばれる接続される側の製品の技術的な進化がある。スマート製品とは、センサー、マイクロプロセッサー（さまざまな演算の処理を行う半導体のチップ）、そしてストレージ（データを記録する装置）などが組み込まれた製品であり、いわばパソコンを内蔵しているようなものである。スマート製品がネットワークに接続されることによって、製品の機能は飛躍的に向上し、製品戦略において新たな視点がもたらされる。

　マイケル・ポーターとジェームズ・ヘプルマンは、インターネットに接続することができるスマート製品の能力について、①モニタリング、②制御、③最適化、④自律性という4つをあげている（図5－2）。モニタリングとは、製品の利用状況や状態などを記録し、外部の端末から管理できることである。モニタリングによって製品がどのように使われているのかを把握でき、故障の可能性を診断できたり部品の交換時期などを予期できたりする。また、製品の場所を特定できれば、紛失や

❖ 第Ⅱ部　デジタル・マーケティング戦略

【図 5 - 2　インターネットに接続できるスマート製品の能力】

出所：Porter and Heppelmann（2014）より筆者作成

盗難への対応が可能となる。たとえば、iPhoneをなくしてしまったとする。その際、iPhoneがネットワークに接続されていれば、パソコンなどを用いて場所を特定できる。

　制御とは、外部の端末から製品を操作したり、特定の環境下における製品の動作を指示したりできることである。例えば、HomePodのようなスマート・スピーカーが照明器具やエアコンとネットワークで接続している場合を想像してほしい。「明かりをつけて」とスマート・スピーカーへ話しかけて照明器具のスイッチを入れたり、「室温が10℃を下回ったら暖房をつける」と設定してエアコンを自動で作動するように指示したりできるのである。

　最適化とは、モニタリングから得られた情報をもとにした製品の制御によって、利用者にとって最適な効果が得られることである。例えば、過去の稼働状況からエアコンが部屋の広さや利用者の好みを分析し、快適な温度を実現するといったものである。

　自律性とは、顧客が操作しなくとも製品が自律的に機能することである。例えば、日々の掃除のデータをもとに、掃除を行うタイミングを自動的に見極め、掃除を行うロボット掃除機のようなものである。図 5 - 2 に示されているように、上位の能力は、下位の能力を前提としている。例えば、自律性の実現には最適化が欠かすことができない。

第5章　製品戦略の基本：アップル ❖

❖ IoTがもたらす機会

　IoTとスマート製品が組み合わさることで、製品の利用状況に関する大量の情報を獲得できる。そうした情報は、企業に対していくつかの機会をもたらす可能性がある。第1に、製品から得られる情報を基に、新たなビジネス・モデルを構築することができる。例えば、ブリヂストンは鉱山車両用の大型タイヤの維持管理システムというソリューションを販売している。大型タイヤにセンサーを付けて、温度や空気圧などを測定し、タイヤがパンクする前に異常を検知できるようにしている。さらには、タイヤの性能を最大限に引き出すような運転方法を提案することもできるという。第2に、製品から得られる顧客情報を開発に役立てることができる。顧客の使用状況を分析することで、重要な機能を見極めたり、新たな機能のヒントを得られたりするだろう。アップルミュージックやHomePodを通じて収集された情報は、アップルが今後開発する製品やサービスにおいて、大きく役に立つはずである。第3に、情報を第三者へ販売することで、利益を得られる可能性がある。例えば、タイヤメーカーが製品から得られる情報は、自動車メーカーにとっても有用だろう。ただし、情報を第三者に提供する場合、顧客の反発を引き起こさないように注意しなければならない。

　このように、製品から得られる顧客情報によって企業は新たな優位性を探ることができるが、いくつかの点で注意が必要である。第1に、得られるデータ量と市場シェアは相関しているということである。したがって、いち早くスマート製品を市場導入した企業が、より多くの情報を収集するという先発優位性（Column3-1参照）を獲得できる可能性がある。第2に、データそれ自体は優位性に結び付かないということである。データから有用な知見を得るためには、分析能力が伴っていなければならない。第3に、情報を適切に保護ならびに管理しなければならない。企業が持つ情報はハッカーからの攻撃対象となる恐れがある。したがって、セキュリティを高めて情報流出の回避に努めなければならない（Column15-1参照）。

❖ 第Ⅱ部　デジタル・マーケティング戦略

Column 5-2

n次創作

　2015年の大みそか、紅白歌合戦におけるある1つの出来事が大きな話題となった。それは、特別企画として小林幸子が出場し、「千本桜」を歌ったことである。この千本桜という曲は演歌ではない。初音ミクというボーカロイドの曲である。若者から「ラスボス（ラストボス：ゲームに登場する最後のボスキャラクターのこと）」という愛称で親しまれる小林は千本桜をカバーしており、ニコニコ動画においてその動画「千本桜　歌ってみた」を公開しているのだ。

　ニコニコ動画において「千本桜　歌ってみた」と検索すると数千件の動画がヒットする。その他にも、ピアノやギターなどの楽器で「演奏してみた」という動画や曲に合わせてダンスする「踊ってみた」という動画もある。さらには、「歌ってみた」という動画を組み合わせて合唱のように見せる動画や、複数の楽器の演奏を組み合わせてバンド演奏のように見せる動画も作られている。このようにオリジナルの創作物をもとにして2次創作物が生まれ、さらには2次創作物を用いて3次創作物が作られていくというような作品の多段階的な派生をn次創作という（濱野2008）。複製可能性や非空間性といった特徴を有するデジタル財では、n次創作が広がりやすい。

　初音ミクにおけるn次創作の広がりには、発売元であるクリプトン・フューチャー・メディアによる理解やルールづくりが欠かせなかった。同社は、初音ミクの2次創作物について、非営利であるならば自由に公開したり配布したりすることを認めたのである。また、ピアプロというn次創作を促進させるコミュニティ・サイトを立ち上げた。ピアプロでは、会員がイラストや音楽といった創作物を投稿したり、別の会員がそれらを用いて新たな創作物を作ったりすることができる。現在では、ゲームや企業のキャラクターなどのさまざまな分野で、2次創作に関するルールが明文化され、認められるようになってきている。

5　おわりに

　本章では、アップルミュージックのケースを用いながら、デジタル・マーケティングにおける製品戦略の基本について学んできた。コンテンツや情報といったデジタル財は、非排他性、複製可能性、非空間性という特徴を有している。またデジタ

第5章　製品戦略の基本：アップル

ル財では、カスタマイゼーションによって顧客の満足度やスイッチング・コストを
高めることが有効である。そして、IoTによって製品はモニタリング、制御、最適
化、自律性という4つの能力を有するようになる。

　本章で学んだ内容は、デジタル財を提供する企業と既存の製品やサービスを提供
する企業のどちらにとっても重要である。デジタル財を提供する企業にとっては、
財の特性やカスタマイズの有効性を理解することで、より効果的な戦略を展開でき
るだろう。一方、既存の製品やサービスを提供する企業にとっては、既存製品にデ
ジタル財を組み合わせることで新たな機会を見出したり、新たなビジネス・モデル
を構築できるだろう。

第5章

❓ 考えてみよう

① 　音楽や動画のストリーミング・サービスの無料版を体験して、既存の音楽CDや映
　　像DVDとの違いを考えてみよう。

② 　デジタル財の3つの特性について、それぞれにあてはまる具体例を考えてみよう。

③ 　IoTの具体的な事例を探し、それが消費者にとってどのような価値をもたらすの
　　かについて考えてみよう。

次に読んで欲しい本

☆カスタマイゼーションについて、詳しく学ぶには…。

　アンソニー・フリン、エミリー・フリン・ヴェンキャット（和田美樹訳）『カスタマ
　　イズ：【特注】をビジネスにする戦略』CCCメディアハウス、2014年。

☆IoTについて、詳しく学ぶには…。

　早稲田大学ビジネススクール根来研究室『IoT時代の競争分析フレームワーク：バ
　　リューチェーンからレイヤー構造化へ』中央経済社、2016年。

79

第 **6** 章

製品戦略の拡張
：レ　ゴ

1　はじめに
2　レ　ゴ
3　クラウドソーシング
4　イノベーション・コミュニティ
5　おわりに

❖ 第Ⅱ部　デジタル・マーケティング戦略

1　はじめに

　皆さんは、買い物をする時、いつも望んだ製品が見つかるだろうか。「形は良いけど色がいまいち」「私にはちょっと量が多い」など、自分にぴったりの製品はなかなか存在しないのではないか。自分の理想の製品を企業が作ってくれたら良いのに、あるいは、自分の手で作ることができたら良いのにと想像したこともあるかも知れない。インターネットが普及する以前の世界においては、消費者は企業が開発した製品を購入する存在だった。しかし、企業と消費者の協働が重要性を持つデジタル社会では、消費者が企業の製品開発に参加する共創（Co-creation）がさまざまなところで起きている。また、消費者が力を持ったことにより、消費者が主導する製品開発すら起きるようになった。では、企業はどのように消費者と協働するのだろうか。そして消費者はどのような場合に、共創で力を発揮するのだろうか。

　レゴは世界中の子どもたちに人気があり、地球上の総ブロック数は世界の人口を超えているほどである。同時にレゴは、消費者参加型製品開発を行う企業の代表例であり、社外の消費者のアイデアからいくつもの製品を生み出している。さらに、レゴを利用してイノベーションを起こす消費者も数多く存在している。本章ではレゴのケースを通じて、製品戦略の拡張として共創の手法とその有効性について学ぶ。

2　レ　ゴ

❖ レゴの沿革

　レゴは、1932年にデンマークのビルンで設立された玩具メーカーである。デンマーク語で「よく遊べ」を意味する「leg godt」の頭文字を組み合わせた造語を社名としている。創業当初は木製の玩具を製造していたが、現在までの長期にわたり、プラスチック製の組み立て式ブロックを代表製品としている。さまざまな色からなるブロックにはポッチが付いており、ブロック同士を連結することで多様な形を作ることができる。これまで、街、宇宙、お城、海賊などさまざまなテーマの製

品が販売されており、世界有数の子ども向け玩具メーカーとしての地位を獲得している。レゴは、伝統的には自社内で製品開発を行っており、知的財産権の保護にこだわる閉鎖的な企業だった。しかし、現在では社外の消費者のアイデアを取り入れた共創による製品開発を並行して行っており、外部のアイデアを用いて高い利益を誇る製品ラインをいくつも生み出すことに成功している。

【写真6-1 レゴ ブロック】

写真：Twin Design / Shutterstock.com

❖ マインドストーム事件

　レゴが共創に取り組み始めたきっかけは、1998年のレゴ・ロボット「マインドストーム」の発売である。マインドストームは、マイクロコンピュータが搭載されたブロックであり、ユーザーはパソコンで作成したプログラムに沿った動作をさせることができた。マインドストームは従来のレゴ製品同様に子ども向けに開発されたが、多くの大人を魅了し、大人のユーザーを増大させることに寄与した。また、同時期にインターネットが普及・発展したことで、ユーザー同士がレゴをテーマにしたネットコミュニティを形成するようになった。

　こうした状況で、ユーザーは、レゴが予想していなかった行動を取ることになった。まず、ある大学院生がマインドストームの制御プログラムを解析し、インターネット上に公開した。プログラムは、レゴのネットコミュニティだけではなく、ロボットやコンピュータのネットコミュニティを通じても世界に広がっていった。さらに、ソフトウェアエンジニアとして働くユーザーが、子どもが扱いやすいアイコ

❖ 第Ⅱ部　デジタル・マーケティング戦略

ンベースのプログラムに代わり、高度な動作をさせることができるテキストベース
言語を開発した。そして、別の大学院生が、マインドストームの動作をオリジナル
の4倍速くする効率性の高い独自のOS「LegOS」を開発し、インターネット上に
公開した。

　ユーザーによって作られたプログラムが広く共有されることで、レゴは海賊版へ
の懸念や動作不良へのおそれを抱くことになった。しかし、レゴは知的財産権の侵
害を警告するのではなく、ソフトウェアのライセンスに「ハッキングの権利」を付
け加え、マインドストームの分解、ソフトウェアの開発、開発したソフトウェアの
コードの無償配布といった行為を訴えないと発表した。また、公式な承認こそ行わ
なかったとはいえ、LegOSをユーザーによる創意工夫として賞賛した。すると、
マインドストーム関連のウェブサイトが次々に生まれるなど、ユーザーの創造的営
みが新たなユーザーを生むことになった。その結果、マインドストームは1998年
のクリスマス商戦で2万円前後のセットが10万組売れるという大ヒットを記録し
た。販売数が予想を大幅に上回るとともに、半数以上のユーザーは大人であった。

　マインドストームの経験を経たことで、レゴは外部の人間をほとんど信じないと
いう姿勢を変化させた。1999年秋にマサチューセッツ工科大学メディアラボと共
同でイベント「マインドフェスト」を開催した際には、パネルディスカッションで
コンピュータのエキスパートたちと直接対話をする機会を持つなど、ユーザーと対
話するようになった。

❖❖ 次世代マインドストームの開発

　ユーザーの自発的な営みを奨励するようになったレゴは、2004年に次世代のマ
インドストームである「マインドストームNXT」を開発するにあたって、ユーザー
と共創を行うことにした。著名なマインドストームのユーザーたちに呼びかけを行
い、4名のエキスパート・ユーザーを設計段階から協働する開発者として巻き込ん
だ。彼らには試作セットが提供されたが、報酬はなかった。レゴ社内の開発チーム
メンバーは、エキスパート・ユーザーたちと頻繁にやり取りをして多くのアイデア
を得ながら開発を進めた。さらに、2006年にベータ版テストのため、ボランティ
アのテスト協力者として100名のユーザーを巻き込んだ。テスト協力者は割引価
格とはいえ、ベータ版セットの購入が求められたが、9,600名を超える応募があっ
た。テストのためのネットコミュニティのまとめ役は、設計段階からの共同開発者

であるエキスパート・ユーザーが務めた。形成されたネットコミュニティ「マインドストーム・コミュニティ・パートナーズ」は、まとめ役となる４名のエキスパート・ユーザー、マインドストームNXTを他のユーザーに勧めるアンバサダーを兼ねる100名のテスト協力者、公式サイトの登録メンバー9,600名という３つの階層からなった。現在も、公式のレゴコミュニティ内ユーザーは、レゴ認定プロフェッショナル、レゴアンバサダー、一般ユーザーに３分類されている。こうした態勢で、開発、テストされたマインドストームNXTは、2006年８月に発売されると同時に大ヒットすることとなり、初年度の売上は30億円を超えた。

【写真６-２　レゴ マインドストームNXT】

写真：AP/アフロ

❖ レゴアイデア

　さらにレゴは、ユーザー・コミュニティを製品開発に活かすようになった。共創プラットフォーム「レゴアイデア」は、2008年に日本の会社CUUSOO SYSTEMと共同で「LEGO CUUSOO」として立ち上げられ、2011年から世界展開、2014年レゴに移管されることで改名され現在の形になっている。

❖ 第Ⅱ部　デジタル・マーケティング戦略

【図6-1　レゴアイデアによる製品開発の流れ】

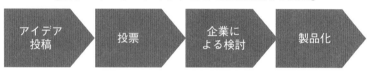

出所：レゴサイトをもとに著者訳・作成

　レゴアイデアにおいては、まずユーザーが欲しいレゴのアイデアを、自ら作ったレゴブロックの写真、あるいはレゴが提供するソフトウェア「レゴデジタル・デザイナー」の制作物にして投稿する。その上で、製品化のための投票が他のユーザーから行われる。ユーザーは投票だけではなくコメントをすることもできる。期限内に一定数の投票が集まったアイデアに対し、レゴのデザイナーとマーケティング担当者が製品化を検討する。製品化がなされるとアイデアを投稿したユーザーはクリエイターとして報酬を得ることができる。

　レゴアイデアを利用した製品開発は、伝統的な製品開発に比べて、開発期間を短縮することができるというメリットがある。そのなかでも、レゴマインクラフトは、SNSによる情報拡散の効果もあり、わずか48時間で10,000票を獲得した。そして、平均的な開発期間の3分の1となる6カ月後に発売され、製品シリーズ化されるほどの人気を集めることになった。

3　クラウドソーシング

❖ クラウドソーシングとは

　次世代マインドストームの開発やレゴアイデアを用いた製品開発において、レゴはユーザーとの共創によって製品開発を行った。前節で取り上げた共創事例は、マインドストームのベータ版セットの開発、ベータ版セットのテスト、レゴアイデアにおけるアイデア投稿、投稿されたアイデアに対する投票の4つである。この中で、マインドストームの開発以外の3つでは、クラウドソーシングという共創手法が用いられた。クラウドソーシングによる製品開発は、レゴのみならず、無印良品、ローソン、ヤマハ、パナソニック、アディダス、P&Gなどさまざまな企業で行わ

れている。

　クラウドソーシングとは、コンテンツの創造、問題解決、さらには研究開発を行うために、普通の人々の余剰能力を労働力のプールとして使うことである。大多数の人々に対して公募形式で資源（リソース）の提供を求めることに特徴がある。クラウドソーシングとは、群衆（crowd）と調達（sourcing）を組み合わせた造語である。特定の人々を業務委託の対象とするアウトソーシングに対して、不特定多数の群衆の知恵を外部資源として使うことが意図されることから、ワイアード誌の編集者であるジェフ・ハウによってクラウドソーシングと命名された。

　クラウドソーシングを可能にした社会的背景として、2つの要因を挙げることができる。まず、インターネットの普及・発展により、人々とのやり取りを低コストで行えるようになったことがある。また、教育水準が上がったため、群衆の中に職業とは異なる専門性を持つ人々が増えたということがある。その結果、プロと同じ基礎をもつアマチュアの知恵を集めることが可能になった。よって、クラウドソーシングは主としてインターネットを用いて、特に企業が運営するネットコミュニティで行われる。ただし、ネットコミュニティだからと言って、参加者同士がコミュニケーションを行う設計になっているとは限らない。

❖ 問題解決と予測

　クラウドソーシングには、アイデアを求める場合と、単純作業を行ってもらう場合の2つがある。製品開発におけるクラウドソーシングは、前者であり、同時にオープン・イノベーションの一形態である（Column 6-1）。さらに、アイデアを求めるクラウドソーシングの機能には、問題解決と予測の2つがある。マインドストームのテストとレゴアイデアにおけるアイデア投稿では問題解決が行われ、レゴアイデアにおける投票では予測が実現された。

　問題解決のためのクラウドソーシングは、研究開発のために行われる。主として、不特定多数の消費者が投稿したアイデアの中から有用なアイデアを企業が選ぶアイデアコンテストの形式を取る。クラウドソーシングが有効な理由としては、まず自社内の資源を大きく上回る量の外部資源にアクセスできることが挙げられる。一般に、アイデアを持った消費者数は、企業内の社員数よりも多い。また、群衆の中に存在する多様性も、クラウドソーシングが有効な理由となる。自社には存在しない専門性や好みの持ち主は、企業が思いも寄らなかったアイデアをもたらす。

❖ 第Ⅱ部　デジタル・マーケティング戦略

Column 6 - 1

オープン・イノベーション

　オープン・イノベーションとは、企業内部と企業外部のアイデアを有機的に結合させ、価値を創造することを指す。経営学者のヘンリー・チェスブロウによって提唱された。

　伝統的に企業は自社の中で研究者を囲い込み研究開発を行ってきた。こうしたクローズド・イノベーションにおいては、優秀な人材を雇用し、独力で製品を開発した上で知的財産権をコントロールし、ベストな製品を最初に市場導入することが重視される。閉鎖的な企業だった頃のレゴの製品開発は、クローズド・イノベーションの典型例であった。

　しかし、新製品が市場に出るまでの速度が上がったことや、製品寿命が短くなったこと、外部との情報伝達がスムーズになったことにより、社外のアイデアを利用する必要性が増した。市場全体の質が上がり競争が激化したことは、一方では世の中にアイデアが溢れていることを意味しており、それらを利用することが効率的である。オープン・イノベーションを実現すると、製品を素早く開発し、市場に早く出すことができるので、市場からの反応を早期に受けて学習することもできる。

　オープン・イノベーションにおいては、ライセンスを受けたりアイデアを募集したりする形で、他社や大学、地方自治体など、異業種、異分野が持つ技術、アイデア、データなどが外部資源として用いられる。レゴが行った次世代マインドストームの開発における４名のエキスパート・ユーザーとの協働や、製品開発のアイデアを求めるクラウドソーシングは、オープン・イノベーションの事例でもある。

　さらに、オープン・イノベーションには、クラウドソーシングの場合のように外部のアイデアを取り込んで製品やビジネスモデルを創造する場合だけでなく、本書では詳しく取り上げないが、企業内部のアイデアを外部に出すことによって、新たな価値を生み出す場合の２方向がある。

　予測のためのクラウドソーシングは、テストマーケティングのために行われる。開発された製品がどれくらい売れる見込みがあるかの需要予測は、消費者自身に聞いてみることが最も確実といえる。投票という形で、どのアイデアがどの程度有望であるかを判断することで、需要予測が可能である。

　伝統的な製品開発では、問題解決や予測を行うのは企業であり、消費者は企業が

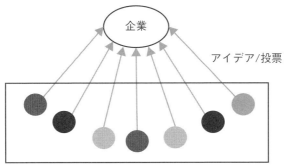

【図6-2　クラウドソーシング】

意思決定を行うための調査対象者であった。一方で、共創においては、消費者が問題解決や予測に参加することになる。また、企業にとって望ましい共創参加者は、伝統的なマーケティング・リサーチの対象となるような平均的ユーザーではなく、リードユーザーと呼ばれる先進的なエキスパート・ユーザーを含む多様なユーザーである。

❖ クラウドソーシングの有効性

　クラウドソーシングで開発された製品は、伝統的な手法で開発された製品と比べ、販売額や製品寿命という販売実績が上回ることが示されている。そこには、製品の品質に関する理由と、企業と消費者のコミュニケーションに関する理由の2つがある。まず、クラウドソーシングによって作られたことによって品質自体が向上する品質効果がある。消費者によるアイデアは、企業内部の専門家のアイデアに比べ、実現可能性が若干劣るものの、新奇性と顧客便益が高い。また、コミュニケーション面において、ユーザーによって作られたという情報自体が、他の消費者に好意的な印象をもたらす。この効果はラベル効果と呼ばれる。

❖ クラウドソーシングの参加者

　しかし、クラウドソーシングがいつも上手くいくとは限らない。例えば、企業が運営するネットコミュニティに参加者が集まらない場合、期待した成果を得ること

❖ 第Ⅱ部　デジタル・マーケティング戦略

はできない。ネットコミュニティに参加する消費者は、共創に参加することも、離脱することも自らの意思で選ぶことができる。企業は消費者と共創するにあたって、ルールや自分たちが期待していることを明確にすること、情報をできる限り開示すること、消費者とウィンウィンの関係を築くことが求められる。特に、共創参加者は金銭的な報酬よりも内発的モチベーションに高く動機づけられており、余った時間を提供して自分の好きなことに没頭しようとする。そこでは、消費者が、自らを自発的に感じるかどうか、自分の能力に自信を持てるかどうか、問題解決に楽しみを感じるかどうかに重要性があり、コミュニティへの仲間意識が、これらの要因を高めると考えられている。

4　イノベーション・コミュニティ

❖ 消費者主導のコミュニティ

　クラウドソーシングにおけるネットコミュニティの主導権は企業にある。一方で、消費者主導のコミュニティが存在する。その中で、特に製品開発に関わるものがイノベーション・コミュニティである。消費者の中には、利用する製品を自らの手で創造・改良するユーザー・イノベーターが存在する。さまざまな場所に分散して存在するユーザー・イノベーターを、主としてインターネットを介して統合し、ユーザー同士の協働を実現するのがイノベーション・コミュニティである。

❖ オープンソース・ソフトウェア

　イノベーション・コミュニティの典型例として知られるのは、オープンソース・ソフトウェアの開発コミュニティである。オープンソース・ソフトウェアとは、商用、非商用を問わず自由に利用・再配布ができ、ニーズの変化に対応して自由に変更が可能なソフトウェアのことである。リナックスをはじめとする多くのソフトウェアがあてはまる。開発者は、企業内部の専門家ではなく、ネットコミュニティの参加者であり、基本機能の開発、新機能の追加、速度アップ、動作の安定性の向上、新たな動作環境への移植、バグの報告、バグの解決、マニュアルなどのドキュ

【図6-3　イノベーション・コミュニティ】

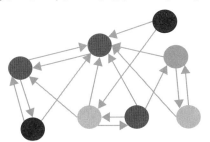

ユーザー間の双方向・一方向の
アイデアなどの多様なやり取り

メント作成、他の参加者からの質問への回答などを無償で行う。コミュニティの中には、プロジェクトを立ち上げソフトウェアの基本機能を作る者、自ら開発に積極的に関わる者、ソフトウェアを利用してレポートを報告する者、利用のみを行う者など、さまざまなレベルの参加者が存在する。ソフトウェアごとにプロジェクト所有者が存在し、他の参加者が加えた変更を判断し、設計上の最終的な決断を下す。所有者をはじめとする参加者がさまざまなアイデアを持っていることから、コミュニティでの開発は単独のユーザー・イノベーターによる開発よりも効率的かつ効果的に進むことになる。また、参加者が各自の動作環境で異なる方法で利用するため、ソフトウェアをテストするという観点でも有利である。さらに、参加者は自分のアイデアを無償で公開するため、イノベーションの普及の点でも有利である。

❖ イノベーション・コミュニティの有効性

　イノベーション・コミュニティはソフトウェアのような無形のデジタル財に限られず、物理的な実体のある有形財の場合にも存在する。インターネットの普及・発展とともに、モノづくりがパブリックな場所で行われるようになった結果、アイデアの共有によるイノベーションの可能性が上昇した。そして、オープンソース・ソフトウェアの場合と同様に、開発、テスト、普及のそれぞれの面で有効性が高い。さらに、ユーザーが物理的な製品の製造手段にアクセスできるようになったことで、消費者1人ひとりが製造者になれるメイカー・ムーブメントに結実している（Column 6-2）。

❖ 第Ⅱ部　デジタル・マーケティング戦略

❖ イノベーション・コミュニティの参加者

　クラウドソーシングにおいて解決されるのが企業の抱える問題である一方、イノベーション・コミュニティにおいては消費者自身が解決すべき問題の持ち主でもある。よって、イノベーション・コミュニティの参加者は、クラウドソーシングの参加者とは異なる動機を持つ。まず、イノベーション・コミュニティの参加者は、自らのニーズを満たす製品を開発することに主眼を置いている。コミュニティ内での振る舞いは、同じコミュニティに参加する仲間からの評判を高めることを重視したものになる。そして、参加者の一部が開発自体に楽しさを見出し、コミュニティへの参加を趣味にすることで長期的に定着する。その場合に開発の動機として重視されるのは、同じコミュニティに参加する仲間からのフィードバックである。

❖ イノベーション・コミュニティと企業の関係

　オープン・イノベーションの場合とは異なり、企業はイノベーション・コミュニティと望む形の協働関係を結べるとは限らない。企業が敬意を払わない場合、イノベーション・コミュニティは企業と競合する高性能の製品を生み出して無償配布することさえある。また、ユーザー・イノベーターの中には、自らが開発した製品を販売するために起業するユーザー・アントレプレナーがいる。ユーザー・アントレプレナーは、製品開発を行う企業にとっては、市場の中のニッチを満たしてくれるという意味では協働関係にあるが、基本的に競合として存在する。一方で、クラウドソーシングとは異なる形の共創も起こりうる。ユーザー・イノベーターが開発した製品を製造するためのインフラや、消費者が製品開発を行う際のプラットフォームを企業が提供する場合である。例えば、企業は消費者に工場などの生産設備を資源として提供することができる。

　レゴのコントロール外で、マインドストームに関するプログラムが作られたことは、ユーザー・イノベーションそのものであった。レゴは、それらを実現したイノベーション・コミュニティを敵視することなく賞賛したことで、マインドストームを消費者主導の共創におけるプラットフォームとすることに成功した。そして、次世代マインドストームの開発の際には、イノベーション・コミュニティの著名人をレゴ主導の共創のパートナーとして迎え入れることができたのである。

第6章　製品戦略の拡張：レゴ ❖

Column 6-2

メイカー・ムーブメント

　メイカー・ムーブメントはモノづくりのデジタル化と言われ、従来１人で作業をしていた世界中のDIY実践者がメイカーとして世界規模で協力し合うようになった現象を指す。この現象は、デスクトップのデジタル工作機械によるモノのデザイン・試作、ネットコミュニティでのデザインの共有、標準化されたデザインファイルによる製造の簡便化という３つの特徴を持つ。ファブラボと呼ばれる施設では、３Dプリンタ（Column10-1参照）に代表されるデジタル工作機械を誰でも利用することができる。メイカー・ムーブメントは、オープンソース・ソフトウェアの開発をモノづくりに置き換えたものにあたり、デザインが共有されるネットコミュニティはイノベーション・コミュニティの特徴を持つ。メイカーの中には積極的に新製品を開発するユーザー・イノベーターから、他のユーザーが開発したモノをそのまま制作する利用者まで、さまざまな階層が存在している。さらに、プラットフォームとしての役割を果たす自動化された工場がデザインファイルを受け取ることにより、メイカーは作りたいモノを小ロットで製造することが可能である。メイカー・ムーブメントは、モノづくりの復権でもあり、大量生産品では実現できない自分だけのこだわり製品を作ることを可能にしただけでなく、新しいアイデアによって作られたハードウェアを中心製品とする起業のハードルを大きく下げることにもなった。また、メイカーたちの交流はネットコミュニティにとどまらず、世界中で開催されるメイカー・フェアなど、自分たちの作ったモノを展示するイベントでも実現されている。そこでは個人のメイカーから、企業内の同好会まで多くの参加者が自らの制作物を展示するのみならず、販売まで行っている。

5　おわりに

　本章では、レゴのケースを通じて、製品開発への貢献という消費者の新たな役割と、共創を実現する手法について学んできた。企業と消費者の協働によって特徴付けられるクラウドソーシングと、消費者同士の協働によって特徴付けられるイノベーション・コミュニティは、ともにデジタル社会における共創に寄与する。これ

❖ 第Ⅱ部　デジタル・マーケティング戦略

ら両者の特徴と違いを理解しておくことは、製品開発を行う企業にとっても、ネットコミュニティに参加する消費者にとっても重要である。企業と大きな力を持つようになった消費者は、あるときは協働し、あるときは競合するという形で、複雑な関係を持つに至っている。こうした企業と消費者の関係を理解することは、製品開発を行う上で必要なだけではなく、企業が供給すべきものが製品なのかプラットフォーム（第3章参照）なのかを考える上でも重要であろう。

❓ 考えてみよう

① 　共創による製品開発が企業単独での製品開発より効果的な理由を考えてみよう。

② 　自らが消費者として共創に参加したいと思うのはどのような場合か、その動機を考えてみよう。

③ 　最近購入した製品について、それが共創によって生み出された製品だとしたらどう印象が変わるか考えてみよう。

次に読んで欲しい本

☆共創について、理論的背景を押さえて全体像を詳しく学ぶには…。

　小川進『ユーザーイノベーション：消費者から始まるものづくりの未来』東洋経済新報社、2013年。

☆集団の力の生かし方について、実践的に詳しく学ぶには…。

　ジェフ・ハウ（中島由華訳）『クラウドソーシング：みんなのパワーが世界を動かす』早川書房、2009年。

第 **7** 章

価格戦略の基本

：ANA

1　はじめに

2　ANA

3　時期に対応したダイナミック・プライシング

4　顧客に対応したダイナミック・プライシング

5　おわりに

❖ 第Ⅱ部　デジタル・マーケティング戦略

1 はじめに

　皆さんは「学割」を利用したことがあるだろうか。「学割」といっても、大学などから発行される学割証に基づいた交通費の割引だけでない。映画館のチケット、ソフトウェアの契約料金、携帯電話料金など、市場を見回してみると、近年、多くの製品やサービスにおいて、「学割」が実施されていることがわかる。

　学割を価格戦略の観点から考えると、ユーザーの特徴によって価格を変更する施策として捉えられる。さまざまなデータの活用が可能になるデジタル・マーケティングにおいては、単に「学生」という人口動態的なユーザーの特徴だけでなく、購買履歴などのさまざまなデータから導き出されるユーザーの特徴に応じた価格を提示することも可能になる。

　一方、時期やタイミングによって価格が変えられることもある。しばしば消費者は、同じ対象であっても購買時期によって異なる価格を支払うからである。ウィンタースポーツが好きな人は、ゲレンデ間近の冬のホテルに対し、マリンスポーツが好きな人は、ビーチに面した夏のホテルに対し、それ以外のシーズンに比べて高い価格を支払うはずである。時期やタイミングと価格の結びつきはさまざまなカテゴリーで確認することができるだろう。

　技術の進歩によって、企業は、ユーザーの属性や特徴、購買の時期やタイミングに応じて適切な価格設定を実現できるようになった。本章では、こうした価格戦略の基本的な考え方についてANAの事例を参考にしながら学ぶ。

2 ANA

❖ ANAの設立と成長

　ANAのルーツは「日本ヘリコプター輸送株式会社」というヘリコプターによる輸送会社である。創業当時に保有していたのは小型ヘリコプター2機のみであり、非常に小規模な会社からANAの歴史が始まったことがわかる。

第7章　価格戦略の基本：ANA ❖

　現在の「全日本空輸株式会社」となったのは1958年のことである。第二次世界大戦後、GHQによる日本資本での国内航空事業の制限が終わると、いくつかの小さな航空会社が設立された。そんな中、日本ヘリコプター輸送会社と「極東航空株式会社」の合併により誕生したのが「全日本空輸株式会社（ANA）」である。当時、世界の多くの会社が政府主導で設立される中、ANAが一貫して民間企業として成長を遂げてきたのは特徴的である。ANAのチャレンジ精神旺盛な社風はこうした成り立ちから生まれているとも考えられる。合併後、ANAは日本を代表する航空会社として人々からの信頼を集めていく。

　以前のANAを知っている人なら、国内線中心の航空会社というイメージを持っているかもしれない。現在では、各国への路線を持つ国際的な航空会社であるが、かつてのANAは、国内線を中心に展開されていた。その背景には、1970年代から進められていた政府による航空行政の影響がある。航空会社間の過当競争を抑制し、航空業界の発展を促すため、JAL（日本航空）は国際定期便と国内幹線、ANAは国内幹線と国内ローカル線および近距離国際線のチャーター便などという棲み分けが決められていたからである。1964年の東京オリンピックの際、聖火の国内輸送を担ったのもANAの旅客機であった。企業ごとの事業の棲み分けは、1980年代中盤まで続いたため、ANAの国際線定期便の就航は、1986年まで待たなくてはならなかった。

第7章

❖ ANAの価格戦略の経緯

　政府の航空政策による影響は、本章で取り上げる価格戦略にも影響している。現在の国内線における運賃は、LCC（ローコストキャリア）と呼ばれる格安航空会社に代表されるように、各企業が自社の戦略の下に運賃を設定している。しかしながら、かつての航空運賃は、規制の対象となっており、複数の航空会社が就航している路線であっても、各社横並びで提供されていた。しかも、運賃の変更には運輸大臣の許可が必要であった。規制緩和が進んだのは1990年代のことであり、完全自由化が実現されたのは航空法が改正された2000年のことである。

　自由化によって、同一の企業内であっても、さまざまな運賃が用意されるようになった。ANAの国内線予約のウェブページを見れば、同一路線の同じエコノミークラスであっても、複数の価格が提示されていることがわかるはずである。基本運賃に対応したANAフレックスだけでなく、ANAカード会員専用のビジネスきっぷ、

97

❖ 第Ⅱ部　デジタル・マーケティング戦略

ANAバリューやANAスーパーバリューといった割引運賃、株主や障がい者などの特定顧客向けの運賃などを確認することができるだろう。それ以外にも、当日に空席がある場合に利用できるスマートシニア空割やスマートU25などの割引運賃も展開されている。

　こうした多様な運賃の提供は、同一のサービスであっても、それぞれの顧客が支払っても良いと感じる価格が異なることを反映している。ANAをはじめとする各航空会社による価格戦略では、顧客が航空サービスに払っても良いと感じる価格を予測し、それに適切に対応しようと試みられているのである。

　航空業界においては、一般的に、予約する時期が早いと価格は低く、搭乗日が近づくにつれて価格は上昇していく。例えば、「ANAスーパーバリュー」という運賃では、早期の予約に対し、割引が実施される。ANAスーパーバリューでは搭乗日21日前まで購入できる「スーパーバリュー21」から、75日前まで購入できる「スーパーバリュー75」など複数の運賃が展開されており、早期であればあるほど運賃が割り引かれる仕組みになっている。ただし、早期であっても必ず安い運賃で提供されるわけではない。予約日のタイミングに加え、当該搭乗便の空席予測に応じてどの程度の割引が適用されるのかが決まる。つまり、人気に応じてそれぞれの便の価格が決められているのである。

❖ ANAのマイレージ・プログラム

　航空会社の価格戦略を捉える上では、マイレージ・プログラムも欠かすことのできない要因の1つであろう。飛行距離や搭乗回数といった利用実績に応じて航空券などへの交換が可能となるマイレージ・プログラムは、間接的な割引戦略として捉えられるからである。

　マイレージ・プログラムは、1981年にアメリカン航空が自社便に搭乗した会員に対して提供した「AAdvantage」から始まったといわれている。当時のアメリカ市場では価格競争が激化しており、リピーターを獲得するための施策の1つとして取り組まれたのである。その後、アメリカ国内の航空会社が追随すると、世界各国の航空会社へと取り組みが広がっていった。

　ANAでは1984年の「ANAカード」の発行をきっかけに会員組織が発足し、国内線の搭乗マイルの積算が可能になった。その後の国際線定期便の増加に対応する形で、1997年、国内線と国際線の共通したマイレージ・プログラムとして現在の

第7章　価格戦略の基本：ANA

「ANAマイレージクラブ」が誕生した。現在の会員数は3,100万人を超えているという。

　マイレージ・プログラムの狙いの1つは顧客の囲い込みにある。ANAではグローバルなネットワークを構築している3大アライアンスの1つであるスターアライアンスに加盟し、ANA以外の航空会社の利用でもマイレージが貯まるようにしている。マイレージの有無は、今や航空会社を選択する上での大きな決定要因の1つとなっているのだ。また、航空会社以外の多様な企業とのパートナー提携によって日常生活のさまざまな場面でマイルが貯まりやすい仕組みも提供している。

　マイレージ・プログラムにおいては、利用頻度が高い顧客へのサービスである上級会員プログラムが設定されるのが一般的である。ANAの場合には、ブロンズサービス、プラチナサービス、ダイヤモンドサービスというステイタスが用意されており、それぞれ前年の利用実績に応じてステイタスが決定する（写真7‐1）。これらの上級会員はラウンジ利用や機内への優先搭乗などさまざまなサービスを受けることができるが、その中でも価格戦略と最も結びつきが強いのはボーナスマイルの付与であろう。最上級会員であるダイヤモンドサービスの顧客は、搭乗時にボーナスマイルとして、上級会員でない一般の顧客に比べ、2倍以上のマイルを貯めることができるようになっている。間接的な割引率が高く設定されているものとして理解できるだろう。

【写真7‐1　ANAマイレージクラブのプレミアムメンバーカード】

「ブロンズサービス」メンバー

「プラチナサービス」メンバー

「ダイヤモンドサービス」メンバー

写真：全日本空輸（ANA）提供

❖ 第Ⅱ部　デジタル・マーケティング戦略

3 時期に対応したダイナミック・プライシング

❖ ダイナミック・プライシングとは

　伝統的マーケティングの価格設定においては、事前のリサーチなどにより決定された特定の価格に基づき、取引が進められていた。その一方、デジタル・マーケティングにおいては、需給の変化に応じて価格を柔軟に変更するダイナミック・プライシングの有効性が高まる。

　ダイナミック・プライシングにおいては、時期やタイミングによって、消費者が支払っても良いと感じる価格が異なる点が重視され、航空業界やホテル業界を中心に活用されてきた。例えば、ゴールデンウィークや夏休みのホテルの価格とオフシーズンのホテルの価格は大きく異なる。こうした価格の違いは、需要が低下している時期に低価格を設定することで「その価格なら利用しても良い」と考える人をひきつけ、需要が増大している時期に高価格を設定することで「その価格で利用しても良い」と考える人の購入を狙っているのである。

　上述した「ANAフレックス」や「ANAスーパーバリュー」などの運賃も需要と結びつけられている。空席予測に基づき、人気のある便の航空券には高い運賃が設定され、人気のない便の航空券には安い運賃が設定される。その結果、同じ路線の便であっても、搭乗日が異なれば運賃が異なることになる。また、同じ搭乗日であったとしても、人気のある時間帯の便と人気のない時間帯の便では異なる運賃が採用されるのである。

　スマートシニア空割やスマートU25などの当日の割引についても、出発直前の航空券に対する需要の急激な低下に対応したダイナミック・プライシングの一種として理解できる。航空業界においては、どんなに空席が多かったとしても決められた便を運航しなくてはならない。空席を残すのであれば、需要に合わせた価格で提供することで、少しでも収入を増加させたほうが全体から得られる収入増化につながるのだ。

　このような効果的なダイナミック・プライシングが実現できた企業は、単一の価格設定をしていた場合に比べ、収入を拡大することができる。それぞれの顧客が支

第7章　価格戦略の基本：ANA

【図7-1　ダイナミック・プライシングの効果】

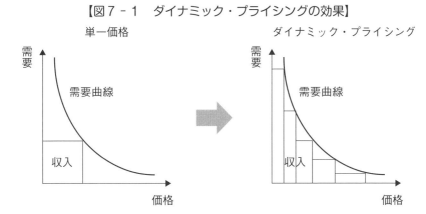

ダイナミック・プライシングの採用により、単一価格よりも収入の面積が拡大
出所：ANA総合研究所（2017）、図9-1（p.150）をもとに筆者作成

払っても良いと考えている価格での販売が可能になれば、「より多く支払っても良い」と考えていた顧客からはより多くの収入を獲得し、「もう少し安ければ購入しても良い」と考えていた顧客からも収入を得ることができるからである（図7-1）。

　デジタル技術の進展に伴い、さまざまな企業によってダイナミック・プライシングが取り入れられるようになってきた。たとえば、従来は一律であった高速料金においても、ETCの普及に伴い、時間帯別の料金が導入されるようになっている。

❖ 需要予測の重要性とレベニュー・マネジメント

　ダイナミック・プライシングに関連した概念として、最適な製品やサービスの量を最適な価格で最適な顧客に提供しようというレベニュー・マネジメントが取り上げられることもある。効果的なレベニュー・マネジメントを実現するには、どの程度の顧客が特定の価格で当該製品や当該サービスを購入してくれるのか、という需要予測をダイナミック・プライシングに組み合わせることが極めて重要になる。それぞれの価格でどれほどの数量を用意するのかを予測して決めなくてはならないのだ。

　ANAをはじめとする航空業界の企業においては、早いタイミングで低価格帯の予約を取り込みすぎると、遅いタイミングで発生する高価格帯の予約を十分に取り

❖ 第Ⅱ部　デジタル・マーケティング戦略

込めなくなってしまい、収入を増大させるチャンスを逃してしまう。その一方、高価格帯の予約を期待して低価格帯の予約の取り込みを抑制しすぎると、最終的な空席が発生してしまう。いかにして正確に需要を予測し、各価格帯への適切な座席配分を行うかがダイナミック・プライシングによる収入最大化の成否に大きく関わることがわかる。そのため、航空会社においては、蓄積された過去の予約データなどを活用しながら、慎重にそれぞれの価格での販売数量が決定されている。

❖ 時期に対応したダイナミック・プライシングにおける注意点

　時期やタイミングにより需要が大きく変化する市場環境であっても、すべての製品やサービスにおいてダイナミック・プライシングによる価格設定が成功するわけではない。特に、製品やサービスの需要の価格弾力性には注意しなくてはならない。需要の価格弾力性では、価格の変化に対して需要がどれほど増減するのかが示されており、値が高いほど価格の変化に需要が大きく反応する。一般的に、効果的なダイナミック・プライシングを展開できるのは、需要の価格弾力性が高い場合といわれる。需要の価格弾力性が低い場合を想定してみるとわかりやすい。価格弾力性が低いと、需要が低下する時期やタイミングに割引をしてもそれほど需要が増加しないのである。その結果、割引前の価格で当該製品やサービスを購入してくれる顧客に対しても割引価格で販売することとなり、売上が低下してしまう可能性が高いのだ。

4　顧客に対応したダイナミック・プライシング

❖ ダイナミック・プライシングの拡大

　従来の航空業界やホテル業界で実施されていたダイナミック・プライシングにおいては、時間の推移に伴う価格の変化が取り上げられることが多かった。しかしながら、デジタル・マーケティングにおいては、より幅広い場面でダイナミック・プライシングを活用する可能性が見出されている。それぞれの顧客の特徴に応じて価格を柔軟に変更することも、技術的には可能になるからである。

第7章 価格戦略の基本：ANA ❖

Column 7 - 1

フリーミアム

　皆さんは、アドビのアクロバット・リーダーを利用しているだろうか。アクロバット・リーダーは、PDFファイルの閲覧や印刷ができるソフトウェアであり、アドビにより無料で提供されている。その一方で、無料版のアクロバット・リーダーではPDFファイルの編集やWordなどのOffice形式への書き出しはできない。それらを利用したい場合には、有料版を購入する必要がある。

　アドビのように、基本バージョンを無料で提供しながら、高性能バージョンを有料で購入してもらう手法のことは、しばしば「フリーミアム」と呼ばれる。フリーミアムとは「フリー」と「プレミアム」を組み合わせた言葉であり、2000年代後半からさまざまな場面で目にすることが増えてきている。基本のゲーム自体は無料でできるものの、レアなアイテムなどを入手するには課金が必要なゲームアプリや、YouTubeで楽曲を無料公開し、グッズやコンサートの収入に結びつけているアーティストもフリーミアムの一例である。

　無料で製品やサービスを提供し、購入してもらうという手法は、かねてよりサンプリングとして展開されてきた。しかしながら、試用という側面の強いサンプリングとは異なり、無料で利用し続けられるフリーミアムでは、有料版を利用している顧客に比べ、無料版を利用している顧客の数の方が圧倒的に多くなる。それでもビジネスとして成立するのは、第5章でも述べたデジタル財の特徴により、多くの顧客にサービスを提供するコストが大きく低減したためである。

　効果的なフリーミアムには、多くの顧客を引き付けられる魅力的な無料版を提供しつつも、無料版と有料版の間に明確な違いを生み出すことが必要になる。無料版を高機能にしすぎると有料版への移行率が低下する一方、無料版の機能を制限しすぎると十分な顧客が獲得できなくなる。両者のバランスをいかにとるかがフリーミアム成功の鍵となる。

第7章

　顧客によって異なる価格を提示することは古くから行われてきた。学割やシニア割引などはその好例だろう。ANAの運賃の中でも、スマートシニア空割やスマートU25といった特定属性の顧客のみが利用できる割引がある。こうした特定の消費者層に対して異なる価格を提示する手法は、しばしば価格差異化と呼ばれる。価格差異化の下では、支払意思価格（WTP：Willingness To Pay）の異なる消費者に適切な価格を提示しようと考えられている。

　上述した学割やシニア割引は、年齢などの顧客の属性から価格差異化が展開され

103

❖ 第Ⅱ部　デジタル・マーケティング戦略

ていたが、デジタル・マーケティングにおいては、ビッグデータをもとに、過去の購買履歴などから価格を柔軟に変更するダイナミック・プライシングも可能になる。

たとえば、テーマパークなどの入園料を考えてみよう。図7‐2は、あるテーマパークに対してAからDという4人の顧客の支払意思価格を来場回数別に示したものである。一般的に、テーマパークなどの料金に対する支払意思価格は、初回訪問時が最も高いと考えられる。したがって、そのテーマパークへの支払意思価格は、2回目、3回目となるにつれて、低下していきやすい。こうした訪問履歴を活用できるのであれば、企業は、2回目や3回目の訪問客に対し、彼ら／彼女らの支払意思価格に対応した価格を提示することで、より多くの顧客を得られるはずである。もちろん、当該製品やサービスを購買したことのある顧客のほうが高い支払意思価格を有しているのであれば、より高い価格を提示することもできる。購買履歴に基づいた柔軟な価格設定により、効果的な価格戦略を実現できる可能性がある。

【図7‐2　テーマパークへの来場回数と支払意思価格】

	Aさんの支払意思価格	Bさんの支払意思価格	Cさんの支払意思価格	Dさんの支払意思価格
1回目の来場	8,500円	7,500円	8,000円	9,000円
2回目の来場	7,000円	4,000円	6,000円	8,500円
3回目の来場	6,000円	2,000円	5,000円	8,000円

■単一料金6,500円の場合…

・Aさんの来場回数：2回（6,500×2）
・Bさんの来場回数：1回（6,500）
・Cさんの来場回数：1回（6,500）
・Dさんの来場回数：3回（6,500×3）

⇒合計4万5,500円の収入

■ダイナミック・プライシングの場合
（初回7,500円、2回目6,000円、3回目5,500円）

・Aさんの来場回数：3回
　（7,500+6,000+5,500）
・Bさんの来場回数：1回（7,500）
・Cさんの来場回数：2回（7,500+6,000）
・Dさんの来場回数：3回
　（7,500+6,000+5,500）

⇒合計5万9,000円の収入
　（AさんとCさんの来場回数が1回ずつ増加）

第7章　価格戦略の基本：ANA

❖ 顧客の収益性に応じたダイナミック・プライシング

　顧客の特徴に応じて柔軟に価格を変化させるというダイナミック・プライシングの特徴は、需給や支払意思価格の変化への対応だけでなく、顧客の収益性に応じた価格の変更にも適用することができる。

　ANAマイレージクラブのようなロイヤルティ・プログラムは、リピーターの獲得や上顧客育成のための施策であり、ポイントやマイレージの付与を通じた間接的な価格戦略として捉えられる。ANAマイレージクラブでは、上級会員に対し、さまざまなサービスが展開されているが、こうした施策には、収益性の高い顧客との関係を強化し、継続的に自社を選んでもらう狙いがある。その中でも、上級会員に対するボーナスマイルの付与は、高い収益性が予想される顧客に対し、間接的に安い価格を提供しているともいえるだろう。オンラインストアなどにおいて、優良顧客と通常の顧客でポイントの還元率を変更したり、一部の銀行において、預金残高に応じてATM手数料が無料になったりするのも類似した取り組みとして捉えられる。

　顧客の収益性に基づくダイナミック・プライシングは、現在の収益性に基づくものだけではない。アマゾンプライムやアドビのソフトウェアなどで「学割」が展開されている1つの理由は、長期的な収益性への期待であろう。伝統的マーケティングにおいても、顧客が一生涯を通じて企業にもたらす顧客生涯価値の重要性が指摘されてきたが、デジタル・マーケティングにおいては、期待される顧客生涯価値に基づき、顧客ごとに当該製品の価格を変更することも可能なのである。

❖ 顧客に対応したダイナミック・プライシングの課題

　ただし、顧客に対応したダイナミック・プライシングの展開は、慎重に進めるべきである。同じ商品を異なる価格で購入した顧客がいる場合、彼らの間に不公平感が生じると、強いネガティブな反応を生み出す可能性がある。かつてアマゾンは、消費者属性などに応じてDVDに異なる価格を付けたことが明るみになり、大きな反発を招いてしまった。どのような属性や特徴の顧客であれば、異なる価格を提示しても反発が起きないかを慎重に見極める必要がある。

　また、同じ顧客であっても、利用目的によって支払意思価格は大きく異なるはず

❖ 第Ⅱ部　デジタル・マーケティング戦略

Column 7 - 2

サブスクリプション

　音楽を聴く時、皆さんはどのようにして聴いているだろうか。iTunesなどを通じて楽曲をダウンロードしたり、CDを購入したりするだろうか。レコードのアナログな響きにこだわりのある人もいるだろうし、第5章でも取り上げたアップルミュージックなどを通じて音楽を楽しんでいる人もいるかもしれない。

　改めてこれらの音楽の入手方法を価格戦略から見てみると、アップルミュージックだけが他と大きく異なっていることがわかる。CDやレコードの購入では1枚当たりの価格が設定され、iTunesでの購入では1曲当たりの価格が設定されているのに対し、アップルミュージックではサービスを利用する期間に価格が設定されているからである。

　決められた金額で期間中の音楽が聴き放題となるアップルミュージックのような定額制のサービスが近年増えている。こうした定額制によるサービスはサブスクリプションと呼ばれ、デジタル・マーケティングにおける有効な価格戦略として注目を集めるようになってきた。

　サブスクリプションでは、「所有」ではなく「利用」に対して金銭が支払われる。Huluやネットフリックスなど、月額料金の動画配信サービスも、DVDの「所有」ではなく、サービスの「利用」に対して金銭が支払われるサブスクリプションの典型例である。また、第15章ではB2Bビジネスにおけるサブスクリプションを紹介している。

　サブスクリプション方式は今に始まった手法ではない。新聞の契約購読やテーマパークの年間パスポートなどは、従来からサブスクリプション方式で展開されてきた。しかしながら、第5章でも説明したデジタル財の増加やシェアリング・エコノミーの進展などにより、かつてはサブスクリプション方式が展開されなかった業界でも活用されるようになってきている。

　サブスクリプション方式においては、伝統的なマーケティングに比べて、継続的な取引が前提となっている。マーケティング担当者は、これまで以上に顧客との関係性の構築や発展に注力しなくてはならない。

であるが、それらを正確に把握したダイナミック・プライシングは難しい。航空業界においては、ビジネス利用とプライベート利用で顧客の支払意思価格が大きく変わるものの、両者の区別は困難である。そこで、事前に旅程を確定しやすいプライベート利用の特徴を踏まえ、安い運賃を早期に提供する一方、直前まで旅程が変更

第7章　価格戦略の基本：ANA

になる可能性のあるビジネス利用の特徴を踏まえ、比較的高い運賃で直前まで購入できるようにしているという。さまざまな視点から顧客の利用実態を明らかにした上での対応が求められるだろう。

5 おわりに

　本章では、デジタル・マーケティングにおける有効な価格戦略として、時期や顧客に対応して価格を柔軟に変化させるダイナミック・プライシングについて学んできた。ダイナミック・プライシングは、航空業界やホテル業界において従来から行われてきたが、デジタル技術の進展により、多くの企業にとって有効な手法となってきている。企業側に蓄積したユーザーに関するビッグデータの分析を通して、精度の高い需要の予測や顧客収益性の評価が可能になったからである。それらに基づき、適切な顧客に対し、適切なタイミングで、適切な価格を提示できれば、企業はより多くの収益を得ることができる。

第7章

　もちろん、すべての製品やサービスにおいてダイナミック・プライシングを活用できるわけではなく、顧客の反発を招かない施策の検討などの課題もある。しかしながら、デジタル社会におけるマーケターには、ダイナミック・プライシングが大きな武器の1つとなるはずである。

？ 考えてみよう

① 自分たちの身の回りにあるダイナミック・プライシングの例を考えてみよう。

② 近年、米国では野球のチケットにダイナミック・プライシングの考え方が活用されている。どのような要因から需要を予測し、価格を設定すればよいかを考えてみよう。

③ 顧客別のダイナミック・プライシングが許容される条件を考えてみよう。

次に読んで欲しい本

☆レベニュー・マネジメントやサービス業の価格戦略について、詳しく学ぶには…。

　デイヴィッド・K・ヘイズ、アリッシャ・A・ミラー（中谷秀樹訳）『レベニュー・マネージメント概念：ホスピタリティー産業の経営理念』流通経済大学出版会、2016年。

107

❖ 第Ⅱ部　デジタル・マーケティング戦略

☆フリーミアムなどの「無料」を活用した価格戦略について、詳しく学ぶには…。

　クリス・アンダーソン（小林弘人監修、高橋則明訳）『フリー：〈無料〉からお金を
　　生みだす新戦略』NHK出版、2009年。

第 **8** 章

価格戦略の拡張
：エアビーアンドビー

1 はじめに
2 エアビーアンドビー
3 消費者間取引のダイナミック・プライシング
4 電子決済
5 おわりに

❖ 第Ⅱ部　デジタル・マーケティング戦略

1 はじめに

「600円か。もうちょっと安くならない？」、「それでは2つで1,000円でいかが
でしょう。」、「いいね、買った。」、「ありがとうございます。」

　このような値切り、すなわち買い手による価格交渉は、かつては店舗の軒先で見
かける日常的な光景であったが、現在では目にすることが少なくなった。オンライ
ンショッピングが身近な存在になった現在、このような価格交渉は行われなくなっ
てしまったのだろうか。いやそんなことはない。

　デジタル社会においては、自分たち消費者も売り手となることができる。例えば
民泊サイトやネットオークションサイト、フリーマーケットサイトにおいては消費
者が売り手となっている。そこで行われているのは売り手も買い手も消費者である
消費者間取引、すなわちC2Cの取引である（第3章参照）。売買取引ではないが、
資金を調達するためのクラウドファンディングも消費者間取引の要素を含んでいる
といえよう。そのような消費者間取引においては、価格交渉に応じる、あるいは取
引条件に応じて割安な価格を提示するなど、柔軟に価格設定できるようになってい
る。

　本章では民泊サイトであるエアビーアンドビー（Airbnb）を取り上げ、インター
ネット上の消費者間取引における価格交渉について紹介する。消費者自身が売り手
となりうるデジタル社会において、価格はどのような役割を果たしているのか、ま
た、価格戦略がどのように拡張されつつあるのかについて学んでいく。

2 エアビーアンドビー

❖ エアビーアンドビーの成り立ち

　エアビーアンドビーは、家主（ホスト）が自分の家や部屋を利用者（ゲスト）に
有料で貸し出す、いわゆる「民泊」の仲介サイトである。ホテルや旅館などを取り
扱う楽天トラベルや一休などの宿泊予約サイトとは異なり、ホストもゲストも消費

110

第8章　価格戦略の拡張：エアビーアンドビー

【写真8-1　創業者・CEO　ブライアン・チェスキー】

写真：AP/アフロ

者である点で特徴的な消費者間の宿泊施設のシェアリング・サービスのプラットフォームという言い方もできる。2008年に開設されて以来、世界191カ国8万1,000都市、400万件以上の宿泊施設（部屋や家、城や宿坊まで）が登録、日本国内でも6万件の物件が登録、年間500万人が利用しているといわれている。

　エアビーアンドビーのビジネスのアイデアは、2007年、インダストリアル・デザイナーだったブライアン・チェスキーとジョー・ゲビアが、サンフランシスコで行われるカンファレンスについて話していた時にひらめいたものである。サンフランシスコの宿泊施設は大規模なカンファレンスが開催される際にはいつも満室になってしまい、また高価格なものが多かった。そこで彼らは、住んでいたサンフランシスコ・ソーマ地区にあるアパートの居間を、カンファレンスのために各地からやってくる人々に朝食付きで貸すことを思いついた。その際に空気を入れて利用するエアベッドを用いたことからつけた「エアベッドとブレックファースト（Airbed and breakfast）」が現在の社名の起源になっている。2008年、ネイサン・ブレチャジックが加わり、同年8月にウェブサイトを立ち上げた。2009年には、アパートや個室のみならず、一戸建てや城、ツリーハウスを取り扱うまでになっていた。2011年にはドイツ、イギリスにインターナショナル・オフィスを設置し、さらに翌2012年にはフランス、イタリアなど6カ国に設置した。日本においては2014年に日本法人を設立している。現在では、宿泊施設のみならず、体験ツアーも掲載されている。例えば、ロサンゼルスでの飛行機操縦、マイアミでのクルージ

❖ 第Ⅱ部　デジタル・マーケティング戦略

ング、鳥取砂丘でのパラグライダー、京都での芸者体験といった体験ツアーが掲載されている。このことは、エアビーアンドビーには、単に「宿泊」という手段のためにエアビーアンドビーを利用しているゲストばかりではなく、「宿泊による経験」「滞在することによる経験」を得るためにエアビーアンドビーを利用しているゲストが少なからずいることを表している。

❖ エアビーアンドビーのビジネスモデル

　エアビーアンドビーのビジネスモデルを図示したものが図8-1になる。ゲストとホストのやり取りはすべて、エアビーアンドビーを通して行われる。同社は、第3章でみたマルチサイド・プラットフォームである。

　エアビーアンドビーを利用するためには、まず、ホストもゲストも利用登録し、アカウントを作成する必要がある。その上でホストは、部屋情報の登録を行う。ホストは部屋情報として、部屋の説明、泊められる人数、宿泊料金、設備、ハウスルール（喫煙の可否、立入り可能なエリア、友人を呼んでよいかなど）などの情報を、写真と合わせて登録する（エアビーアンドビーではこれらの情報をリスティングと呼んでいる）。宿泊料金については登録の際に、近隣の宿泊施設の料金をもとにした推奨料金が表示されるが、最終的にはホストが自由に決めることができる。

　一方でゲストは、ホストの登録したリスティングを見て、興味のある宿泊施設の

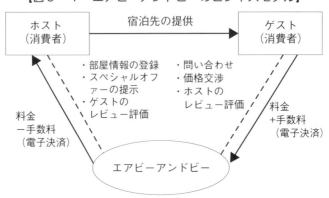

【図8-1　エアビーアンドビーのビジネスモデル】

取引の場を提供し、ホストとゲストから手数料を徴収

第8章　価格戦略の拡張：エアビーアンドビー　❖

ホストにエアビーアンドビー経由で連絡を取る。ホストも、ゲストとエアビーアンドビー経由でメッセージのやり取りを行い、ゲストを受け入れるか否かを決める。エアビーアンドビーではホストもゲストも相互に評価ができるようになっている。すなわち、ホストは宿泊したゲストについてのレビュー評価を行うことができ、ゲストも自分が宿泊した宿泊施設とそのホストについてのレビュー評価を行うことができる。そのためホストは、ゲストを受け入れるか否かを決める際に、連絡をしてきたゲストについてのそれまでのレビュー評価を参照して、信頼できる相手なのかを判断できるようになっている。

　ホストがゲストの宿泊希望を受け入れると、ゲストはエアビーアンドビーに対してクレジットカードなどの方法で料金を支払う。宿泊当日の鍵の受け渡しは、ホストはゲストと対面して鍵を直接受け渡すこともできるが、鍵の入っているキーボックスの暗証番号をメッセージで送る方法をとることもできる。つまり、後者の場合にはゲストはホストと直接対面することなく宿泊することができる。

❖ エアビーアンドビーの料金システムと決済方法

　エアビーアンドビーの料金システム、決済方法は以下のとおりである。通常、ホストは、①1泊料金、②清掃料金（任意で設定する掃除費。請求は予約1回につき1回限り）、③追加人数分の料金（任意で設定する人数超過分の料金）を自由に設定する。多くの一般的な宿泊施設がそうであるように、曜日やシーズンなど、需要が高まることが予想される条件に該当する日は、通常よりも高い価格を設定することもできる。なお、ゲストは宿泊日数分の①から③までの料金に加えて、その料金の0～20%のゲストサービス料をエアビーアンドビーの手数料として支払う。

　また、エアビーアンドビーにはスペシャルオファーと呼ばれるしくみがある。スペシャルオファーとは、予約の問い合わせをしてきたゲストに対して、問い合わせ画面を通じて、特別価格での予約を提示できる機能である。すなわち、問い合わせをしてきたゲストのレビュー評価や、宿泊人数、宿泊日数などの宿泊条件をもとに、特定の優良ゲストに対して、リスティングに示された料金よりも低い料金を提示できるしくみである。例えば、長期滞在をする場合、子供連れの時に子供料金を提示する場合、リピーターの場合などに1泊当たりの宿泊料金を安く提示することが考えられる。ゲスト側からも、問い合わせ画面を通じてスペシャルオファーによる値引きを持ちかけることもできる。スペシャルオファーを提示されたゲストは、リス

113

ティングに示された料金ではなく、より割安な価格条件を示されることになるので、ゲストがスペシャルオファーを受け入ればその場で予約確定となる。

　また、エアビーアンドビーでの決済方法はクレジットカードやデビットカードによる決済の他、ペイパルなど決済システムを用いた電子決済を行うことができる。オフラインでの決済や、現金での決済は禁止されている。ゲストのチェックイン予定時刻の24時間後に、料金から３％のホストサービス料を手数料として差し引いた金額がエアビーアンドビーからホストに送金される。

　本節の冒頭にも述べた通り、エアビーアンドビーの利用者はホストもゲストも消費者であり、エアビーアンドビーは消費者間取引を前提としたプラットフォームとなっている。したがって、消費者間取引に特有な取引相手の信用に関するリスクが生じうる。ゲストからすれば取引相手であるホストは本名すら正しいかどうかわからない相手であり、企業のようにブランドによって保証されているわけではない。また、ホストからすれば、そのゲストが本当にハウスルールを守ってくれるゲストかどうか、わからない。消費者間取引である民泊においては、ゲスト側の「このホストの部屋に泊まって安全なのか」というリスク、ホスト側の「このゲストに自分の部屋を貸してよいのか」というリスクがそれぞれ発生する。先述した相互のレビュー評価はそのような消費者間取引におけるリスクを低減させる１つの手段ではあるが、決済方法に関しても、エアビーアンドビーを通した電子決済のみに限定することにより、後述するようにホストの未払いのリスク、ゲストの個人情報漏洩のリスクを低減させている。

3 消費者間取引のダイナミック・プライシング

❖ 消費者間取引における価格の役割

　本章の冒頭でも述べたように、消費者間取引においては、売り手は自分の意思でより柔軟に価格を設定できるため、価格設定の自由度が高いばかりでなく、買い手の要求にも応じやすい。つまり、売り手は自分の判断で好きな価格をつけることができ、買い手に応じて価格を変えることもできるのである。このことは、価格は、市場の需給によって即時に変動する通貨（Currency）のような役割を果たしてい

第8章 価格戦略の拡張：エアビーアンドビー

ることを意味している（第4章参照）。

オークションサイトのヤフオク！では、「値下げ交渉あり」を設定したオークションでは、購入希望者は3回まで値下げ交渉ができる。売り手は、購入希望者のレビュー評価や提示された価格をもとに交渉を受けるか断るかを判断することができる。また値下げ交渉のない通常のオークションにおいては、購入を希望する買い手が多ければ高価格で売ることができ、少なければ価格は低くなる。すなわち、「出品」という供給に対する需要があるかないかによって、価格が決まるのである。

先に述べたエアビーアンドビーの場合も同様である。エアビーアンドビーではスペシャルオファーによって、特定のゲストに異なる料金を提示でき、ゲストもスペシャルオファーによる値引きを求めて価格交渉を行うことができる。売り手は需要があればリスティングで高価格を提示することもできるし、供給過多であれば（あるいは需要がなければ）特定のゲストにスペシャルオファーで低価格を提示して、空室を回避することができる。

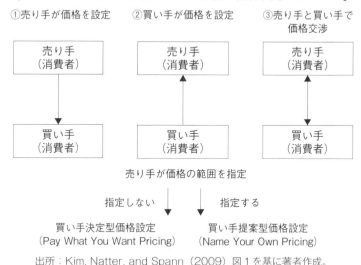

【図8-2 消費者間取引における参加型価格決定メカニズム】

出所：Kim, Natter, and Spann (2009) 図1を基に著者作成。

❖ 消費者間取引における参加型価格決定メカニズム

図8-2は、消費者間取引（第10章参照）における参加型価格決定メカニズム

❖ 第Ⅱ部　デジタル・マーケティング戦略

のパターンを図示したものである。パターンには、①売り手が価格を設定するパターン、②買い手が価格を設定するパターン、③売り手と買い手が価格交渉をするパターン、の3パターンがある。これらのパターンのうち、買い手が価格決定に関与する価格決定メカニズムは、②、③である。

　①の売り手が価格を設定するパターンは、日々の買い物においてよく直面する、通常の価格決定パターンである。消費者間取引では、消費者は買い手として、消費者である売り手が提示した価格で製品やサービスを購入する。エアビーアンドビーでの一般的な価格設定は、この例である。第7章で示したように、買い手や購入条件によって異なる価格が示されることもある。

　②の買い手が購入価格を自由に設定できるパターンはさらに2つに分けられ、買い手決定型価格設定（Pay What You Want Pricing）、買い手提案型価格設定（Name Your Own Pricing）などと呼ばれる。買い手決定型価格設定は買い手が完全に自由に価格を決定できる価格設定であり、買い手提案型価格設定は買い手の設定する価格が、予め売り手が想定した価格帯の範囲内である場合にのみ取引が成立する価格設定である。買い手決定型価格設定の例としては、イギリスのロックバンドであるレディオヘッドによるインターネットでの楽曲配信料金、日本国内では愛知県新城市にある、はづ別館の宿泊料金、ゾゾタウンの配送料金（2017年10月実施）などがある。また、購入型のクラウドファンディング（Column 8-1）も買い手決定型価格設定の1つとしてとらえることができる。買い手提案型価格設定の例としてはオークションなどで出品者により最低取引価格が設定される場合などが該当する。

❖ 消費者間取引のダイナミック・プライシングとは

　③の売り手と買い手が価格交渉をするパターンは、消費者間取引のダイナミック・プライシングといえる。本章で示した交渉可能なスペシャルオファーのあるエアビーアンドビーのケースや「価格交渉あり」設定のあるヤフオク！のオークションのケースなどが該当する。かつては商店の店先で見られた値切りもこのパターンに該当する。デジタル社会においては、個人情報や電子的取引に関する安全性が担保されたプラットフォームが整ったことによって、インターネット環境における消費者間での柔軟な価格交渉が可能になったと考えられる。

　3つのパターンのどのパターンによって取引を行うかは売り手の判断による。す

第8章　価格戦略の拡張：エアビーアンドビー ❖

なわち、①のように売れ残りが生じることを覚悟した上で、（利益を確保できる）自分の提示した価格でなければ売らないのか、②や③のように仮に利益は確保できなくても、買い手に合わせて柔軟に対応して売り逃しをできるだけ回避するのか、売り手が何を優先するかによる。より柔軟な価格設定が可能になった消費者間取引においても、②や③のように売り手の判断で価格決定の裁量権を買い手に部分的もしくは全面的に移譲させることができる。

Column 8 - 1

クラウドファンディング

　クラウドファンディングとは、群衆（crowd）と資金調達（funding）を組み合わせた造語である。不特定多数の人々（サポーター）から、インターネットを通じて資金を調達するシステムのことを指している。すなわち、消費者間の資金調達である。製品開発のための資金、社会貢献のための資金、自己実現のための資金など、何らかの目的（プロジェクト）のために資金を必要としている個人や組織（ベンチャー企業や非営利組織など）が資金調達を図る仕組みである。

　個人や組織は、事前に資金調達の期限や目標金額を設定する。期間内に目標金額に達成しない場合は、資金をサポーターに返金するのが一般的である。なお、目標金額達成後も資金調達を継続する。さらに、製品やサービスの市場での受容度を確認できるので、テストセールとして、クラウドファンディングを利用するプロジェクトもある。多くの人々に参加してもらうことで、広くプロジェクトを認知してもらうことができるので、資金調達だけでなく、メディアとして利用されることも多い。

　クラウドファンディングには、サポーターへの投資金額に応じた金銭以外の返礼（リターン）を示す「購入型」、金銭的なリターンのある「投資型」、全くリターンのない「寄付型」がある。購入型クラウドファンディングとしては、2011年3月に東京大学発のベンチャー企業からスタートしたレディフォーを皮切りに、マクアケやキャンプファイヤーといった代表的なクラウドファンディングがある。

　マクアケによって資金調達を行い、誕生した新製品は多岐にわたる。例えば、和歌山県のファイン・トレーディング・ジャパン（現グラフィット）は、マクアケにてハイブリッドバイクの「グラフィット・バイク」の製造およびマーケティングコストの調達を試み、2017年、日本国内におけるクラウドファンディング史上、資金調達額1位となる、1億2,800万4,810円の調達に成功している。

❖ 第Ⅱ部　デジタル・マーケティング戦略

　消費者間取引におけるダイナミック・プライシングを実施する際には、第7章で示した、企業と消費者間における時期や顧客に対応したダイナミック・プライシングと同様に、売り手はさまざまな顧客（買い手）が不公平感を感じないような取引ルールを設ける必要がある。

　デジタル社会における消費者間取引においては、柔軟な価格設定が可能であるというメリットを活かして、1人ひとりの顧客の購入条件と要望を踏まえた価格設定を容易に実施することができる。このことは、デジタル社会において、価格は市場の需給によって即時に変動する通貨のような役割を果たしていることを表している。

4 電子決済

❖ 電子決済とは

　エアビーアンドビーのケースにおいて注目すべきもう1つの点として、ゲストはさまざまな電子決済システムを利用できるという点が挙げられる。一般に、電子決済システムとは、商品やサービスの支払いに現金ではなくクレジットカードや電子通貨（電子マネー）、仮想通貨（Column 8-2）で支払うシステムのことである。エアビーアンドビーでは、仮想通貨は利用できないが、クレジットカード決済の他、ペイパル、アリペイ、グーグルウォレット、アップルペイなど、ゲストの口座のある国で利用できる電子決済システムを利用できる。

　ちなみに、日本においては2015年の電子通貨による決済金額は4兆6,443億円と前年比で15.7％増加しており、2010年と比べ2.8倍と大きく増加している。その一方で、個人消費における電子通貨やクレジットカードによる決済は約20％程度であり、日本の個人消費においては、まだまだ現金決済が多く、電子決済は少数という現状もある。

❖ 電子決済システムの買い手側のメリット

　電子決済システムが利用できることによるメリットは買い手側、売り手側双方にある。買い手側のメリットは少なくとも3つある。第1に、個人情報の保護に関す

第8章　価格戦略の拡張：エアビーアンドビー

【写真8-2　エアビーアンドビーとクレジットカード】

写真：9091086/shutterstock.com

るメリットである。例えば、エアビーアンドビーの場合、クレジットカード番号をそのまま使用せずにトークン化（カード番号の暗号化）するアップルペイや、カード番号や口座情報をエアビーアンドビーやホストに知らせる必要のないペイパルを利用することで、個人情報漏洩のリスクが回避されている。

　第2に、少額決済の際に小銭を出さずにすむというメリットがある。電子通貨に対応した自動販売機や駅構内の売店などもこれに該当する。ちなみに非現金化取引が96％を占めるスウェーデンでは、100円程度の決済であってもカード等での決済が可能であるばかりか、「現金お断り」の表示をしている店舗も存在する。同じように、中国でも少額決済でも電子決済が行われることが多く、日本においても少額であっても電子決済を取り扱う店舗が増えれば、更に普及が加速すると考えられる。

　第3に、グローバルな取引における電子決済の利便性に関するメリットがある。すなわち、海外で現地通貨を現金で持ち歩かなくてもすむという利便性に関するメリットである。エアビーアンドビーの事例のように外国人ゲストが予め自国を出国する前にインターネット上で支払いをするような場合、すなわち国外から決済をする場合には、両替をしなくても事前に自国通貨にて決済をすませられるというメリットもある。

　第2、第3のメリットに関連して、中国からの観光客需要を獲得するために、日本国内における中国の電子決済システムであるアリペイやウィーチャットペイによ

❖ 第Ⅱ部　デジタル・マーケティング戦略

Column 8 - 2

電子通貨と仮想通貨

　インターネット上の電子決済においては電子決済システムと同時に、電子通貨や仮想通貨の果たす役割は大きい。

　電子通貨は、その国の通貨における取引をカードや情報端末等にあらかじめチャージすることで電子取引を可能にするもので、電子マネーとも呼ばれる。つまり、通貨の価値は変動せず、国や地域など利用できる場所が限定される。例えば、JR東日本のSuica、イオン銀行のWAON、セブン＆アイのnanacoなどは電子通貨であり、それぞれの加盟店などでのみ使用できる。近年では地域通貨においても電子通貨導入の実証実験が行われるようになっている。飛騨信用組合の「さるぼぼコイン」の導入、近鉄グループホールディングスによる電子地域通貨「近鉄ハルカスコイン」の実証実験の他、千葉県木更津市などで実証実験が行われ、東京都世田谷区（下北沢）では電子地域通貨の事業会社シモキタコインが設立されている。

　一方で、仮想通貨は、BTC（ビットコイン）、XRP（リップル）といった独自の通貨単位の通貨を購入し、電子的な決済を可能にする。つまり、通貨の価値は変動し、国や地域を超えて利用できる。2018年4月に施行された改正資金決済法によれば、仮想通貨は、①電子的に記録され移転できる、②法定通貨もしくは法定通貨建資産ではない、③不特定多数への代金の支払いに使用でき、法定通貨と相互に交換できるという要件を満たす通貨である。

　いずれも共通して、現金を持ち歩かなくてもよく、インターネット上を含めてスムースな取引が可能というメリットがある。仮想通貨の場合には、異なる通貨、異なる国間での取引において特定の国や地域の通貨や商取引慣行にとらわれず、取引がスムースに行われるというメリットがあるが、投機対象とみなして購入する利用者（投機家）もいるため、通貨価値が安定しないという危険性もある。そのような危険性をはらみつつも、本文で示した電子決済のメリットを鑑みると、今後、電子通貨や仮想通貨の普及が、消費者のグローバルな購買行動の促進につながる可能性は高い。

る電子決済を取り扱う百貨店や家電量販店、ドラッグストア、空港内売店が急増している。これらは中国からの観光客の利便性に配慮した動きであるといえよう。

第8章　価格戦略の拡張：エアビーアンドビー ❖

❖ 電子決済システムの売り手側のメリット

　売り手側のメリットは少なくとも2つある。1つには、料金・代金の未払いというリスクを回避できるというメリットがある。エアビーアンドビーのような消費者間取引の民泊ビジネスにおいては、ホストとゲストが直接対面しないことすらあるが、そのような場合においても、決済が確実に行われる。

　もう1つは、決済方法により支払意思価格が異なることに関するメリットがある。支払意思価格とは、買い手がある特定の財やサービスを購入する際に喜んで支払う金額のことである（第7章）。支払い方法によって、「支払いによる痛み方」が異なり、現金払いよりもカード払いの方が支払意思価格が高いことを示した研究もある（Raghubir and Srivastava, 2008）。カード払いと同様に、硬貨や紙幣を媒介しない電子決済の支払意思価格は高いと考えられ、売り手にとってはメリットとなるだろう。

❖ 電子決済システムと消費者間取引

　デジタル社会においては消費者間取引を含め、取引相手と直接対面することなく、インターネット上で取引交渉から決済まで完結することも少なくない。また、そこでは国境を超えたグローバルな取引も極めて容易に行うことができる。したがって、電子決済システムを含めた決済方法の多様性も、デジタル社会における消費者の購買行動を喚起する一因となると考えられる。多様化した電子決済システムがデジタル社会における消費者間取引を下支えしているといってもよいだろう。

　ちなみに、ここで述べてきたような電子決済システム、電子通貨、仮想通貨など、情報技術を活用することにより登場する新たな金融サービスはフィンテックと呼ばれている。今後、新たなフィンテックが登場することにより、日本においても電子決済が加速化し、更にはデジタル社会における消費者間取引がより身近なものとなる可能性があるだろう。

❖ 第Ⅱ部　デジタル・マーケティング戦略

5 おわりに

　本章では、デジタル社会の到来により価格戦略の可能性がどのように拡張されてきたかについて学んできた。デジタル社会においては、消費者自身が売り手となることができ、消費者間取引、すなわちC2C取引が増大した。インターネット情報環境下の消費者間取引においては、売り手としての消費者は企業よりもより柔軟な価格設定が可能となり、買い手からの価格交渉に応じるなど消費者参加型の価格設定が行われるようになった。つまり、デジタル社会においては、価格は市場の需給によって変動する通貨の役割を担っているといえる。

　本章で扱ったエアビーアンドビーや、フリーマーケットサイト、オークションサイト、クラウドファンディングなどは、そのようなデジタル社会における消費者間取引の特性とインターネット情報環境の特性の両方を活かしたビジネスモデルであると考えられる。また、電子決済を中心とした多様な決済方法は、グローバルな消費者間取引をより容易で身近なものにし、消費者の購買行動の促進に寄与するものとなるだろう。

❓ 考えてみよう

① 　民泊サイトの施設やフリーマーケットサイトの商品を1つ取り上げ、なぜその価格が設定されているのかを考えてみよう。
② 　①の事例において、自分が借り手（あるいは買い手）であると想定して、どのような値引き交渉が可能か考えてみよう。
③ 　クラウドファンディングによる資金調達のプロジェクトの例を考え、どのようにアピールすれば成功するか、リターンを含めて考えてみよう。

次に読んで欲しい本

☆価格戦略の基本について、詳しく学ぶには…。

　上田隆穂『日本一わかりやすい価格決定戦略』明日香出版社、2005年。

☆さまざまな価格戦略について、詳しく学ぶには…。

　ジャグモハン・ラジュー、Z・ジョン・チャン（藤井清美訳）『スマート・プライシング：利益を生み出す新価格戦略』朝日新聞出版、2011年。

122

第 9 章

チャネル戦略の基本

：ユニクロ

1　はじめに
2　ユニクロ
3　ダイレクトモデル（直販）
4　オムニチャネル
5　おわりに

❖ 第Ⅱ部　デジタル・マーケティング戦略

1　はじめに

　皆さんは、信じられないかもしれないが、かつては一部の通信販売などを除き、基本的に店舗に出向くことでしか商品を手に入れることができなかった。そのため、この時代では、どこに店舗を出すのかは事業者が売上を確保する上で決定的に重要だった。出店数や出店場所が売上や利益に直結したということだ。

　しかし、今日のデジタル社会においては、商品を手に入れるための選択肢が複数ある。店に行って商品を手に取って確かめてから購入してもいいし、インターネットでスペックを比較してサイト上で購入してもよい。あるいは、店で手に取って商品を確認した上で、別のネット業者から購入することもできる。逆に、ネットで商品の情報をいろいろと調べた上で、近くの店で購入することもあるだろう。さらには、ネットで購入したものを、たとえばコンビニなど、自宅と別の場所で受け取ることも可能だし、店頭で手に取って確かめた商品をその場でその店のオンラインストアで購入し、そのまま持ち帰ることだって可能だ。デジタル社会が本格的に到来したことで、メーカーが製造した商品が消費者の手に届くまでの経路のことをいう「チャネル」は、かつてとは比べ物にならないほど複雑になった。

　そこで、本章では、デジタル社会におけるチャネル戦略の基本的な考え方となる、ダイレクトモデル（直販）やオムニチャネルについて、ユニクロのケースを通じて学ぶ。

2　ユニクロ

❖❖ ユニクロの概要

　ユニクロは日本を代表するファストファッションのアパレルである。売上高は1兆10億円（2018年2月期）、店舗数は国内831店舗、海外1,089店舗（直営店とフランチャイズ店の合計：2017年8月末時点）にのぼる。ユニクロのサイトには、「日本のアパレル市場10兆7,000億円のうち6.5％のシェア」を占めていると

124

されている。売っている商品は高額ではないので、そのシェアの高さは圧倒的だ。売上高や営業利益も好調に推移している。

　そんなユニクロの始まりは、既製服を仕入れてきて安売りする、いわゆる町の服屋さんだった。1号店は1984年に広島市に出店されたが、その後のユニクロ店舗の原型となるのは1985年に下関市に出店された店舗である。商号を小郡商事からファーストリテイリングに変更したのは1991年である。

　ユニクロがビジネスを始めた当時のアパレル業界は、製造業者がつくり、卸売業者が買い集め、小売業者が販売するという分業体制が当たり前であった。つまり、ユニクロは小売業者からスタートしたということだ。既製服を仕入れて販売するだけの小売業から脱却するために、ユニクロは、1996年には自社企画商品の開発体制の充実を目的として東京の渋谷に東京事務所を開設、1999年には生産管理業務の充実を目的として中国に上海事務所を開設し、2000年にはマーチャンダイジング（商品企画）およびマーケティング機能の強化を図るために東京本部を開設している。

　努力が実ってユニクロが世間に注目されたのは1990年代後半である。当時、話題となったのは自社企画商品として1,900円で売り出されたフリースである。高品質・高機能だが価格は安くシンプルなデザインで、ユニクロの企業としてのスタンスを明確に体現したような商品であった。大々的な広告の効果もあって、日本中でユニクロブームが起こり、知名度が一気に高まった。その後もヒートテックやウル

【写真9-1　ファーストリテイリング　柳井正　代表取締役会長兼社長】

写真：ロイター/アフロ

❖ 第Ⅱ部　デジタル・マーケティング戦略

トララライトダウンなどのヒット商品を世に送り出している。

　そんなユニクロがインターネット販売を開始したのは2000年のことである。海外展開も2001年のロンドン出店を皮切りに、2002年に上海、2005年にソウル、アメリカのニュージャージー、香港と海外出店を加速化させている。

❖ ユニクロのビジネスモデル

　ユニクロのビジネスモデルは、「商品企画・生産・物流・販売までの自社一貫コントロールにより、高品質・低価格のカジュアルブランド『ユニクロ』を提供する製造小売業（SPA)」とされている。具体的なビジネスモデルを、企画、生産、販売という軸に沿って見ていこう。

　ユニクロのビジネスモデルのサイクルは素材の開発や調達からスタートする。世界中の素材メーカーと直接交渉して大量購入することで、他社よりも有利な条件で高品質な素材を安定的に調達している。フリースやヒートテックといったコア商品についてはメーカーと協働して素材を開発している。そうして開発・調達した素材を用いてR&Dセンターに所属するデザイナーやパタンナーがデザインを起こし、サンプルを作成し、デザイン決定後も色やシルエット等を微調整しデザインを完成させる。

　それを受けて、マーチャンダイジング部門に所属するマーチャンダイザー（MD）は、各部門と緊密に連絡を取り、シーズンごとの商品の企画、デザイン、素材、そしてマーケティングを決定する。春、夏、秋、冬の各シーズンの商品の構成や生産数量を決定するのもMDの役割で、シーズン中も販売動向を見ながら増産・減産といった生産調整を行う。

　企画が決定すれば次は生産だ。中国、ベトナム、バングラデシュ、インドネシアなど、世界各地のパートナー工場で生産する。上海（中国）、ホーチミン（ベトナム）、ダッカ（バングラデシュ）、ジャカルタ（インドネシア）、イスタンブール（トルコ）、バンガロール（インド）には生産事務所をもっており、品質・生産進捗管理の生産チームや、繊維産業で豊富な経験を持つ技術者の匠チームを約450名常駐させ、品質や生産を管理している。生産チームは週ごとにパートナー工場に出向き、問題解決や顧客からの要望を現場の改善につなげる役割を果たしており、匠チームは各国のユニクロの生産工場で技術や心構えを指導している。

　生産された商品は販売に向け、まずは在庫コントロール部門の管理下に置かれる。

在庫コントロール部門は、週次ベースで各店舗の販売状況と在庫水準を確認し、必要な在庫や新商品を各店舗に送り込み、適正な在庫量を保つ役割を果たしている。店舗からの発注要望にも応じ、シーズン終盤にはMDや営業部門と連携しながら売価変更のタイミングを調整している。最終的に、商品は国内および海外の店舗とオンラインストアを通じて販売されていく。オンラインストアの日本での売上構成比は６％だが、中国は約10％、アメリカでは約20％となっており、今後ますます重要性が高まると位置付けられている。そのため、ネットで注文して店舗やコンビニで受け取るサービスや、オンラインストア専用の商品、特別サイズ、セミオーダー商品などの品揃えを充実させ、事業の拡大を図っている。

販売をサポートするために、季節ごとにコア商品のキャンペーンを実施している。期間中は商品の特性や機能をテレビCMで広く告知し、毎週金曜日には新聞折り込みチラシを全国に配布している。シーズンごとの新商品は「期間限定価格（通常より２～３割安いお試し価格）」で提供している。また、オンラインストアに投稿された顧客の要望、商品へのコメント、購買履歴、またはカスタマーセンターに寄せられた要望などの情報を分析し、商品の需要予測や改善提案を行っている。

以上のビジネスモデルは、以下の図のようにまとめられる（図９-１）。

【図９-１　ユニクロのビジネスモデル】

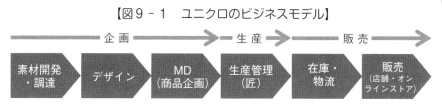

出所：ファーストリテイリングサイトをもとに著者作成

❖ デジタル社会におけるユニクロの対応

ユニクロは単に高品質のものを安く販売するビジネスモデルを作り上げたから好調が長年維持できているわけではない。デジタル社会の進展に合わせて色々な手を打ってきているのだ。

大きな契機は、新たなデバイスとしてスマートフォンが登場したことである。いつでもどこにでも持ち歩けるため、家の外での情報探索や注文が可能になり、ネットとリアルの融合がますます重要になった。これに関連するユニクロの取り組みを

❖ 第Ⅱ部　デジタル・マーケティング戦略

みてみよう。

　環境変化への対応として、ユニクロはスマホ向けの「UNIQLOアプリ」を立ち上げ、セール情報や割引クーポンの配布を行った。オンラインで情報を流すことで来店につなげようとしたということだ。UNIQLOアプリはその後、2014年3月に刷新され、コンテンツは商品の着こなし提案などに切り替えられた。この背景には、オンライン上での消費者の行動を促進しようという狙いがあったと考えられる。

　2015年から2016年にかけては、オンラインストアを活性化させるためにシャツの商品展開を拡充させた。2015年8月には、通常のシャツを「レギュラーフィット」とした上で、「スリムフィット」を新たに展開することで9割以上の人の体形に合わせることができるようになった。2016年にはストライプなどの柄物も投入し、シャツのオンライン販売をより利用しやすくした。

　ジャケットのセミオーダーも2016年1月に導入している。ジャケットについては、実店舗での採寸を前提とすることで来店を促し、ネットとリアルの融合を目指している。融合という点では、ユニクロではネットで注文した商品を店舗やコンビニで受け取れるようにするなど、デジタル社会での消費者行動の変化に対応する努力をしている。

3 ダイレクトモデル（直販）

❖ 間接流通と直接流通

　ユニクロの初期のビジネスは既製服の仕入・販売だけだった。生産者と消費者の間で、商品を仕入れて再販売することで利益を生み出す事業を営む卸売業者や小売業者のことを商業者と呼ぶが、商業者が介在する流通方式を間接流通という。ユニクロは、間接流通において販売を担う商業者だったということだ。第1章でみたアマゾンも、オンライン小売の商業者である。ちなみに、第3章のメルカリは、売り手と買い手をつなぐプラットフォームを提供する市場仲介者だが、自ら商品を仕入れて販売することで利益を得ているわけではないので商業者ではない。

　ユニクロは次第に、販売だけでなく企画、生産、物流にも乗り出していくのだが、インターネットが発達した今日でも、生産者が消費者に直接販売する直接流通より

第9章　チャネル戦略の基本：ユニクロ ❖

も商業者が介在する間接流通のほうが圧倒的多数を占めている。その理由は、社会全体で見た場合、間接流通のほうが効率的だからだ。

❖❖ 流通における中間業者介在の意義

　間接流通には３つのメリットがある。

　第１に、取引に中間業者が介入するほうが社会全体の総取引数を大幅に削減できる。これは、第３章でみた仲介者であるプラッフォームがあることで売り手と買い手の取引にかかるコストが削減できるという主張と同じだ。仮に、生産者（M）が５人、消費者（C）が５人の世界を想定した場合、直接流通で消費者に商品を行き渡らせるためには５×５＝25回の取引が必要だが、商業者が介在すると取引総数は５＋５＝10回となる。現実にはより多くの生産者・消費者がいるため、商業者を通して販売したほうが圧倒的に効率的だ。これを取引総数極少化の原理という（図９‐２）。

【図９‐２　取引総数極少化の原理】

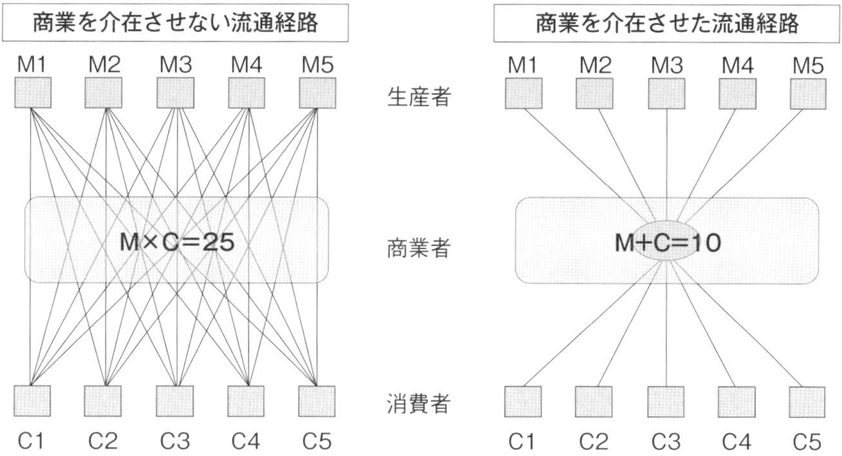

　第２に、取引に商業者が介入するほうが生産者や商品、需要に関する情報がまとまりやすい。商業者は複数の生産者と取引するので、商品について横断的な情報を入手できる。家電量販店で何種類ものテレビを比較検討できるのはそこに情報がまとまっているからだ。需要に関する情報も、商業者の元には生産者横断的な情報が

129

◆ 第Ⅱ部　デジタル・マーケティング戦略

集まる。コンビニのPOSデータが役に立つのは、それが需要に関する生産者横断的な情報を示しているからだ。これを情報縮約・斉合の原理という。

　第3に、需要変動に備えるための在庫を商業者が集中的に持つことで社会全体として在庫の総量を減らすことができる。現代では、生産は計画的に行われるため、商品は一定のペースで出来上がってくるが、消費は生産ほど計画的ではない。SNSの影響もあり、ある商品が一気に売れたり、売れるはずと企業が見込んだ商品が全然売れなかったりする。商業者が物流センター等で在庫をまとめて持つことで、各店舗が備えておかなければならない在庫量を減らせる。これを不確実性プールの原理という。

　これら3つの原理が、デジタル社会においても、卸売業者や小売業者といった商業者が依然として流通の中で主役級の働きをしていることの根拠を与えてくれる。アマゾンが強い理由も、理解できるだろう。

❖ ユニクロのダイレクトモデル

　ケースで見たユニクロは、創業初期の頃こそ、メーカーが製造した服を卸売業者から仕入れて消費者に販売するという、流通全体の中で消費者への販売だけを担う小売業者だったが、自ら企画した服をパートナー工場で安く製造し厳密な品質チェックを行った上で輸入しそれを自社店舗で販売する、というビジネスを作り上げていった。つまりユニクロは、単なる小売業者から、企画、生産、物流、販売のすべての機能を自社で抱えるダイレクトモデルの製造小売業者に変身したということだ。

　ダイレクトモデルにはメリットもデメリットもある。ユニクロは、販売に加え、企画や生産や物流の機能にも自社が関わることで、過度に多段階な中間流通を省きコスト削減を実現した。その一方で、自社企画の商品しか扱わないため、店舗として広くて深い品揃えを実現するのは難しくなる。この問題には、ベーシックファッションのラインナップを増やすことで対処した。自らが広範囲のカテゴリーの商品企画を行うことで、他社商品の売れ行きを確認するのは無理でも、自社内ではどのカテゴリーがどういう売れ行きなのか知ることができるようになった。

　これに加え、ユニクロでは、需要の不確実性を在庫でカバーするだけでなく、生産および流通量をフレキシブルに変化できる生産体制および原材料等の供給体制を構築している。需要は供給と比べると不安定だが、店頭での販売状況をリアルタイ

130

第9章　チャネル戦略の基本：ユニクロ

ムでチェックし、生産や流通をその動向に合わせて調整することができれば、在庫だけに頼ることなく需要の不確実性に対応できる。それにより欠品や売れ残りを減らすことができる。

❖ ビジネスモデル変化の背景

ダイレクトモデルへのビジネスモデルの切り換えは、情報システムと物流への大きな投資によって可能となった。低成長経済の下では、低コストで効率的に生産するだけでなく、生産したものを無駄なく売りさばくことが重要になる。そのため、売れるものだけを無駄なく低コストで生産する、あるいは売れ行きに応じてフレキシブルに調達、生産、流通をコントロールする必要がある。

情報システムを積極的に活用することで、店頭での売れ行きの情報は、企画や生産、販売部門など、ビジネスモデルを構成する各部門に迅速に行き渡らせることができる。物流能力を備えることにより、販売状況に合わせて生産・流通を柔軟に管理しやすくなる。つまり、情報システムと物流を使いこなしたおかげで、かつてよりも精度の高い、フレキシブルな生産・流通計画が立てられるようになった。結果として、売り逃がしや過剰な在庫を抱えずに済み、企業としてますます高品質・低価格に邁進することができるようになった。

4 オムニチャネル

❖ チャネルの変遷

ユニクロのダイレクトモデルは近年、新たな局面を迎えている。これには、メーカーが製造した商品が消費者の手に届くまでの経路のことをいう「チャネル」の変化が密接に関係している。デジタル化社会で情報のやり取りがスムースになったため、チャネルはより複雑化している。

もっとも古いのはシングルチャネルで、2000年頃からそれが複数になったマルチチャネル、さらには、2005年頃から複数のチャネルが連携するクロスチャネルとなり、2010年頃からネットとリアルがシームレスにつながり、消費者は好きな

131

❖ 第Ⅱ部　デジタル・マーケティング戦略

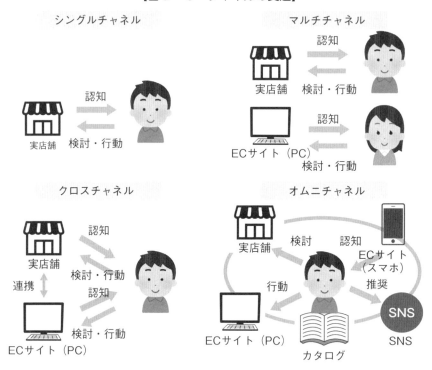

【図9‐3　チャネルの変遷】

時に好きな場所で好きな方法で好きな商品を購入し、好きな場所で受け取ることができるオムニチャネルへと変遷してきた（図9‐3）。

❖ チャネル変化とカスタマー・ジャーニーの変化

　マルチチャネル時代までは、基本的に、カスタマー・ジャーニー（第2章参照）における認知、検討、行動はセットになっていた。店舗で商品を見て検討し店舗で購入する、オンラインで商品を見て検討しオンラインストアで購入する、といった具合に、それぞれのチャネルは独立していた。企業と消費者の接点であるタッチポイント（第2章参照）はシンプルだったのだ。

　だが、クロスチャネル化すると、これまではセットだったカスタマー・ジャーニーにおける認知、検討および行動をそれぞれバラバラに行えるようになる。店頭で商品を知ってオンラインストアで購入する、逆に、ネット上で商品を知って店頭

第9章　チャネル戦略の基本：ユニクロ ❖

Column 9-1

ショールーミングとウェブルーミング

　ショールーミングとは、リアル店舗で商品を手に取ったり店員にいろいろと相談したりして品定めした上で購買する商品を決め、その店舗とは異なる企業のオンラインストアでより安く購買するという消費者行動のことである。逆にウェブルーミングは、消費者がネット上の広告で商品を認知し、SNS等を用いてその商品の評価を確認して検討し、最終的に最寄りのリアル店舗でその商品を購入する。いずれの消費者行動も、購買のきっかけや後押しをしたチャネルとは異なる企業のチャネルで購買する点が共通している。

　異なるチャネルで購買するということは、認知や検討をサポートした企業にはお金は1円も落ちないことを意味する。消費者はリアル店舗をショールームとして無料で利用することができるが、リアル店舗を運営するためには、店の建設費用や光熱費、家賃、人件費などがかかっている。この費用は、商品を販売することではじめて回収できる。ウェブルーミングも、リアル店舗ほど高いコストはかかっていないにしても、ウェブ上で商品の認知を促す努力は、購買（行動）が実現してはじめて報われる。この点で、事業者側からすると、認知や検討は、行動とセットになっていなければ困るのだ。

　デジタル社会となり、スマホが普及したことで、消費者がオンラインとオフラインのチャネル間の行き来をいとわなくなったため、事業者側にとって認知・検討と行動の不一致はより深刻な問題となっている。この問題に対処するために、事業者側は、リアル店舗とオンライン店舗の双方を運営することで相乗効果を狙うクリック&モルタル戦略や、オンラインからリアル店舗に消費者を呼び込もうとするO2O（Online to Offline）マーケティングを実行してきた。より近年では、顧客が試着の際に、商品に付いた電子タグにより、試着室の鏡で商品の説明動画が見られるなど、ウェブルーミングをオフラインのチャネルに持ち込む試みがなされている。その逆に、公共の場所に食料品店の棚のような壁紙（仮想店舗）を設置し、そこからアプリを用いてショッピングができるという、ショールーミングをオンラインのチャネルに持ち込む試みも行われている。

第9章

で購入する場合もある。しかし、クロスチャネル化しても、店舗、オンラインストア、カタログ等は相互に連動していなかった。店舗で売り切れている場合、店員がオンラインストア経由で顧客の家に商品を届けるよう手配する、といったことはできなかった。

133

❖ 第Ⅱ部　デジタル・マーケティング戦略

　それが、情報端末が変化してスマホがPCの機能を代替するようになり、事業者側の体制が整いつつある中で、消費者は好きな時に好きな場所で好きな商品を購入することができ、その商品を好きな時に好きな場所で受け取ることができるようになりつつある。これをオムニチャネル化という。消費者が購入に至るまでのカスタマー・ジャーニーの中で、商品とのタッチポイントは何通りもの組み合わせが可能になり、ネットとリアルの垣根をなくしたシームレスな購買経験が実現できるようになっている。

❖❖ ユニクロのオムニチャネル化

　ユニクロのケースでは、UNIQLOアプリ等で見知った商品を店頭で実際に手に取って確認してもらうような努力が試みられている。カスタマー・ジャーニーでいうと、認知はアプリ等のネットが担当し、検討はリアル店舗が担当しているということだ。

　ユニクロはまた、ネット注文した商品を希望の店舗やコンビニで受け取れるサービスに努力を注いでいるが、これらはカスタマー・ジャーニーの行動段階において、アプリやオンラインストアなどのネットとリアル店舗がシームレスにつながっているということだ。

　ユニクロと同じくファーストリテイリング傘下のジーユーでは、リアル販売よりもネット販売のほうを安くすることで、相対的に集客力が高い実店舗からオンラインストアへと顧客を誘導している。来店客にもオンラインストアの割引を知らせることにより店内でのネット購買を促そうとしているが、それにより店内の混雑が緩和されるなどのメリットもある。この例は、カスタマー・ジャーニーの認知および検討段階を実店舗に担わせ、行動段階をオンラインストアに担わせようとする試みであると理解できる。

　以上のように、ネットとリアルがシームレスにつながった買い物体験ができるオムニチャネル化はユニクロでも実現されている。

❖❖ オムニチャネル化の背景と課題

　チャネル変化の背景には、スマホ等の情報端末の普及により消費者の購買行動が多様化したことはもちろん、ID付きPOSなどによってビッグデータと呼ばれるさ

第9章　チャネル戦略の基本：ユニクロ

Column 9-2

消費シーンに近づくチャネル機能

　第1章ですこしだけ登場した「ダッシュボタン」はアマゾンが開発したネット注文サービス専用のデバイスだ。物理的な小型のボタンにお気に入りの商品を登録して自宅の好きな場所に置いておき、その商品を購入したいときにはボタンをワンプッシュするだけでアマゾンから商品が届く。

　たとえば、生活シーンの中で洗濯用洗剤が切れそうだと気づけば、通常、我々は店舗やネットを通じて購買するが、ダッシュボタンがあればその場でワンプッシュするだけで商品を届けてもらうことができる。購買の必要性を感じる生活の場において物理的なスペースを占めているところがポイントで、スマホで注文することすら煩わしく感じる人には非常に便利なサービスだ。

　こうした、従来ではリアル店舗が担ってきたチャネル機能の一部を代替するサービスは、ダッシュボタン以外にもいろいろある。ファッション通販のゾゾタウンの「ゾゾスーツ」は、自宅を洋服屋さんのフィッティングルームに変えてしまうサービスだ。

　自宅に届けられたゾゾスーツという全身タイツを着用し、専用アプリを用いてその姿をスマホで撮影することで、全身を自動的に採寸することができる。全身のサイズがわかればゾゾタウンでスーツを買って体にフィットしなかったというリスクが下がるため、より安心して購入できる。

　スマート・スピーカーであるアマゾンエコーも、PCやスマホに手入力しなくても、話しかけるだけで商品の注文が簡単にできるので、それはチャネル機能の一部を代替するサービスだ。

　デジタル社会になる以前のチャネルの主役はリアル店舗だった。その存在感は今なお大きいが、スマホやウェアラブル端末、あるいはAIスピーカーなどのIoT搭載の情報端末（第5章参照）が登場したことによって、カスタマー・ジャーニーの認知・検討・行動を担ってきたチャネルの一部の機能は、着実に生活の場に溶け込んできている。

第9章

まざまな大量データを個人の属性と紐付けて得られるようになったことなど、事業者側の事情も関係している。

　顧客の一連の購買行動がインターネット上で完結しているときは、顧客が実際にどのような経路を経て購入するか観察できるため、事業者側は自社の顧客がどのようなカスタマー・ジャーニーを経て購買に至ったか確認することができた。しかし、

❖ 第Ⅱ部　デジタル・マーケティング戦略

ネットとリアルをシームレスに行き来するオムニチャネルが実現すると、カスタマー・ジャーニーの捕捉は難しくなりそうだ。

　加えて、オムニチャネル化が進行する昨今においては、物流の最終拠点からエンドユーザーに商品を届ける「ラストワンマイル」に対応する体制が十分に整っていないことから、物流業者に過度な労働が生じるといった問題が起きている。この問題に対して、宅配ボックスやコンビニ受け取りなど、さまざまな取り組みが社会に浸透しつつある（第14章参照）。次章で紹介するシェアリング・エコノミーや3D技術の進展も、流通におけるラストワンマイル問題の打開策の１つと期待されている。

5 おわりに

　本章では、ユニクロのケースを通して、小売業者がダイレクトモデルの製造小売企業となるプロセスと、その後のデジタル社会への適応としてのオムニチャネル化について学んできた。企業の努力や技術の進展によってオムニチャネルが実現すると、認知、検討、行動、推奨というカスタマー・ジャーニーの各段階において、ネットとリアルを自由に行き来できるようになる。このことは、購買の際に消費者が取り得る選択肢が広がったことを意味する。

　それにより、これまで買い物にかかっていた交通費、時間、労力といったコストがますます削減できるだろう。そうして節約することができたコストは他の対象に振り向けることが可能になる。ただし、オムニチャネル化にはいくつかの課題も残されており、理想通りの現実が生まれるかは未知数である。

? 考えてみよう

① 　ユニクロがダイレクトモデルに転換したメリットとデメリットを考えてみよう。
② 　買いたい商品の特徴とそれに適したチャネルの組み合わせを考えてみよう。
③ 　今後の社会変化を踏まえた上で、特定のチャネルの今後の展開を考えてみよう。

次に読んで欲しい本

☆オムニチャネルについて、詳しく学ぶには…。
　角井亮一『オムニチャネル戦略』日経文庫、2015年。

136

第9章 チャネル戦略の基本：ユニクロ ❖

☆チャネル戦略について、詳しく学ぶには…。

　Ⅴ・カストゥーリ・ランガン（小川孔輔監訳、小川浩孝訳）『流通チャネルの転換戦
　　略：チャネル・スチュワードシップの基本と導入』ダイヤモンド社、2013年。

第 10 章

チャネル戦略の拡張

: ウーバー

1 はじめに
2 ウーバー
3 消費者間取引
4 シェアリング・エコノミー
5 おわりに

❖ 第Ⅱ部　デジタル・マーケティング戦略

1 はじめに

　皆さんは、タクシーに乗るだろうか。日常的には利用しないかもしれないが、海外旅行に行けば、空港からホテルに移動する際、タクシーに乗ることもあるだろう。その時、旅行ガイドをよく読んでいる人ならば、客引きに惑わされ正規ではない「白タク」に乗らないように注意するに違いない。法外な料金を請求されるかもしれないからである。

　とはいえ、正規のタクシーに乗れたとしても、依然として一抹の不安は残る。本当に目的地に連れていってくれるのか、遠回りされてしまうことはないのか、到着したとき、チップをいくら払えばいいのか。

　状況は変わりつつある。今では、「白タク」のほうが安全で信頼できるかもしれない。スマホで呼び出せば、いつでも迎えに来てくれる。ルートも料金も最初からわかっている。チップも含まれている。それだけではない。運転手のこれまでの評価までわかる。

　シェアリング・エコノミーやライドシェア・サービスと呼ばれる、こうしたサービスは、世界的に広まり始めたばかりである。当初、ライドシェア・サービスがここまで大きな市場を作り出すことになろうとは、ほとんど誰も予想することができなかった。事業を始めた人々ですら、限られた場所でしか成り立たない特殊なビジネスであると思っていたといわれる。

　本章では、こうした新しいサービスを紹介しながら、チャネル戦略の拡張について学ぶ。デジタル社会の進展は、チャネルの利便性を高めているだけではない。人々の参加を促しながら、その形自体を変えつつある。

2 ウーバー

❖❖ ウーバーの概要

　ウーバー・テクノロジーズ（ウーバー）は、2009年にアメリカのサンフランシ

140

第10章　チャネル戦略の拡張：ウーバー ❖

スコで設立された新しい会社である。自動車を配車するサービスを提供し、タクシー企業だけではなく、個人での配車提供を可能にした。2015年までに、ウーバーは日本円で約8,610億円もの資金をベンチャーキャピタルから調達し、2016年の取扱高は約２兆1,700億円、売上高は約7,060億円に達する。その一方で、拡大に向けて積極的に投資を進めており、最終損益は約3,040億円の赤字である。ウーバーの成功に限らず、リフトや中国のディディチューシン（滴滴出行）など多くの企業がライドシェア・サービスに参入し、世界中で類似したサービスが利用できるようになりつつある。

　ウーバーでは、自動車を提供したい人々と、自動車に乗って移動したい人々をマッチングさせる。要するに、このサービスを用いれば、ハイヤーやタクシーを誰でも行うことができるようになる。ウーバーに乗りたい人は、アプリを通じて行き先を設定し、近隣を検索してウーバーに登録された自動車を探し、価格や運転手の情報を確認して予約を行う。運転手は、位置情報を元に予約した人をピックアップし、行き先地まで運ぶ。行き先までのルートもわかっており、移動中も今どこを走っているのかを確認できる。金額は最初から決まっており、決済はアプリ上で行われる。自動車の中で金銭をやり取りする必要もない。

　日本では、ウーバーは2012年にサービスを開始し、その後既存のタクシー企業と提携し、ハイヤーと既存のタクシーの提供を都心で行うようになっている。また、2016年には、都心や横浜のレストラン1,000店舗と提携し、デリバリーサービス「ウーバーイーツ」を開始した。ウーバーイーツもまた、世界各地でサービスの提供が始まっている。ウーバーイーツでは、デリバリーサービスの配達作業を誰でも登録すれば請け負うことができる。ユーザー側の利用方法はタクシーの場合とほとんど同じである。最初に、食べたい物を選び、アプリ上で注文する。すると、注文された店舗側で配達作業を請け負う人が募集され、配送する人が決まる。配送する人は、店舗で注文された製品を受け取り、注文したユーザーのところまで届ける。支払いはやはりアプリ上で完結しているため、製品を受け取る際に金銭を支払う必要はない。

❖❖ ウーバーの成長と対立

　とても魅力的なサービスだが、ウーバーのこれまでの成長の歴史は、規制や既存業界との戦いの歴史であった。2009年にアプリが開発され、2010年６月にサン

141

❖ 第Ⅱ部　デジタル・マーケティング戦略

フランシスコ地域でハイヤーの配車サービスが始められたとき、その人気とともに10月にはすぐにサービスの停止命令書がサンフランシスコ市当局から届けられた。当時、サンフランシスコ市では、タクシー営業を行うためにはメダリオンという資格が必要だったからである。この資格には定員があり、定員に空きが出ない限り、新規にタクシーを始めることはできなかった。これに対して、ウーバーはメダリオンの規制がないハイヤーとして配車サービスを始めたのだが、当然のことながら、そのサービスは既存のタクシー業界に対する侵略であるとみなされることになった。

　既存のタクシー業界からの強い反発を受け、「スタートアップの相談役」であったトラビス・カラニックがCEOとなると、規制との本格的な戦いが始まった。まず、サンフランシスコでは社名を変更し、ウーバーカブ（タクシー）からウーバーとすることで既存のタクシー業界の規制から免れる。そして、その戦いが多くのメディアに取り上げられることにより、ウーバーの利用は急増していく。続くニューヨークでも激しい戦いがあり、今度はユーザーを味方につけた規制の改革が進められていく。サンフランシスコでもニューヨークでも、ユーザーからみれば、台数不足で不便だった既存のタクシーに比べ、ウーバーは断然便利で時代の先端を行く存在であると歓迎されたのである。

　当初、ウーバーではハイヤーによる専門運転手だけを対象にしていたものの、競合となるリフトの成功をうけて、誰でも運転手になることができるウーバーXを展開するようになる。ウーバーXでは、一般の人々が空き時間などに自らの自動車を提供できるようになった。その後もウーバーは着々と市場を広げ、パリやロンドンなどヨーロッパにも展開していく。ただその一方で、カラニックによる強力な市場拡大は、各地域で大きな摩擦を生み出したのみならず、組織の内部にも歪みを作り

【写真10-1　トラビス・カラニックとウーバーイーツ】

写真：ロイター/アフロ

出していった。2017年、カラニックはCEOを辞任、エクスペディアを運営してきたダラ・コスロシャヒが新しいCEOとなった。

❖ ウーバーを支える技術と仕組み

シェアリング・サービスやライドシェア・サービスを支えるのは、スマホを中心としたデジタル社会の発展である。当初、iPhoneで実装されたウーバーのサービスは、AT&Tの回線がまだ弱くうまく動かなかったといわれる。もともとウーバーが想定していたのは映画007の世界だった。主人公が追跡する敵の自動車がリアルタイムに表示される画面を見て、同じことが、タクシーでもスマホを用いてできるのではないかと思ったわけである。運転手にはiPhoneを配布し、アプリを起動してもらうことにより乗客からの予約を受けられるようにした。その後、回線速度が上がり、誰もがスマホやアプリを日常的に利用するようになるに伴い、サービスは急速に拡大した。

ウーバーでは、冒頭にみたような知らない人の車に乗るというリスクにもうまく対応することができた。運転手に対するこれまでの評価は蓄積され、予約時に確認することができる。同時に、その結果、運転手からすれば自分のサービスが評価され、その評価が次の予約に影響するため、よりよいサービスの提供を心がけるようになる。乗客も同様である。こうして、知らない人の車に乗るというリスクは、デジタルによる解決を通じて、今ではサービス品質の向上をもたらすことになった。

デジタル社会の発展は、ビジネスの仕組みも進化させている。例えば、ニューヨークに進出する中で導入されたサージプライシング（ピーク時料金）は、タクシーを探す人々と運転手という需要と供給の量に合わせ、運賃が変動するダイナミック・プライシングの仕組みである（第7章参照）。例えば、タクシーを探す人々が増え、一方で運転手が少ないという状況になると、運賃が高くなる。価格が上がれば、その分需要が減り、逆に供給は増えるため、需要と供給のバランスが整う。当初、価格の変動は上限が通常料金の2倍と定められ、手動で行われていた。しかし、それでは需要と供給を完全に釣り合わせることは難しいため、その後、自動で価格設定を行うシステムが導入された。当初は72時間で7倍にも価格が高騰し、大きな混乱を引き起こすこともあった。それでも、特定の時間帯に運転手の支払いを増やすことになるサージプライシングは、供給量を70%から80%も増やし、配車依頼の不履行を3分の1まで引き下げることがわかったとされ、その後も利用

◆ 第Ⅱ部　デジタル・マーケティング戦略

が続けられることになる。

　タクシーに限らず、シェアリング・エコノミーはさまざまなビジネスに広がっている。ウーバーイーツでは、いわゆる出前の代行が行われる。さらに、こうした配送に関わるサービスは、例えば宅配便や物流においても展開されるようになっている。近い将来、宅配便を自宅まで届けてくれるのは、専門業者ではなく見知らぬ一般の人ということになるかもしれない。

3　消費者間取引

◆ 消費者間取引の仕組み

　デジタル社会では、生産者と消費者との間で行われるＢ２Ｃ取引だけではなく、消費者と消費者との間で行われるＣ２Ｃ取引が活発になっている。この取引を、特に消費者間取引（第8章参照）とよぶ。ネットオークションやフリーマーケットが

【写真10-2　昔からあるフリーマーケット】

写真：Aduldej / Shutterstock.com

第10章　チャネル戦略の拡張：ウーバー ❖◆

典型的であり、消費者が自動車を提供することになるウーバーもまた広く含むことができる。これらは、もちろん昔から行われていたものの、その規模は限定的であった。デジタル社会の発展は、消費者間取引をより簡単で身近なものにするとともに、より大きな市場へと成長させている。消費者間取引では、流通チャネルがデジタルの場に代替され、専門業者だけではなく一般の人々も流通チャネルの一部を担う。共同活性化（Communal activation）とよばれる仕組みである（第4章参照）。

　もともと、消費者間取引で大きな話題となったのは、デジタル財を対象としたC2CであるP2P（Peer to Peer）と呼ばれたサービスであった。第一世代と呼ばれるのは、1999年に登場した音楽共有サイト、ナップスターである。ナップスターでは、ユーザーが持っている音楽データが共有化され、誰でも自由にダウンロードすることができた。結局、違法コピーの問題で失速することになるが、技術的な課題として、各ユーザーがどの音楽データを持っているのかを集権的に管理し、インデックス化している点にも限界があった。集められたインデックスが機能を停止すると、ユーザー間の音楽共有はできなくなってしまう。

　これに対して、その後登場した第二世代のグヌーテラでは、データだけではなく、インデックスもまたユーザー間で分散共有することによって、今日も利用されるP2Pサービスの仕組みを作り出した。仮想通貨（Column8-2参照）も類似した仕組みを基盤にしており、インデックスだけではなく、ブロックチェーンとよばれる匿名の取引履歴台帳まで分散共有することにより、より信頼性の高い取引を可能にしている。

　実体のある有形財も消費者間取引の対象となる。例えば、ネットオークションの先駆けとして今日でも人気のあるイーベイやヤフーオークションには、実に多くの製品が掲載されている。本やパソコンのような製品はもちろん、自動車や家のような大きな製品についても消費者間取引で売買されている。同様に、近年人気のあるメルカリでも、多くの製品が活発に取引されている。教科書をメルカリで売った人や買った人も少なくないだろう。将来的には、Column10-1にあるように、3Dプリンタやスキャナー技術を用いてより容易にさまざまな実物が送れるようになるかもしれない。

　ただし、匿名性が高いインターネット上のサービスでは、買い手と売り手の間に知識の差が生まれるという情報の非対称性が生じやすい。この場合、リスクを恐れて取引が実現しないだけではなく、高品質のサービスを敬遠する逆選択が起こり、

第10章

145

❖ 第Ⅱ部　デジタル・マーケティング戦略

Column10-1

３Ｄ技術

　デジタル社会となり、モノを表示したり作り出す技術も次々に生まれている。なにより、本当のモノをデータで移動させることができるかもしれないのは３Ｄプリンタやスキャナー技術である。３Ｄプリンタやスキャナーを用いることで、設計図のデータや実際の立体物を読み込み、樹脂を用いて実物を再現することができる。複雑な立体物を作り出すことにも優れており、海外では、銃が作られて問題にもなった。将来、３Ｄプリンタの普及が進み、家電製品の１つになった場合、インターネットで設計図のデータを購入し、後は自宅の３Ｄプリンタで実物化するといったことも可能になるかもしれない。

　一方で、よりバーチャルにモノを表示することを可能にしているのがVRやARである。VRでは、ソニーのプレイステーションVRやオキュラスリフトにみるように、メガネを通じてバーチャルな世界を表示させる。ゲームはもちろんのこと、医療の現場などでは、手術のシミュレーションがVRを用いて行われるなど、実用化が進んでいる。これに対して、ARでは、典型的にはモバイルを利用することで拡張現実を表示させる。ポケモンGOで経験したような風景に溶け込んだアニメーションや、あるいはグーグル翻訳を用いて現実の看板やメニューリストに日本語をかぶせる機能などを具体例として挙げることができる。こちらもさまざまに実用化が進んでいる。

　VRもARも、いずれもディスプレイ上に表示されるバーチャルな空間である。似た技術として、立体映像を映し出すホログラムや、あるいは初音ミクのコンサートにみるような透過スクリーンを用いて実在感を演出する方法もある。

　もちろん、すぐに何でもかんでも作れるという世界にはならないであろうし、コストを考えれば既存の方法のほうが優れている場合も多いだろう。しかし、こうした新しい技術の登場により、流通チャネルもますます変わっていくことが予想される。

サービス全体の品質が低下する可能性が生じる。したがって、消費者間取引では、取引に関する信用性をどう担保するのかを考えなくてはならない。例えば、ウーバーでは、運転手の情報や移動のルートなどが表示されることにより、乗客はサービスを信用することができるようになっている。

第10章　チャネル戦略の拡張：ウーバー ❖

❖ 消費者間取引を支えるポイント

　一般的には、決済システム、相互評価、それから第三者機関などによる認証の大きく3つが重要になる。第1に、決済システムは、支払いと受け取りが確実に行えるかどうかである（第8章参照）。初期のネットオークションでは、落札後にまず支払いを行い、その支払いが確認された後に落札物が郵送されていた。この場合には、支払ったのに落札物が届かない、あるいは届いても、思っていたものとは異なるという問題が生じる。このため、現在では、支払いを一旦サービス運営業者経由にすることで信用性を高めるようになっている。

　第2に、相互評価とは、第1の点とも関連して、取引相手に関する情報をどの程度確認できるかを意味する。買い手は売り手のことを知りたいし、売り手もまた、買い手のことを知りたいと思っている。こうした情報は、過去の売買履歴やその評価履歴が残されるとともに、今日では、ソーシャルメディアなどと結びつくことで、売り手や買い手の友人関係なども確認できるようになっていることがある。こうした情報が示されることにより、信用性は高められる。

　そして最後に、認証では、サービス運営業者だけではなく、政府などの第三者機関の認証が重要になる。例えば、問題が生じた場合には保険でカバーされるようになっているなど、制度を含めたさまざまな仕組みが必要とされている。

第10章

4　シェアリング・エコノミー

❖ シェアリング・エコノミーの特徴

　消費者間取引が信用性を担保されて活発になる中で、モノの購入と所有について新しい意識が生まれつつある。すなわち、必要な製品やサービスを購入し、自分ひとりで所有して利用するのではなく、自分が利用していないときに他人に貸し出したり、さらには共有して利用するというシェアやシェアリングである。取引の場合、モノの所有権が販売者から購入者へと移転することになるが、シェアリングでは所有権は変わらない場合や、共有される場合などさまざまなパターンが考えられる。

147

❖ 第Ⅱ部　デジタル・マーケティング戦略

　こうした方法や、その結果として生み出される新しい経済の形をシェアリング・エコノミーとよぶ。

　シェアリング・エコノミーもまた、それ自体は昔から存在していた。最も身近なところでは、家族では家や車を共同して利用する。子供は、両親が購入したり借りている家に住み、家具は共有されている。誰もそのことに文句はいわないし、おかしいことだとも考えない。家族がさまざまなモノを共有しながら生活しているのは当たり前のことである。こうした考え方が、デジタル社会になり、より広い他人を含めて可能になってきている。

　シェアリング・エコノミーは、20世紀型のハイパー消費の時代に対して、21世紀型のコラボ消費の形であるともされる。ハイパー消費の時代とは、大量生産と大量消費の時代であり、広告が重要な役割を担ってきた。これに対して、コラボ消費とは、シェアリングの時代であり、コミュニティや評判が重要になるとされる。それぞれ、流通チャネルの形も変化する。ハイパー消費では、大量の製品を効率的に流すための太く短いチャネル構築が進められるが、コラボ消費では、そのような明確な経路としてのチャネルは重要とはされない。むしろ、人々のつながり自体がチャネルとして機能する。

　シェアリング・エコノミーは、多くの場合、市場経済と贈与経済の中間に位置する。市場経済では、日常的に経験されるように、モノは金銭的な対価を伴って取引される。既存の流通チャネルの論理である。これに対して、贈与経済では、対価が不明瞭である。家族でモノを貸し借りするという場合はもちろん、友人に何かプレゼントを贈るという場合が該当する。対価は、モノや金銭だけではなく、「気持ち」ということもある。もちろん、この2つの経済を明確に分けることは難しく、個別のサービスもまた、それぞれの性格を多かれ少なかれ有している。例えば、資金調達を考えた場合、ベンチャー企業と投資家を明確な収益性という点から結びつけるようなエンジェルリストは市場経済の側面が強く、一方、キックスターターにみるようなクラウドファンディング（Column 8-1参照）は、共感できる企画を純粋に応援したいといった気持ちが重要であり、贈与経済の傾向が強いといえる。

❖ シェアリング・サービスに向いている製品やサービス

　ウーバーをはじめとするライドシェア・サービスは、自動車や移動サービスを消費者間で取引することを可能にしている。類似したサービスとして、旅行者に自宅

第10章　チャネル戦略の拡張：ウーバー ❖

> ## Column10-2
>
> ## レンタルとシェア
>
> 　シェアやシェアリングに似た概念にレンタルがある。日本語でみても、共有も借りるも似た言葉であるが、主として誰が所有しているのかという点から区分できる。レンタルという場合には、ツタヤにみるような企業によるレンタル・サービスをイメージすれば良い。ツタヤは、顧客が借りたいと思っている音楽CDや映像DVDを自社で購入し、貸し出す。借りた顧客は、期限内に返却をする。これに対して、シェアやシェアリングの場合、ウーバーにみるように、企業自体が自動車を持っているというわけではない。あくまで、自動車を持っているのは運転手である消費者であり、ウーバーと運転手の間にも雇用関係はない。運転手と乗客をマッチングさせることだけがウーバーの仕事である。
>
> 　今日話題となっているシェアリング・サービスでは、この2つが含まれている場合がある。例えば、カーシェアリングとして広まっているサービスでは、ウーバーだけではなく、例えばジップカーなども含まれる。ジップカーの場合、運営企業が自動車をリースや購入し、駐車場を借りて配備している事が多い。この場合には、正確なサービスはレンタル・サービスということになり、旧来のレンタカーに似た仕組みだということになる。しかし、時代的に新しく、また、デジタルの活用も大きいということから、シェアリング・サービスの1つとして捉えられることがある。日本でも、カレコやオリックスなどが同様のサービスを展開している。
>
> 　シェアリング・サービスを考える上で重要なことは、レンタルかシェアかという区分の問題ではない。消費者が、どの程度ビジネスの根幹部分に関わっているかということである。ウーバーやエアビーアンドビーはいうに及ばず、たとえばジップカーであっても、車のメンテナスには一定程度消費者が関わり、足りなくなったガソリンを補充し、そのまま次の消費者が車を利用するということもある。

第10章

　を提供するエアビーアンドビーなどを挙げることができる。デジタルの発展により、今や何でもシェアリングできるようにもみえるが、一方で、人々が貸しやすいものと逆に借りたいものには特徴がある。つまり、シェアリングには向いているものと向いていないものがあるというわけだ。

　メッシュ性グリッドでは、シェアリングの可能性について、その資産の価値と使用度で分類する（図10-1）。メッシュとは、網の目のつながりを意味しており、

149

❖ 第Ⅱ部　デジタル・マーケティング戦略

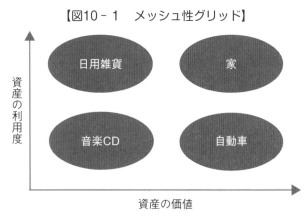

【図10-1　メッシュ性グリッド】

出所：ガンスキー（2011）、p.45をもとに著者作成

シェアリングの別の言い方である。資産の価値とは、価格の高さだと考えればよい。自動車や家は資産の価値が高く、逆に、日用雑貨は価値が低い。もう1つの資産の使用度は、その資産をどの程度日常的に利用しているかを示す。家は通常毎日利用するが、自動車の場合には、必ずしも24時間中利用するというわけではない。この時、シェアリングに向いているのは、資産の価値が高く、多くの人々から必要とされており、同時に、資産の使用度がそれほどではないものである。ウーバーが提供する自動車は、シェアリングに向いていたことがわかる。

　もちろん、エアビーアンドビーでは家や部屋が共有されているように、価値が非常に大きいものであれば、ちょっとした空き部屋や利用していない時期の別荘などをうまく活用することで、十分にシェアリングされる可能性がある。逆に、その価値がそれほどでなくとも、利用度が低かったり、そもそも簡単に共有できるデータであれば、音楽のように多くの人々に利用される。

5　おわりに

　本章では、チャネル戦略の拡張として、人々を結びつける新しいサービスや仕組みについて紹介してきた。デジタル社会が進展すればするほど、こうした新しいサービスや仕組みは当たり前のものとなっていくだろう。ただし、伝統的なチャネルとは異なり、デジタルを前提に一般の人々の協力によって成立する新しいチャネ

第10章　チャネル戦略の拡張：ウーバー　❖

ルは、まだまださまざまなリスクと隣り合わせにある。ウーバーはとても魅力的な
サービスには違いないが、だからといって、ウーバーがこの先どこまで広がるかは
わからない。

　それでも、消費者間取引やシェアリング・エコノミーがなくなってしまうという
ことも考えにくい。伝統的なチャネルと新しいチャネルは競争と協調を繰り返しな
がら、それぞれに新しいチャネルを作り上げていくものと思われる。消費者は、そ
の時々のリスクや利便性を鑑みながら利用すればいい。また、これまでも述べた通
り、消費者自身がチャネルの役割を担っていくこともできる。これこそ、デジタル
社会ならではの新しい選択肢である。一方で企業のマーケティングという観点から
は、流通チャネルに新しい選択肢が生まれていることに注意する必要があるだろう。

❓ 考えてみよう

① 消費者間取引やシェアリング・サービスの特徴を考えてみよう。

② 消費者間取引やシェアリング・サービスの具体例を考えてみよう。

③ 今後、日本で消費者間取引やシェアリング・サービスが広まるかどうかを考えて
　みよう。

次に読んで欲しい本

☆ウーバーやエアビーアンドビーの発展について、詳しく学ぶには…。

　ブラッド・ストーン（井口耕二訳）『UPSTART：UberとAirbnbはケタ違いの成功
　をこう手に入れた』日経BP社、2018年。

☆シェアすることの意義やビジネスの可能性について、詳しく学ぶには…。

　レイチェル・ボッツマン、ルー・ロジャース（小林弘人監修、関美和訳『シェア：
　＜共有＞からビジネスを生みだす新戦略』NHK出版、2010年。

第10章

151

第 11 章

プロモーション戦略の基本

：ローソンクルー♪あきこちゃん

1 はじめに
2 ローソンクルー♪あきこちゃん
3 トリプル・メディア
4 コンテンツ・マーケティング
5 おわりに

❖ 第Ⅱ部　デジタル・マーケティング戦略

1　はじめに

　アマゾンで製品を探したあと、その製品の広告が自身のSNSで頻繁に表示されるようになったという経験はないだろうか。あるいは、YouTubeで気になる動画を見つけ、再生しようとしたところ、最初に流れた動画の広告が面白く、思わず最後まで見てしまったという経験を持つ人もいるだろう。

　これらはいずれも、企業がインターネットを活用して消費者にプロモーション戦略を行っている身近な例である。プロモーション戦略とは、企業が製品の価値を消費者に伝達したり、説得したりする活動を指し、マーケティングでは製品戦略、価格戦略、チャネル戦略とならび、古くから重要な要素として位置付けられてきた。いかに魅力的な製品を適切な価格とチャネルで販売したとしても、その製品がどのような魅力や価値を有しているのかが伝わらない限り、消費者はその製品を購入しようと思わないからである。

　プロモーションには、広告、販売促進、人的販売、PRなどさまざまな手段があるが、なかでも伝統的に重視されてきたのは、テレビをはじめとするマス媒体を通じた広告活動であった。しかし、上で述べた通り、近年のデジタル・マーケティングではこうした伝統的な手法だけでなく、インターネットやSNSなど、新たな媒体を活用したプロモーション活動が積極的に展開されている。

　この章では、インターネットを活用したプロモーション活動の事例を踏まえたうえで、その目的や手法について体系的に学ぶ。

2　ローソンクルー♪あきこちゃん

❖ SNSアカウントの開設と「あきこちゃん」

　2010年春、ローソンはツイッターの公式アカウントを開設した。このときツイートされたのは、新商品のお知らせでもなければキャンペーンの情報でもなく、「あきこちゃん」のイラストコンテストの告知であった。「あきこちゃんは、八王子

第11章　プロモーション戦略の基本：ローソンクルー♪あきこちゃん

のローソンで夕方に勤務する大学２年生の女性アルバイト」といった情報と後ろ姿のイラストを示したうえで、前からみたイラストをネット上で募集した。約900件の応募作品を審査した結果、そのうち１つが「あきこちゃん」として選ばれ、公式ツイッターのプロフィール画像もこの顔のイラストに変わった（写真11－1）。その後、ローソンはフェイスブック、インスタグラム、LINEの公式アカウントも順次開設し、いずれにおいても「あきこちゃん」が登場することとなった。これらのアカウントの登録者数は着実に増加していき、2018年にはSNS公式アカウント登録者数が2,800万人を超えた。

「あきこちゃん」のように、企業を代表する仮想のキャラクターを「企業アバター」と呼ぶ（Column11-1）。各種アカウントでは、「あきこちゃん」が企業アバターとして新商品やキャンペーンに関する告知などを行っている（写真11－1）。ただし、一言で告知といっても、知りたい情報や関心のあるトピックは消費者によって異なる。そのため、各種SNSですべて同じメッセージを配信するのではなく、それぞれのSNSの特性に合わせて内容を変化させている。例えば、インスタグラムには、他のSNSに比べて20〜40代の女性ユーザーが多いため、デザートに関する告知を増やしたりするなどの工夫が挙げられる。

【写真11－1　ローソンクルー♪あきこちゃんと、あきこちゃんによるツイート例】

写真：ローソン提供

❖ 第Ⅱ部　デジタル・マーケティング戦略

Column11-1

企業アバター

　ローソンの事例でも触れたとおり、近年、企業アバターが注目されている。企業アバターとは、企業の代表者として用いられる仮想のキャラクターのことであり、そのキャラクターの性別、年齢から嗜好や性格などが定まっているものを指す。近年、多くの企業がアバターを用いており、本章で取り上げたローソンクルー♪あきこちゃん以外にも、伊藤ハムのハム係長、ヤマサ醤油のヤマサン、パソナのぴーにょなど、SNS上ではさまざまな企業アバターを見ることができる。企業アバターを用いる主なメリットは以下の通りである。

　１つ目は、説得効果である。メッセージ発信者の魅力が高いほど、当該メッセージの説得効果が高まることは、古くから広く知られている。企業アバターという魅力的なキャラクターが発信することにより、同じ企業からのメッセージであっても消費者に対して強い説得効果を与えることができるのである。

　２つ目は、炎上防止効果である。企業アバターは消費者にとって「企業」としてではなく、魅力的な「一個人」として映るため、企業アカウントが炎上しにくい。また、炎上しかけた際、支援したり擁護したりする消費者もいる。さらに、プロモーションに起用した著名人が不祥事を起こすと、自社ブランドにも傷がつきかねない。しかし、企業アバターであれば不祥事の心配はなく、老化もしないため、企業は長年にわたり安心して使用し続けることができる。

　３つ目は、組織内コミュニケーションの効果である。企業アバターは、部署や立場を越えて多くの従業員たちに愛着が持たれやすく、組織全体で良好な関係性を築きやすいといわれている。

　一方で、留意すべきこともある。例えば、企業アバターの嗜好や性格が担当する管理者によってブレてしまったり、メッセージ内容が企業イメージから逸脱したりすると、企業アバターに対する魅力は失われてしまう。したがって、企業アバターの運用に際しては、管理者が的確に管理できるよう、明確なルールを定めておくことが重要である。

　ローソンの代表者を担う「あきこちゃん」は、どのように管理されているのだろうか。多くの企業では、その企業アバターを管理する専門の担当者を配置する。しかし、それだけに頼ると、退職や異動で管理者が交代した際、企業アバターの発言やパーソナリティが変わってしまう恐れがある。これを防ぐため、ローソンでは、文字数、口調、使用可能な絵文字など、詳細なルールを定めたキャラクターマニュ

第11章　プロモーション戦略の基本：ローソンクルー♪あきこちゃん

アルを作成した。さらに、「あきこちゃん」が何らかのメッセージを発信する際には、事前に社内の100人以上に回覧されるため、組織全体で「あきこちゃん」を運営することが可能になっている。

❖「あきこちゃん」機能の発展

　「あきこちゃん」は、当初、SNS上で消費者からの問い合わせがあった場合でも、返信をしないというルールが社内で設けられていた。しかし、2016年9月より、マイクロソフトの人工知能（AI）である「りんな」のエンジンを応用し、LINE上で1人ひとりの消費者と対話する機能を実用化した。例えば、「お腹が空いた」と話しかけると、「あ、ちょうど良いですね！おにぎりなんかはどうでしょうか？」といった自然な答えが返ってくる。

　AIの導入により、アンケートの実施も容易になった。一般的に、企業から送られてくるアンケートに対して、回答を面倒と思ったり、抵抗を感じたりする消費者は少なくない。しかし、AIの「あきこちゃん」が「今までこの商品を飲んだことありますか？」といった問いかけを行うと、多くの消費者が抵抗なく回答してくれるという。2018年には、LINE上で「あきこちゃん」と将棋を対戦できる機能の提供を開始した。この機能は、コンピューター将棋プログラムを応用したものであり、ツイッター上で「あきこちゃん」との対戦結果を報告する消費者が多く現れた。

❖「あきこちゃん」の効果

第11章

　通常、企業のSNSアカウントで何らかの情報を発信する際、主語は「弊社は」「当店では」などとなるため、一般の消費者にとって、どこか遠くて硬い印象になりがちである。しかし、ローソンのSNSアカウントでは、20代の女子大生アルバイト「あきこちゃん」の視点で情報が発信される。

　例えば、新商品の水ゼリーをツイッターで告知する際、「ピンク色でかわいい『桜が香るぷるるん水ゼリー』です♪手でぷるぷる揺らしてから食べたくなります(^^)」といった文章が発信された。「弊社は新商品の水ゼリーを発売しました。軟らかさが特長ですので、お試しください」といった企業視点の一般的な文章と比べたとき、どちらが親しみや愛着を抱くかは一目瞭然であろう。

　企業アバターである「あきこちゃん」視点で親しみのわくメッセージを発信する

157

❖ 第Ⅱ部　デジタル・マーケティング戦略

ことにより、消費者にとって「あきこちゃん」に対する愛着や応援したいという感情、ひいてはその発信元であるローソンに対するロイヤルティが高まっていると考えられる。実際、「この商品いくら？」といったコメントがツイッター上に寄せられた際、前述のとおり「あきこちゃん」からは返信を行わないというルールであったが、他のユーザーが代わりに回答するなどの現象もみられた。

「あきこちゃん」効果は、消費者だけでなく、従業員にも及んだ。「あきこちゃん」は、アルバイトという設定であるため、全国に展開するフランチャイズ店のオーナーやアルバイトにとっても親しみやすい。そのため、アルバイト従業員が店頭のPOPを作成する際に、「あきこちゃん」を自発的に使用したり、自身で描いたイラストを他のアルバイトどうしで共有したりするなどの現象が起きた。

誰からも親しみやすい「あきこちゃん」を用い、アルバイト従業員が創意工夫を凝らしたPOPを作成したり、それを従業員どうしが話題にしたりするなど、「あきこちゃん」の登場は店舗従業員のモチベーション向上へとつながっている。

❖「ローソン研究所」での活躍

SNSは、消費者に向けて幅広く簡潔なメッセージを伝達するうえで有効であるが、その一方で、情報が一定の場所にとどまらず、新しいメッセージが発信されるたびに古いメッセージは流されていくという問題がある。そこでローソンは、消費

【写真11-2　ローソン研究所のトップページ】

写真：ローソン提供

第11章 プロモーション戦略の基本：ローソンクルー♪あきこちゃん

者に豊富な情報をじっくりと見て理解してもらうため、通常の公式企業ウェブサイトとは別に「ローソン研究所」というウェブサイトを開設した（写真11-2）。ここでは、「あきこちゃん」のほか、その兄が登場する。兄はローソンの従業員では

写真：ローソン提供

❖ 第Ⅱ部　デジタル・マーケティング戦略

ないため、発信できるメッセージの幅が広い。

「ローソン研究所」では、さまざまなブログ風の記事が公開されており、誰でも好きな記事を、好きなペースで読むことができる。ここでは、新商品情報だけでなく、ニューズレター風の記事やレポートが掲載されている（写真11－3）。いずれの記事も、「あきこちゃん」やその兄などが、研究所の研究員としてレポートするという設定となっているが、単なるレポートで終わらず、何らかの関連商品やキャンペーンが記事内で取り上げられるように工夫されている。

3　トリプル・メディア

事例からもわかるように、企業は、自社ウェブサイト、ツイッター、LINEなどあらゆる媒体を組み合わせて消費者とのコミュニケーションを図っている。こうした戦略を理解するためには、ペイド・メディア、オウンド・メディア、アーンド・メディアを適切に組み合わせていくトリプル・メディアの視点が重要となる。3つのメディアはそれぞれ異なる特徴を有するが、完全に独立したものではない。図11－1の円の重複部分が示すように、1つの媒体であっても、複数の性格を有する場合がある。例えば、ある企業のウェブサイトでは、他社の広告を掲載しており、オウンド・メディアとペイド・メディアを兼ね備えた性格を有している。

【図11－1　トリプル・メディアの概念図】

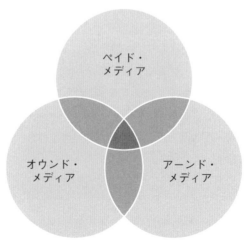

第11章　プロモーション戦略の基本：ローソンクルー♪あきこちゃん ❖

トリプル・メディアは、カスタマー・ジャーニーの各段階に影響する重要なタッチポイントである。主にペイド・メディアは認知段階に、オウンド・メディアは検討・行動段階、アーンド・メディアは認知・検討・行動・推奨のすべての段階への働きかけに用いられることが多い（第2・4章参照）。

❖ ペイド・メディア

ペイド・メディアとは、企業が費用を支払うことによって利用可能な媒体を指す。デジタル・マーケティングにおいては、テレビ、新聞、雑誌、ラジオといった伝統的なマス媒体に加え、インターネット上での広告活動も重要となる。その代表的な手法として、ディスプレイ広告（バナー広告）が挙げられる。ディスプレイ広告とは、検索サイト、ポータルサイトなどの一部に表示される広告を指す。例えば、ヤフージャパンや価格.comに掲示されたディスプレイ広告をクリックすると当該製品のウェブサイトにジャンプする仕組みになっている。幅広い消費者が接触するため、製品の認知度向上、注意や関心の喚起、特定のウェブサイトへの誘導など、主に認知段階への働きかけに用いられることが多い。

ペイド・メディアの1つとして、リスティング広告も挙げられる。リスティング広告とは、消費者が何らかのキーワードをインターネットで検索したとき、検索結果とは別の位置に表示される、キーワードと関連した企業や製品の広告を指す。試しにグーグルにアクセスし、「パソコン」と検索してみよう（図11-2）。検索結果に先立って表示される、 広告 と表記されたウェブサイトのリンクがリスティング広告である。

企業がウェブサイトの内容やキーワードを最適化し、検索結果のリンクをなるべく上位に表示させる取り組みをSEO（Search Engine Optimization）と呼ぶ。リスティング広告内の掲載順位を上げるためには、企業が検索エンジンに対して一定の費用を支払う必要があるが、通常の検索結果の順位を上げるSEOにおいては、こうした費用の支払いは生じない。SEOの長所として、効率的なターゲティングが可能という点が挙げられる。パソコンは誰もが毎日のように購入するものではない。企業はSEOを行うことにより、パソコン購入の計画を有した潜在顧客に効率的にアプローチすることが可能になるのである。

近年では、YouTubeなどで動画を再生する際、最初に1～2分流れるビデオ広告や、メールマガジンのなかに数行の広告を挿入するメール広告と呼ばれる手法も

第11章

161

❖ 第Ⅱ部　デジタル・マーケティング戦略

【図11－2　リスティング広告とSEOの範囲】

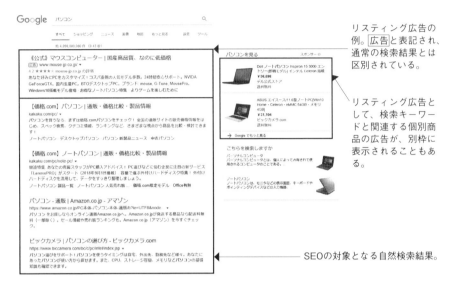

出所：Google および Google ロゴは Google Inc. の登録商標であり、同社の許可を得て使用している。

活用されている。

❖ オウンド・メディア

　オウンド・メディアとは、企業自身が保有する媒体のことを指す。具体例として、自社ウェブサイトやモバイルサイトが挙げられるほか、フェイスブック、ツイッター、LINEなど、SNSの企業アカウントページなども含まれる。「あきこちゃん」のケースは、まさにこの例である。自社が保有しているため、メッセージの内容や掲載方法、更新頻度などを企業側が自由に管理することができる。

　例えば、企業ウェブサイトでは、豊富な情報を提供することで消費者の疑問を解決したり、製品やブランドに対する理解を深めたり、購入をサポートしたりするなど、主に検討・行動段階への働きかけに用いられることが多い。

　近年では、消費者とのコミュニケーションに特化したマーケティング・サイトを開設する企業も増えている。キャンペーン情報や新製品情報などを発信する「ローソン研究所」はその一例である。

第11章　プロモーション戦略の基本：ローソンクルー♪あきこちゃん

　SNSが有する特徴の１つである双方向性を生かしたプロモーションも行われている。SNSの公式アカウントには、企業のメッセージに対して好意や賛同を示す「いいね！」機能、自身の感想や意見を書きこむ「コメント」機能があるため、消費者の生の声を聞き取りやすい。これらにより、単に企業から消費者へ新製品情報やキャンペーンを告知するだけでなく、企業と消費者の心理的な絆や関係性を構築することが可能になっている。

　オウンド・メディアとして、企業が自社のキャンペーン情報やクーポンを配信するスマートフォン向けのアプリを提供する例もみられる。

❖ アーンド・メディア

　価格.comやアットコスメといった比較サイト、個人のブログ、個人のツイッターなどには、製品に関するさまざまなクチコミが書きこまれている。また、「あきこちゃん」との将棋の対戦結果を自身のツイッターでシェアするなど、企業に関連した情報を消費者自らが共有、拡散することもある。第12章でも述べるとおり、消費者はネット上で他の消費者と製品に関する会話をしながら、当該製品を評価することもある。これらの現象は、企業から見れば、一種の広告として機能しているといえる。デジタル・マーケティングにおいては、消費者がこうした活動を行う媒体を、アーンド・メディアと呼ぶ。

　トリプル・メディアのなかでも、アーンド・メディアは消費者から特に信頼されており、認知から推奨に至るまで購買意思決定の全段階に対する強い影響力を有している。そのため、企業は、アーンド・メディアが発信する情報を把握し、自社製品に関して交わされているメッセージに対して常に耳を傾けなければならない。

　ただし、アーンド・メディアの活用に際しては、注意すべき点もある。例えば、企業側がメッセージの内容や発信方法をコントロールすることができないため、ポジティブなクチコミだけでなく、ときに事実と異なる情報や誹謗・中傷などネガティブなクチコミが拡散する可能性もある。

4 コンテンツ・マーケティング

　プロモーション戦略においては、ペイド・メディアを用いたテレビCMなどの広

❖ 第Ⅱ部　デジタル・マーケティング戦略

┌─ **Column11-2** ─────────────────────

YouTuber

　「将来就きたい職業は？」。皆さんは中学生のころ、このような質問に対してどのように答えていただろうか。かつて、男子であれば「スポーツ選手」や「医師」などが定番であったが、最近ではその様相が変化しているようである。ソニー生命保険が2017年に発表した調査結果によると、男子中学生が将来就きたい職業の第3位にYouTuberがランクインしたという。YouTuberとは、YouTubeに動画を投稿することによって主な収入を得ている人々のことを指す。彼らの収入はときに数億円から数十億円に上ることもあるため、他の人気職業と並び「憧れの職業」となったのだろう。では、彼らはなぜ動画を投稿することによって収入を得られるのだろうか。それは、投稿された動画を閲覧者が再生する際、画面の横や動画の途中に広告が挿入され、その動画の再生数に応じて、YouTuberに広告収入が支払われる仕組みになっているからだ。したがって、多くの人々にとって面白い、あるいは関心のある動画を配信するほど、彼らの広告収入は増加していく。人気YouTuberは消費者に強い影響力を有するため、「ヒカキン」とゼブラ、「はじめしゃちょー」とレオパレス21など、スポンサーとしてYouTuberとのタイアップ動画を配信する企業も増えている。
　すでに収録した動画をアップロードするYouTuberとは異なり、動画をリアルタイムで配信する「ストリーマー」と呼ばれる人々も存在する。彼らは、「ニコニコ生放送（ニコ生）」、「ツイキャス」、「LINEライブ」などで、スポーツ、コンサート、自身のゲーム対戦などを生中継し、配信している。配信中、ストリーマーは自身に寄せられるコメントなどを通じて視聴者とコミュニケーションをとることができるため、視聴者の反応に応じて臨機応変に配信内容を変更することも可能である。彼らもYouTuberと同様、動画の再生数に応じて広告収入を得ることができる。

└──────────────────────────────

告と、ペイド・メディアとオウンド・メディアを用いたコンテンツ・マーケティングがあり、どちらも、媒体（「どのように」メッセージを届けるか）だけでなく、コンテンツ（「どのような」メッセージを届けるか）も重要である。ここでは、後者のコンテンツ・マーケティングについて理解していこう。

第11章　プロモーション戦略の基本：ローソンクルー♪あきこちゃん ❖

❖ コンテンツ・マーケティングとは

　コンテンツ・マーケティングとは、「興味がある」、「自分に相応しい」、「役立ちそう」と感じさせるコンテンツを、主にオウンド・メディアを用いて、消費者に提供することで、クチコミや対話など消費者による自発的な行動を促すマーケティング手法である。例えば、「ローソン研究所」で公開されている記事は、生活のお役立ち情報や旅行記事など、いずれも消費者にとって興味深く、自身と強く関連した内容である。

　コンテンツ・マーケティングにおいて大切なのは、ストーリー性を持たせることである。「ローソン研究所」の記事は、あたかも、「あきこちゃん」やその兄が現実世界で取材し、その結果をレポートしていると思わせるストーリーとなっている。そのストーリーの過程で、押しつけがましくならないように、新製品やキャンペーンの情報を提供することが重要である。

　コンテンツにはこうした記事だけでなく、アプリやショートムービーなども含まれる。ある旅行サイトでは、旅行先でのお役立ち情報をメールマガジンで配信するほか、AIが顧客の代わりに旅行プランを設計してくれるサービスを提供している。

❖ コンテンツ・マーケティングが重視される背景

　なぜ、コンテンツ・マーケティングは重要だと言われているのだろうか。その背景には、媒体環境の大きな変化が挙げられる。従来、内容が魅力的であるか否かにかかわらず、消費者は自身が接する広告を選べなかった。しかし、インターネットによって能動的に情報を収集することが一般的になった今日、消費者は「面白い」「興味がある」と思った広告のみを選んで視聴できる。YouTubeの動画広告を見た際、「つまらない」と感じれば、数秒後にスキップすることも可能である。見たいときに見たい広告のみ見られる環境においては、単に企業側が伝えたいメッセージを発信するのではなく、消費者の興味をかき立て、「自分ごと」として捉えてもらうようなコンテンツの提供が不可欠になっているのである。

❖ 第Ⅱ部　デジタル・マーケティング戦略

❖ コンテンツ・マーケティングの実行

　ここでは、図11‐3に沿って、コンテンツ・マーケティングにおける6つのステップを理解していこう。

　最初に行わなければならないのは、①目標設定である。「顧客のトライアルを10%増加させる」など、コンテンツ・マーケティングを通じて、どのような成果を得たいのかという目標を明確にしなければならない。続く②ターゲットの設定では、コンテンツをどのような消費者に提供したいのかというターゲットを明確にする必要がある。年齢、性別、居住地域、心理特性などを基準に、ターゲットとなる消費者を特定していく。

　これらの準備を経て、いよいよ③コンテンツの計画立案へと移る。この段階では、どのようなコンテンツを提供するのかについて検討する。ニューズレター、ウェブマガジン、記事といった文字を用いたものから、コミック、動画、ゲームといった視覚素材を用いたものまで、さまざまな形式が存在する。いずれの形式であっても、

【図11‐3　コンテンツ・マーケティングの基本戦略】

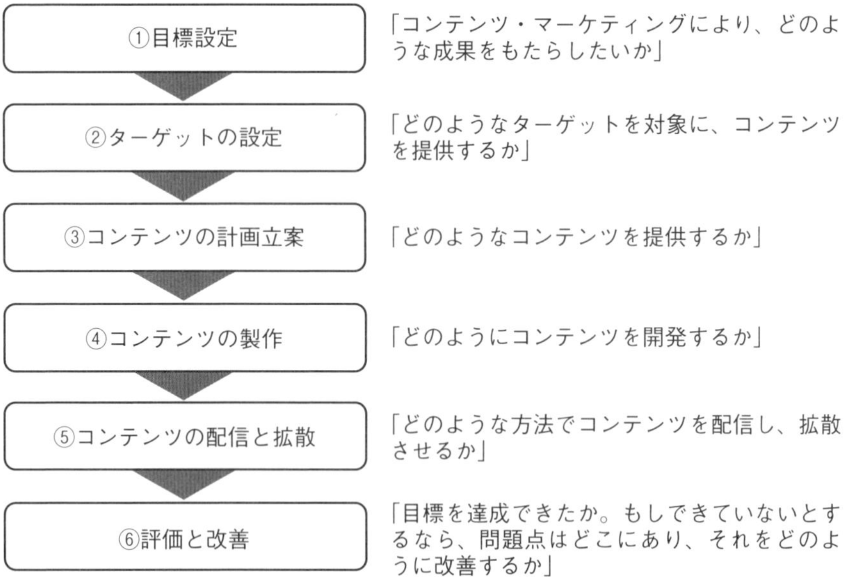

①目標設定	「コンテンツ・マーケティングにより、どのような成果をもたらしたいか」
②ターゲットの設定	「どのようなターゲットを対象に、コンテンツを提供するか」
③コンテンツの計画立案	「どのようなコンテンツを提供するか」
④コンテンツの製作	「どのようにコンテンツを開発するか」
⑤コンテンツの配信と拡散	「どのような方法でコンテンツを配信し、拡散させるか」
⑥評価と改善	「目標を達成できたか。もしできていないとするなら、問題点はどこにあり、それをどのように改善するか」

出所：コトラー、カルタジャヤ、セティアワン（2017）をもとに筆者作成

第11章　プロモーション戦略の基本：ローソンクルー♪あきこちゃん

以下に示す3つの条件を満たすことが重要である。第1に、ストーリー性を有していること、第2に、消費者の生活に密着しており、役立つと感じてもらえること、第3に、コンテンツが当該企業や製品と何らかの関連を有していること。

続いて、④コンテンツの製作に進む。コンテンツは、企業自身が製作することもできるが、「あきこちゃん」のイラストのように、消費者に製作してもらうことも可能である。コンテンツが完成したら、⑤コンテンツの配信と拡散へと移る。ここでは、オウンド・メディアとペイド・メディアの特性を生かし、最終的には消費者がリツイートしたり、シェアしたりしてもらう必要がある。

最後に、⑥コンテンツ・マーケティングの評価と改善を行う。当初設定した目標を達成できたか否かを確認し、もし達成できていなければその原因を特定し、改善していくことが求められる。

重要なのは、各ステップを設計する際、カスタマー・ジャーニーとの整合性を意識することである（図11-4）。例えば、自社製品を知らない顧客層をターゲットとし、認知段階に踏み込むためには、興味を引く動画コンテンツを製作し、ペイド・メディアを使って広範に配信する必要があるだろう。一方、アーンド・メディアを使って推奨してもらえるように、オウンド・メディアを使って、利用中のユーザーへの動画による使用説明や、エピソードを交えたメールマガジンを配信することも可能である。このようにコンテンツ・マーケティングを使えば、アーンド・メディアが得意とする推奨段階にも影響を与えることができる。

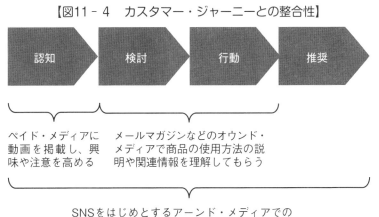

【図11-4　カスタマー・ジャーニーとの整合性】

❖ 第Ⅱ部　デジタル・マーケティング戦略

5 おわりに

　本章では、デジタル・マーケティングにおけるプロモーション戦略について、ローソンクルー♪あきこちゃんの事例を踏まえたうえで、基礎的な概念や考え方を学んできた。伝統的なプロモーションに比べ、デジタル・マーケティングにおけるプロモーションでは、マーケターが採用できる手法や戦略の幅は格段に広がった。

　とはいえ、すべての概念や用語が新しいわけではない。むしろ基本的な戦略は、従来の広告論の教科書に述べられている内容と共通する部分が多い。例えば、ターゲットを設定し、そのターゲットに向けて、効果的な媒体やメッセージを組み立てていくという考え方は、古くから広告論で示されてきたことである。

　SNSなどを用いたプロモーションと、伝統的なマス媒体を用いたプロモーション、どちらが効果的かという議論にはあまり意味がない。大切なのは、それぞれの特徴、長所や短所を正しく理解し、目標の達成につなげていく適材適所の発想といえるだろう。

❓ 考えてみよう

① 　コンテンツ・マーケティングの特徴について、その目的、方法、内容などの視点から考えてみよう。

② 　トリプル・メディアを構成する3つの媒体には、企業にとってどのような長所や短所があるか、考えてみよう。

③ 　LINEやツイッターなどのSNSで、消費者に人気の企業アカウントを調べ、その特長や消費者に支持されている理由を考えてみよう。

次に読んで欲しい本

☆インターネット広告も含め、プロモーションについて詳しく学ぶには…。
　岸志津江、田中洋、嶋村和恵『現代広告論　第3版』有斐閣、2017年。
☆SNSを活用したコミュニケーション戦略を詳しく知るには…。
　恩藏直人、ADK R3プロジェクト『R3コミュニケーション─消費者との「協働」による新しいコミュニケーションの可能性』宣伝会議、2011年。

第 12 章

プロモーション戦略の拡張

：トリップアドバイザー

1 はじめに
2 トリップアドバイザー
3 クチコミ
4 共同格付け
5 おわりに

◈ 第Ⅱ部　デジタル・マーケティング戦略

1　はじめに

　皆さんは、旅行に行く時、「せっかく時間とお金を使っていくのだから、失敗したくないし、できるだけ満足いくものにしたいな！」と思うだろう。では情報収集するとしてどのようにするだろうか。おそらくデジタル社会以前では、書店に行って旅行ガイドを買うことから始めていたという人が多かったのではないだろうか。あるいは、サービスを提供する施設自体が発信する情報や、実店舗を構える旅行会社が提供する情報を参考にしていたという人も多くいるだろう。

　しかし、デジタル化により、パソコンやスマートフォンなどの情報端末が登場・普及してくると、消費者の旅行スタイルは変化してきた。消費者同士のコミュニケーションは活発になり、「誰か、経験者の意見・評価を参考にしてから決めたいな…」と思った時に、「消費者の消費者による消費者のための情報」が簡単に手に入るようになったのだ。つまり、消費者同士の対話、評価の提示が消費者の主要な情報源となってきたといえる。

　本章では、旅行クチコミサイト・アプリとしては、世界最大の閲覧数を誇っているトリップアドバイザーをケースに学ぶ。トリップアドバイザーなどのプラットフォームの登場により、消費者主体の情報の受発信が活発に行われるようになったデジタル社会において、「プロモーション」の概念がどのように進化してきたのかを学習する。

2　トリップアドバイザー

◈ トリップアドバイザーとは

　トリップアドバイザーは、その圧倒的な情報量と、日々更新される実体験に基づいたクチコミの質の高さから、旅の情報源として世界中の旅行者に利用されている。

　例えば、「ハワイ」と検索すると、世界中の旅行者が薦めているハワイのホテルはどこなのかがわかる（写真12-1）。なぜ、そのホテルが好きなのか、どこがど

第12章　プロモーション戦略の拡張：トリップアドバイザー

【写真12-1　トリップアドバイザーのトップ画面】

写真：トリップアドバイザーの許可を得て掲載

のように良いと思っているのか、あるいはどのような点は気に入っていないのか。そうした宿泊経験者のクチコミ情報を予約前に読むことができる。

　サイトを設立した創業者のステファン・カウファーは、自ら旅行の計画を立てている時に、そのアイデアを思いついた。彼はインタビューの中で、こう述べている。

　「あれは、1998年だったかと思うのですが、妻とある旅行の計画を立てていて、ホテルを探していたときのことです。パンフレットや旅行代理店によるおすすめ情報ではなくて、他の旅行者の評価が知りたくなったのです。そこでインターネットでそのホテルについての評価を調べてみました。すると、ある個人の旅行者のブログにたどり着きました。その人はホテルのいい面も書いていたのですが、デジカメで撮った部屋の写真を添えて、もっと改善してほしい点も訴えていました。それを見て、今回わたしたちが泊まりたいホテルはそこではないと判断し、違うホテルに泊まりました。」

　帰国後、カウファーは、こうした経験を通して、自分達だけではなく旅行者なら誰しも事前にホテルの実情を知りたいと思うはずだ、と考えたのである。そこで、旅行に関する情報を集めたデータベースを作ろう、と開設したのがトリップアドバ

【写真12-2　創業者ステファン・カウファー】

写真：トリップアドバイザー提供

イザーであった。当初はブロガーのコメントの集約が中心であったが、2000年には、旅行者自らがクチコミを投稿できるプラットフォームの提供を開始した。

情報の透明化

　いまやトリップアドバイザーに載っていない宿泊施設はほとんどない。その登場によって、旅行者のホテルの選び方は大きく変わった。カウファーによると、その登場前まで旅行者の情報源は主に「事前に旅行代理店からおすすめのホテルを聞く」、「旅の途中で、道路沿いの看板を見てその場で宿を決める」、「テレビ広告で見覚えのある大手系列ホテルに泊まる」の3つしかなかったという。つまり、他の旅行者の生の評価ではなく、すべて広告主などの影響を受けた情報だった。

　しかし、クチコミサイトが登場したことで、その状況は変わった。カウファーによると、クチコミサイトが旅行業界にもたらした最も革新的な点は「情報の透明化」だと言う。彼はそれについて例え話で説明している。

　「とあるホテルに泊まったとき、チェックインに長蛇の列ができていて、お湯が出なくて部屋に虫がいたとしましょう。支配人を呼びつけて『もうこのホテルには二度と泊まるものか！』と怒鳴りつけます。でもホテル側はその客ひとり失ったくらいではビジネスにはほとんど影響がありません。『友達に言いふらすぞ！』と言ってもネットのない時代にはほとんど意味をなしませんでした。それ

第12章　プロモーション戦略の拡張：トリップアドバイザー ❖

が、いまではトリップアドバイザーにその体験を記すことができるようになりました。そのホテルに泊まるかどうかを決定する影響力をもつクチコミを宿泊客1人ひとりが書くことができるようになったのです」。

つまり、クチコミサイトの登場によって、消費者は実際にその施設がどのような場所なのか、どのようなサービスをしているのか、という「企業の広告ではない生の情報」を、いつでもどこでも自由に送り、受け取ることができるようになったのである。

　ちなみに、トリップアドバイザーのロゴは「フクロウ」がモチーフとなっていて、名前を「オーリー」というが、目の色が緑と赤になっている（写真12‐3）。フクロウは森の賢者とも称されるように頭が良い動物として知られているが、「オーリー」も旅行者が行くべき場所・行くべきではない場所を熟知していてアドバイスしてくれるという設定であり、緑の目が「GO」、赤が「STOP」の意となっている。トリップアドバイザーは、「良い・悪い両方の率直なクチコミを集積し、公平・公正なサイトである」ことを志して、このキャラクターを活用していると言う。

❖ 消費者と施設に与えた影響

　トリップアドバイザーで透明性の高い情報が豊富に提供されることにより、消費者はよりバラエティに富んだ、より良い旅行を体験する可能性が高まった。掲載されている宿泊・観光・飲食施設の情報を見れば、そこがどのような場所なのか、だ

【写真12‐3　ロゴのフクロウ「オーリー」】

写真：トリップアドバイザー提供
（※実際の公式ロゴは、左目が「緑」右目が「赤」で彩色されている）

❖ 第Ⅱ部　デジタル・マーケティング戦略

いたい検討がつくからだ。消費者は、ワンストップで包括的な旅行情報が得られるようになった。

　また、訪れる観光地を検索すれば、エリアごとに宿泊施設などの人気ランキングが１位から表示されていたり、宿泊施設ごとに５つ星の消費者評価やレビューが表示されているので、ある施設と他の施設を簡単に比較し、どこが人気施設なのか、どこの評価が高いのかを手軽に情報を収集することもできる。他の旅行者からのクチコミ情報を集約したランキングや星評価は、情報収集する時間をあまりとれない旅行者や、さまざまな情報をうまく処理して判断するのが苦手だ、という消費者にとって、有用な情報源となった。実際、2015年に旅行の調査会社フォーカスライトが調べた結果によると、トリップアドバイザーのユーザーの80％以上が、「旅行者のクチコミを読むことで旅の決定に自信を持つことができた。リスクや不安が軽減された」と回答している。このように、トリップアドバイザーは、消費者にとって、多くのプラスの効果をもたらした。

　一方、施設にとって、トリップアドバイザーはどのようなプラスの影響をもたらしたのだろうか。消費者からのクチコミは、施設に対するダイレクトかつ率直なフィードバックであるため、消費者のニーズを把握することができる有効なツールであり、サービスを向上するための有用な情報源となった。そして、消費者の声に耳を傾け、ニーズをより深く理解し、サービスに反映させることで、より良い関係構築が可能となった。

　消費者と良好な関係が築けると、結果としてポジティブなクチコミの集積が実現し、質の高いサービスを継続すると、ランキングや星評価にも反映されてくる。ランキングで上位になると、より多くの人の目に触れるようになり、新規顧客の獲得にも、リピーターの確保にもつながってくる。また、星評価が高ければ、少々宿泊費を高く設定したとしても、泊まりたいという消費者を集客することができ、他施設との価格競争も回避することができる。

　このようにクチコミやランキングは、消費者だけでなく、良質なサービスを提供する意思と努力がある施設に対しても、さまざまなプラスの影響を与えた。

3　クチコミ

　ここで、改めて「クチコミ」の定義について確認しておこう。クチコミとは、

第12章　プロモーション戦略の拡張：トリップアドバイザー ❖

「製品やサービスに関する消費者同士で行われる人的コミュニケーション」のことである。従来は、家庭や学校、職場など社会的関係性を有した人同士が日常的に交わす口頭での対面によるコミュニケーションが想定されていたが、近年では、インターネット上で交わされる不特定多数とのメッセージや写真などによるコミュニケーションも含めてクチコミとして捉えられている。トリップアドバイザーやアットコスメ、価格.comなどのクチコミサイトをはじめとして、ヤフー知恵袋などの掲示板、ブログ、LINEやインスタグラムといったSNSなど、インターネットの普及によって、クチコミの数は飛躍的に増え、その重要性も高まっている。

❖ 消費者のクチコミ動機

　消費者がクチコミを発信する動機については、３つに整理できる。まず、「自己表現のための動機」である。例えば、旅行であれば、現地の情報を既に知っている経験者としての自分をアピールしたいという思いがあるかもしれない。旅行に限らず一般に少数の特別な消費者しか知らない情報を保有することは、集団におけるステイタスを向上させるからだ。

　次に、「他者の役に立ちたいという利他的な動機」がある。旅行では、特に知り合いのいない初めて訪れる海外の街だと不安がつきまとう。トリップアドバイザーで経験談や写真を投稿する人には、きっとこうした不安を払拭するために、自分の情報が役に立てば嬉しいという思いがあるのだろう。

　最後に、「クチコミ自体を楽しもうという動機」がある。旅行の場合、対象に対しての思い入れやこだわり、関心である「関与」が一般的に高いため、消費者はクチコミしたくなると考えられる。

　一方、消費者がクチコミを参考にしようとする理由は、４つに整理できる。１つ目は、「知識、能力、正確な情報の不足による事前の製品やサービスの判断の難しさ」である。旅行の場合、実際現地に行ってみないと、ホテルの快適さ、観光施設の充実度などはつかみにくい。このように「経験しないと判断することが難しいようなサービス」の場合は特にクチコミが重宝される。

　２つ目は、「製品やサービス選択における各種リスクの高さ」である。リスクが高いほど、リスクを低減するためにクチコミを求めたいという気持ちが高まることは、直観的に理解できるのではないだろうか。リスクには、製品やサービスが期待した機能を果たさないという「機能的リスク」や、金銭の損失を被ったり、製品・

175

❖ 第Ⅱ部　デジタル・マーケティング戦略

サービスの価値が支払った金額に達しないという「金銭的リスク」、病気やケガ、身体への悪影響を被るという「身体的リスク」、製品・サービスを購入したり使用することで周囲から否定的に受け止められるという「社会的リスク」、製品・サービスの使用に関わる失敗により精神的な健全さを損なうという「心理的リスク」がある。なお、こうした各種リスクを「旅行」の購買・使用に関して具体的にあてはめた例としては、図12‐1を参照されたい。

【図12‐1　消費者が知覚するリスク】

```
《各種リスク》
    機能的リスク…　製品・サービスが期待した機能を果たさないリスク
    金銭的リスク…　金銭の損失を被ったり、製品・サービスの価値が支払った金
                    額に達しないリスク
    身体的リスク…　病気やケガ、身体への悪影響を被るリスク
    社会的リスク…　製品・サービスを購入したり使用することで周囲から否定的
                    に受け止められるリスク
    心理的リスク…　製品・サービスの使用に関わる失敗により精神的な健全さを
                    損なうリスク
```

```
(参考例)「旅行」の購買・使用で生じる具体的リスク内容
    機能的リスク…ホテルの部屋が広告と異なり期待していたほど良くない
    金銭的リスク…購入した旅行ツアーを変更・キャンセルしてもきっちり返金
                  されない
    身体的リスク…掃除や換気が行き届いておらずホテルの衛生状態が悪く体調
                  を崩す
    社会的リスク…選んだホテルのイメージが悪いと友人に指摘される
    心理的リスク…ホテルの設備・サービスを把握しておらず使いこなせなかっ
                  たことを後悔する
```

　3つ目は、「クチコミ自体を楽しもうという動機」である。これはクチコミを発信する動機と同じだが、一般的に製品・サービスへの関与が高いほど、クチコミを利用したり発信したりする傾向が強まる。
　最後に4つ目は、「非商業的情報源の選好」である。これに関しては次項の「広告とクチコミ」で詳述する。

第12章　プロモーション戦略の拡張：トリップアドバイザー ❖

❖ 広告とクチコミ

　消費者は一般的に企業発の売り文句ではなく、一般の消費者による公平で信頼できる情報のほうを知りたい気持ちが強いと言われる。トリップアドバイザーの創業者カウファーも、そもそもサイトを立ち上げたきっかけとして、「企業の広告によるバイアスのない、旅行者の生の声を聞きたい」という思いがあった。

　クチコミは、製品・サービスを実際に使用・体験した消費者が発信するものであるため、消費者から信頼を得やすい。広告と違い、情報の発信者と製品・サービスの間に利害関係がないため、クチコミで優れた特長が述べられていても、消費者は、一切割り引かずその製品・サービスを高く評価し、購入してみようという気持ちになりやすいのである。

　近年では、インターネットの普及に伴い、消費者のクチコミの影響力が高まったことを受け、プロモーションの領域においても、企業はマーケティング活動の変革を迫られている。従来は、プロモーションの推進役は主に企業で、消費者は「聴衆」として、受け身の存在でいることが多かった。しかし、デジタル社会のコミュニケーションにおいては、特にソーシャルメディアの普及により、消費者は能動的な存在へと変わってきた。消費者は情報をただ受け取るだけでなく、自らも発信・拡散する大きな力を持ったのである。消費者は、トリップアドバイザーのようなプラットフォームを通して、企業からのメッセージに返答することもできるし、他の消費者とネット上で会話（Conversation）を行い、評価することもできるのだ。

　したがって、企業としては、今後ますます、こうした自発的な消費者の存在を重視した上で、彼らと接続し、協働のコミュニケーション活動を行っていく必要があるだろう。第4章でも述べたように、交流が進み、消費者が企業とのより緊密な関係を求めるようになると、カスタマー・ジャーニーの行動と推奨を促すデジタル・マーケティングのプロモーションの重要性は高まってくるのである。

第12章

◆ 第Ⅱ部　デジタル・マーケティング戦略

Column12-1

インフルエンサー

　「インフルエンサー」とは、人々に大きな影響を及ぼす人物のことをいう。ブログやSNSなどインターネットにおける発信が盛んになって以降は、インターネット上で消費者の購買意思決定に大きな影響を与える人のことを特定して指すようにもなっている。具体的には、好感度・発言力の高いタレント・モデルなどの著名人の他、ブログ上で多くのページビューを獲得する「ブロガー」や、動画共有サービスYouTubeで人気を博している「YouTuber」（Column11-2参照）などが挙げられる。

　企業も注目し、インフルエンサー・マーケティングに取り組む企業は増加している。しかし、インフルエンサーはあくまで個人に過ぎず、基本的にはその言動を企業がコントロールするようなことはできない。企業にとっては、インフルエンサーの不適切な言動によって製品のイメージに傷がつくこともあり、マーケティング手法としては「諸刃の剣」になりうる。また、インフルエンサーと企業の関係によっては、ステルス・マーケティングとの線引きが難しいケースがある。例えば、もし影響力のあるブロガーが、企業から報酬を得ていることを明示せず、あたかも第三者であるかのように偽装して特定の企業や製品について高い評価を行う「やらせ」が発覚したとするならば、消費者からの信用失墜につながる恐れがある。

　加えて、企業がインフルエンサー・マーケティングに取り組むにあたって、認識しておくべきことがある。影響力の強い特別な消費者にクチコミ情報を提供すれば効率よく一般消費者にクチコミが普及する、というのは基本的な考え方ではあるものの、一般消費者は必ずしも高い知名度・高度な専門知識を持つインフルエンサーのクチコミだけを求めているのではなく自分より「少し上」位の人の意見も重要視しているということだ。つまり、クチコミの普及には、さまざまなレベルでの多数のインフルエンサーが貢献しているといえる。

4 共同格付け

　共同格付けとは、複数の人々により対象物の内容・価値などによって段階・等級を決めることである。1人だけでなく複数の人の参加によって生成された総体的な

第12章　プロモーション戦略の拡張：トリップアドバイザー ❖

ランキングや星評価も包含する概念である。ランキングは、例えば売上や人気順など１位、２位、…などとして順位・序列で表示されることが多く、星評価は５つ星など星数で表示されることが多い。クチコミによる能動的な消費者の参加行動は、副産物としてさまざまな共同格付けを生成する。

❖ 消費者が共同格付けを参考にする理由

消費者がクチコミを参考にしようとする理由は先に述べたが、共同格付けの存在はクチコミの有用性を強化するものである。共同格付けは人気の程度や品質の程度を表現した１つの形であり、事前の判断が難しい製品・サービスを評価する際に、特に知識や判断力が低い消費者にとっては、有益な判断材料となる。リスクの観点からしても、共同格付けは各種リスクの低減につながる。例えば、「周囲で何が流行っているのか」といった情報を確認できるという意味で、消費者にとっては、「社会的リスク」（図12－１）を低減させることができる。また、楽しさの側面もある。共同格付けは、ユーザーに対して、閲覧する楽しみを向上させる。例えば、トリップアドバイザーには、旅先の人気ホテルをはじめ、おすすめグルメなどの各種ランキングが生成されているが、これは利用者の人気コンテンツとなっている。

❖ バンドワゴン効果とスノッブ効果

「バンドワゴン効果」、「スノッブ効果」とは、アメリカの経済学者ハーヴェイ・ライベンシュタインが提唱した言葉である。

まず、「バンドワゴン効果」とは、ある選択肢に多くの需要がある場合、その選択肢に対する需要が更に大きくなる現象をいう。バンドワゴンとは、「パレードの先頭を行く音楽隊の乗った車」であり、そこからバンドワゴン効果は、勢いのある側に便乗する人が増えてゆくことを指すようになった。バンドワゴン効果があれば、流行っているものはさらに流行っていく。

一方、「スノッブ効果」とは、ある選択肢に多くの需要がある場合、個々人のその選択肢に対する需要が小さくなる現象をいう。「スノッブ」とは「気取り屋」の意味であり、バンドワゴン効果とは逆の働きをする。

共同格付けがもたらす情報は、バンドワゴン効果もスノッブ効果も、共に包含するものである。バンドワゴン効果により、高い格付けを得た製品・サービスの需要

179

❖ 第Ⅱ部　デジタル・マーケティング戦略

が促進されることもあるし、一方で逆にスノッブ効果により、あまりにその製品・サービスがメジャーになりすぎた場合、他者と差別化したいという意識が働き、需要が抑制される可能性もある。

　なお、バンドワゴン効果とスノッブ効果は必ずしも相反するものではなく、同時に起こることもありえる。マイナーなカテゴリーの中でメジャーなものを求めるという「希少性」と「流行」の同時追求のような形である。例えば、あるカップルが新婚旅行先を決める時、新婚旅行先としてはあまり皆が選ばないアフリカに行くことにしたが、アフリカ旅行の中では人気のサファリを満喫したいと考えたならば、両方の効果が働いたことになる。また、例えばホテルを決める時、人気ランキングトップ10には入っていないけれどクチコミを見ると隠れ家的で良さそうで、消費者の星評価も５つ星となっているホテルを選択したとするならば、これも両方の効果が働いたといえる。

❖ 共同格付け情報のメディア性

　紙媒体と異なり、紙面の制約が少ないインターネットでは、大量の情報を掲載できると共に、データベースを用いて情報の表示方法をアレンジすることができる。よって、通常の紙媒体では掲載されないような製品も紹介されるし、時には紙媒体では決してランキングトップに掲載されないようなニッチな製品が、検索条件の指定や消費者評価の結果によってトップに上がってくることがある。

　例えば、トリップアドバイザーで、2018年４月に、その年の夏の京都のホテル予約をするとして、「８月１日」から「大人２人」、「１泊２日」と条件を入れて検索すると、京都府にある「Mume」という客室数７つしかないホテルが、ランキング１位として表示された（写真12－4）。一般の旅行代理店が発行するチラシやパンフレットでは紙面が限られており、また施設側も掲載してもらうのに係る交渉力や諸費用が十分ではないため、なかなかこうした小さな宿泊施設が常時取り扱ってもらうことは難しいし、掲載されたとしてもトップとして扱われる可能性は極めて低い。しかし、インターネットでは、データベースをもとに、比較的簡単に、さまざまな表示の仕方ができるため、かなり限定された条件の中での、しかも消費者評価の集積からのランキングづけにより、こうした小さな宿泊施設にもチャンスが生まれる。

第12章　プロモーション戦略の拡張：トリップアドバイザー

【写真12-4　トリップアドバイザーでの検索情報】

写真：トリップアドバイザーの許可を得て著者により画面の一部を抜粋・編集

　インターネットによる消費者主体の共同格付け情報は、消費者に、より豊富なさまざまな切り口からの選択肢を提供するだけでなく、消費者が「絶対価値」（Column 4-2参照）にもとづいて的確な判断を下そうとすることを手助けするため、消費者にとっても魅力的なものとなっている。

5　おわりに

　この章では、プロモーションの概念が進化してきたことを学んできた。デジタル社会になり、消費者は主体的に情報を検索したり、共有・発信することが容易にできるようになり、企業側がコントロールするコミュニケーションは相対的に減少し、消費者の自律的なコミュニケーションが増加するようになった。トリップアドバイザーのケースにもあったように、クチコミ・共同格付けのような消費者主体で生まれる情報は、透明性・公平性があるとして消費者に信頼され、今や消費者の貴重な情報源となりその勢いを急激に増しているのである。こうしたことをふまえて、企

❖ 第Ⅱ部　デジタル・マーケティング戦略

Column12-2

炎　　上

　炎上とは、ある人物や企業が発信したメッセージや実施した行為に反応して、ソーシャルメディアに批判的なコメントが殺到する状態のことである。誰かが発言した内容や行為に対して批判的な意見が出る現象はインターネット普及以前にもあったが、インターネットが普及したことで情報の受発信は容易化し、情報の拡散力は格段に向上した。その中でも批判的なコメントが集中することについては、「サイバーカスケード」の存在が指摘されている。アメリカの憲法学者キャス・サンスティーンは、集団内の個人がそれぞれインターネット上で自分自身の欲望の赴くままに振舞った結果、集団が全体として極端な行動や主張に行き着いてしまうという現象を「サイバーカスケード」と呼んでいるが、炎上もこの現れの一種といえる。

　企業の炎上パターンとしては、大きく分けて3つある。第1に、企業が提供する製品の品質に問題があったり、それを疑われたり、その時の釈明に曖昧さ・言い訳がましさがあった等「不良品・疑惑・不透明な対応など製品がらみの炎上」である。第2に、企業がツイッター等のソーシャルメディアを利用したマーケティングを行う際に、担当者がそのコミュニティの暗黙の規範などに疎かったために反感を買ってしまう「コミュニティ慣習・規範の軽視に関する炎上」である。第3に、社長からアルバイトまでその企業に属する誰かが迂闊な発言をしたり、迂闊な行動をしたりする「放言・暴言・悪ノリなど人がらみの炎上」がある。

　こうした炎上に対して企業が取り得るリスクマネジメントとしての対策としては、まず大前提としてコンプライアンスを遵守することは言うまでもない。つまり、法令や社会的規範、倫理を守るということである。また、炎上の予防措置として、徹底した社員教育や各種ガイドライン・マニュアルの整備も必要となるだろう。ただし、たとえ炎上が起きてしまったとしても、企業がそれに対して真摯に対応すれば、マイナスをプラスに転換できる可能性もあるのだ。

業はいかに消費者と対応するか改めて考えなければならない。企業と消費者が接続されたデジタル社会では、消費者は受動的な対象ではなく、意思とパワーをもった能動的な存在となっている。したがって、企業はこうした「聴衆」ではなく「参加者」となった消費者といかに交わり、会話し、協働しながら、自社の商業的価値を高めていくかということを考えていかねばならない。

第12章　プロモーション戦略の拡張：トリップアドバイザー

❓ 考えてみよう

① 「旅行」において、消費者がクチコミを発信する理由とクチコミを求める理由について考えてみよう。

② クチコミに影響を与える人はどのような人かを考えてみよう。

③ 例えば、化粧品についての「共同格付け」（ランキングや星評価）が消費者や化粧品メーカーにどのような影響を与えるかについて考えてみよう。

次に読んで欲しい本

☆クチコミ・マーケティングについて、理論的に学ぶには…。

山本晶『キーパーソン・マーケティング：なぜ、あの人のクチコミは影響力があるのか』東洋経済新報社、2014年。

☆クチコミの観点からなぜヒットは爆発的に起きるのか、詳しく学ぶには…。

マルコム・グラッドウェル『急に売れ始めるにはワケがある：ネットワーク理論が明らかにする口コミの法則』SBクリエイティブ、2007年。

第12章

第 III 部

デジタル・マーケティングのマネジメント

第 **13** 章

デジタル社会のリサーチ

:グーグル

1 はじめに
2 グーグル
3 探索的リサーチ
4 検証的リサーチ
5 おわりに

❖ 第Ⅲ部　デジタル・マーケティングのマネジメント

1　はじめに

　皆さんは日ごろオンライン上で言葉や写真を発信しているだろうか。それらの一部はデータとして蓄積され、企業が最適な製品を消費者に届けるために有効活用されている。さらに、インターネットで買い物をすれば、さまざまな行動が（買う前の行動や買わなかった時の行動ですら）情報として収集されていく。オンライン・ショッピングでの購入履歴を踏まえて、あなたにお薦めの製品が瞬時に表示され、ウェブサイトの閲覧履歴から割引のクーポンが提供されるかもしれない。

　デジタル技術の革新に伴い、市場ニーズの変化や自社のマーケティング活動の効果をより正確に素早く把握できるようになった。データの量は膨大なものとなり、そのタイプも多様だ（ビッグデータと呼ばれる）。企業はそれらを収集、分析し、消費者が抱く感情までをも読み取ろうとしている。消費者に尋ねるのではなく、傾聴（ソーシャル・リスニング）するのだ。

　オンラインとオフラインにおける消費者の行動データを組み合わせて課題を抽出することもできるし、人工知能によって有意義な洞察（インサイト）を得ることも可能だ。しかし、伝統的なリサーチのすべてがそれにとって変わったわけではない。伝統的なリサーチ・アプローチの強みを活かすことも必要である。本章では、デジタル社会におけるリサーチの効率的側面と、共感や身体性といった人間的側面について学ぶ。

2　グーグル

❖ 創業の原点

　1995年にスタンフォード大学で出会ったラリー・ペイジとサーゲイ・ブリンは、翌年、画期的な検索エンジンを作成した。その名は「Backrub」。世界中の情報を整理し、世界中の人々がアクセスできて使えるようにする、という使命を具現化するものであった。その後、名称を「グーグル」と変更し、1998年に会社が設立さ

第13章　デジタル社会のリサーチ：グーグル

れた。現在、50カ国にまたがる従業員の数は6万人を超え、数十億のユーザーを抱えるまでに至っている。

　同社の成長を支えてきたのは、創業の原点でもある検索エンジンだ。実は2人が出会う前年に、スタンフォード大学でヤフーが誕生している。ディレクトリ型と呼ばれる検索エンジンで、人の手でウェブページを収集し、整理していた。一定の質を保ち、カテゴリーごとに整理されているため、使い勝手に優れていた。その強みの一方で、世の中でウェブページが爆発的に増えると、情報を整理しきれないという弱点を抱えていた。

【写真13-1　グーグル検索エンジン】

写真：Google および Google ロゴは Google Inc. の登録商標であり、同社の許可を得て使用している。

❖ 第Ⅲ部　デジタル・マーケティングのマネジメント

❖❖ 競合他社との違い

　ラリーとサーゲイの開発した検索エンジンはロボット型である。キーワードを中心とした検索式に基づいて膨大なウェブページを検索する方式だ。彼らが革新的だったのは、ページランクというアルゴリズムを開発し、検索した際に表示されるウェブページの順序を決めたことだった。重要度の高いページから参照されているページは、より重要性の高いページである。他のサイトからのリンクの数とサイトの質に基づいて、ページの重要度を測定するのである（Column 1‑2 参照）。ただ現在では、検索結果の上位に表示されるように調整するSEO（第11章参照）が進み、外部リンクの多さは同社が定める200以上のガイドラインの指標の1つにすぎなくなっている。ページランクが高くても、検索結果の上位に表示されないこともあるのだ。

　当初、検索の対象は単語検索のテキストデータであったが、2001年からは画像も検索することが可能になった。その後、検索ボックスにキーワードを入力するだけでなく、画像そのものをアップすることで類似の画像が検索されるという逆画像検索を開発した。その後、改善を重ね、多様な機能が追加されている。例えば、検索ボックスに特定の2つの場所を入力すると、電車の乗換案内が地図とともに表示される。他にも、荷物の配達状況、単位の変換、計算、特定の場所の天気なども瞬時に確認可能だ。単語や語句の意味も、翻訳を含めて辞書のように表示される。もちろん、同時に広告も表示される。

　グーグルの収入源の1つは、この検索結果に関連付けられた広告だ。広告主に対して、クリック課金広告サービスを提供している（グーグルアドワーズ）。広告主のユーザーがキーワード検索をしている間に関連した広告を表示させ、閲覧者が広告をクリックした時に料金が発生する。予算もあらかじめ設定可能である。広告のターゲット地域は、国、地域、都市だけでなく、特定のエリアも含まれる。つまり、自分のお店から数キロ範囲のところで検索した人だけに自社の広告を表示することもできるのだ。

　さらに、ウェブサイトを所有するユーザーが自らのサイトに他者の広告を掲載し、収益を得られるグーグルアドセンスという広告配信サービスもある。もちろん無料だ。広告を表示する場所は、動画、メール、スマホのアプリなど、多岐にわたる。同社の成果測定ツールを使えば、投資効果もリアルタイムで確認できる。

第13章　デジタル社会のリサーチ：グーグル ❖

こうした広告を掲載する場所それ自体も同社は提供してきた。無料メールサービスのGmail（容量が少なくなると、有料で増やすことができる。広告以外の収益の源泉だ）、グーグルマップやグーグルアース、You Tube、グーグルプレイといったサービスもある。さらに、アンドロイドやグーグルクロームといったOSだけでなく、グーグルTVやクロームブックといったハード端末を開発提供している。こうした製品・サービスの多くは、買収によって実現されている。画像管理ソフトのグーグルフォトもその1つだ。

❖ さらなる成長

2015年、組織体制の再編を行い、持株会社としてアルファベットが設立された。圧倒的な検索技術は、企業のリサーチ活動に多大な恩恵を与えている。検索をベースに新たなリサーチツールサービスが生まれているのだ。どのような言葉がどのタイミングで検索されているのかを把握したり（グーグルトレンド）、オンライン上で製品が購入されるまでにどのような行動がとられたのかをグラフ化したりすることも可能だ（コンシューマー・バロメーター）。アンケート・フォームを作成・解析するツールが用意され、リアルタイムで回答状況を確認できる（グーグルフォーム）。有償にはなるが、オンラインで特定の対象者にアンケートを配布、分析を行うサービスもある（グーグルサーベイ）。調査対象をサイトの訪問者や広告の接触者のみに絞ることも可能だ（グーグルサーベイ 360）。

ウェブサイトの分析ツールもある。サイトに訪れた人がどのような特性を備え、どのような経路を辿ってきたのか、蓄積された情報からマーケティングやサイトのコンテンツをどのように変えて成果に結びつけるのか、それらを把握し分析するツールだ（グーグルアナリティクス）。このグーグルアナリティクスでは、広告や動画、ウェブサイト、さらにはタブレットやスマホといった多種多様なサービスやデバイスにまたがるユーザーの行動を総合的に把握することを可能にしている。会員登録や購入など購買プロセスにおける状態の変化を意味するコンバージョンをより多く獲得し成果を高めるのだ。

広告主は、広告の内容や設定を調整して効果をテストできる。サイト施策判断のためのA/Bテストを実施し、得られたインサイトをチーム内で素早く共有することもできる。もちろん無料だ。さらに望めば、各ウェブページのデザインなど、細かい要素に関して複数のパターンをテストし、最適なパターンを抽出することも可能

❖ 第Ⅲ部　デジタル・マーケティングのマネジメント

だ（グーグルオプティマイズ）。

　広告の効果測定については、動画広告やディスプレイ広告の効果について、ブランドリフト調査とサーチリフト測定が正確かつ迅速にできる機能を提供している（広告ブランド効果測定サービス）。前者は、アンケートによる広告想起率やブランド認知度の調査であり、後者ではオーガニック検索（検索エンジンでキーワードを入れてサイトを検索すること：自然検索とも呼ばれる）の上昇率などを測定する。テレビCMを流す前に、まずYouTubeで流し、ブランドリフト調査で効果の高かったものだけをテレビCMに採用することもできるのだ。オンラインとオフラインの連携も進んでいる。広告のクリックと実店舗への来店がどの程度関連しているか（来店コンバージョン）を位置情報と連携させて把握できる機能だ（グーグルアドワーズとグーグルマイビジネスの連携）。

　世界中の情報を整理し、世界中の人々がアクセスできて使えるようにする、という使命のもと事業を展開してきた同社は、ビッグデータを蓄積し、分析することにも注力してきた。グーグルマップではリアルタイムの交通情報が表示され、スマホの匿名情報や交通情報のデータから最適な経路を選択してくれる。同社は、人工知能やロボット開発会社を積極的に傘下に収めている。AIスピーカーであるグーグルホームは、ユーザーの特性に適応し、人々の最適なパートナーとなるかもしれない。

3 探索的リサーチ

　マーケティング・リサーチは変化しつつある。マーケティング・リサーチとは、特定の市場環境に関するデータと調査結果の体系的なデザイン、収集、分析、その報告のことをいう。伝統的なマーケティングにおいて、リサーチは大きく分けて2つのタイプが想定されてきた。1つは、市場のニーズやトレンドを事前に把握したり、新たな仮説を設定することである（探索的リサーチ）。もう1つは、自社によるマーケティング活動の効率性と有効性を事後に測定することである（検証的リサーチ）。デジタル社会においても、この2つのタイプを理解することは重要だ。まずは、探索的リサーチから確認する。

第13章　デジタル社会のリサーチ：グーグル ❖

❖ ビッグデータの収集と分析

　グーグルのケースでみたように、デジタル技術の進展によって、リサーチのプロセスは大きく変化した。ネットワークの高度化、デジタル化やIoTの進展により、膨大なデータを効率的に収集しそれを分析、共有する環境が実現されつつある。こうしたビッグデータには、国や地方公共団体が提供するオープンデータの他に、パーソナルデータ、すなわち情報端末を通じた位置情報や行動履歴、ウェブサイト上での閲覧・購買・使用に関する情報、小型化したセンサーから得られるデータなどが含まれる。ソーシャルメディアデータ、ウェブサイトデータ、カスタマーデータといった多様かつ膨大なデータが、リアルタイムで収集、分析されるのだ。

　例えば、化粧品会社ロレアルは、カナダにおいて顧客の特性を抽出し、傘下に抱えるブランドの1つ、シュウ・ウエムラの売上を増加させた。同社はまず、ヨガや特定の旅行に関心のあるユーザーというように、ウェブサイトの閲覧データから、同ブランドの顧客と同じ関心を持つ傾向にある人たちのリストを作成した。こうしたユーザー層を同ブランドのウェブサイトに誘導し、バナーを表示して購買を促した。その結果、売上は当初予測の2倍、広告費用対効果は2200％を達成した。この手法は現在、同社がもつ他のグローバル・ブランドにも活かされている。

　伝統的なリサーチと大きく異なるのは、自然発生的に生まれた消費者の声や行動を迅速に捉えることが可能になった点である。対面的なインタビューやアンケート調査では、調査者にありのままのことを正直に話すことは難しいかもしれないし、そもそも消費者自身が正確に捉えているかも疑問だ。グループ・インタビューであっても、調査されているという意識が不自然なコミュニケーションを促してしまうかもしれない。次項で見ていくように、ビッグデータの分析は消費者に「聞く」という伝統的なリサーチの課題を補うことにもつながる。

第13章

❖ ソーシャル・リスニング

　デジタル社会では、人間的な側面、すなわち、アイデンティティに関わる人間の潜在的な欲求を理解する重要性も増している。ソーシャル・リスニングは、ソーシャル・メディアやオンライン・コミュニティなどで、製品がどのように語られているのかを積極的にモニターする作業のことである。ソーシャル・リスニングには、

193

❖ 第Ⅲ部　デジタル・マーケティングのマネジメント

【表13-1　ソーシャル・リスニングの強み】

スピード・タイミング	リアルタイムかつ必要な時にデータを収集することができる
サンプル	膨大な量のデータを得られる
文脈	日常の発言や会話を聞いたり分析する機会が得られる
意外性	調査者が考えもしなかった回答が得られる
コスト	必要とされるコストが相対的に少ない
柔軟性・軌道修正	リサーチが生産的でない場合や新たな手段が見つかった場合に素早く変更できる

出所：ラパポート（2012）の本文をもとに著者作成

伝統的なリサーチにはない強みがある（表13-1）。例えば、自社ブランドや競合ブランドの動向をリアルタイムかつ必要な時に把握でき（スピード・タイミング）、得られるデータは膨大な量にのぼる（サンプル）。その多くが調査されているという意識を持たずに発せられた言葉や写真であり（文脈）、調査者が想定していない意外な結果が得られるかもしれない（意外性）。それに、コストが相対的に安い（コスト）だけでなく、リサーチに問題があった場合にすぐに修正することも可能だ（柔軟性・軌道修正）。

　時には、調査者が自ら参加者としてコミュニティに入り調査することもある（ネトノグラフィー、Column13-1）。例えば、自動車会社のスバルは、SUVにスキーヤーを乗せてリフト代わりにゲレンデを駆け上がる雪上走行体験を提供した。希望者はクルマの前で撮った写真にハッシュタグ「#ゲレンデタクシー」を付けてツイッターやインスタグラムに投稿すると、無料で乗車できる。こうしたイベントや動画のコンテンツに対して寄せられた顧客からの投稿を、同社のマーケターがリツイートしたり返信したりすることで、顧客とのつながりを強化し、同時に新たなトレンドやリスクを把握していた。

　また、IBMは、ブランドごとにソーシャル・メディアのチームを設けている。IBM Voicesという自社開発のソーシャル・リスニング・ツールを用いて、個々のブランドに関するツイートの収集、分析、トレンドに沿ったコンテンツづくり、それらを掲載するタイミングや見え方を決定している。

　調査者が自らオンライン・コミュニティのメンバーに直接会って、潜在的ニーズを探ることもある。これは共感的リサーチと呼ばれる手法だ。当該企業に所属するエンジニアやマーケター、デザイナーだけでなく、人類学者や心理学者などが加わり、顧客の本質的な不満を理解したり、新しい顧客経験や新製品の開発に繋がるイ

第13章　デジタル社会のリサーチ：グーグル ❖

Column13-1

ネトノグラフィー

データマイニングや社会ネットワーク分析では、特定の状況をある程度切り離し、コンテンツとして一般的なパターンを見出そうとする。その一方で、ソーシャル・メディアやインターネット上に生まれたコミュニティを文化現象と捉えて調査するアプローチがある。ネトノグラフィーとは、調査対象に入り込み参加者として観察し内部者の見解を明らかにするエスノグラフィーを、インターネット上で行う手法のことである。自ら能動的参加者としてコミュニティに入り、メンバーに対する共感を深めながら消費者の考えや行動を理解するのだ。特定のブランドのファンたちが自発的に立ち上げたブランド・コミュニティはその対象の1つだ。

オフラインの対人間のインタラクションと異なり、オンライン上では一般的に、匿名性があり、アクセス可能性が高く、膨大な量のデータが蓄積されている。コミュニティに参加しているメンバーから学んだり、深いコミュニケーションを重ねていくことで、現場で当然のことと思われている考え方やルールなどに迫っていく。メンバーと一緒に自ら経験するのだ。

データの収集と分析が同時並行で進むプロセスにおいて、調査者はメンバーと絆を築きながら文化的な事柄に対して自ら振り返ったりするなど主観的な関わりを持つ一方で、一定の距離をとり客観的な視点をもって向き合う必要性も出てくる。より客観的なインサイトを得るには、日々の出来事やそれに対して自身が考えたものを記したフィールドノーツや、自身の投稿やメンバーとのやりとりに関するデータだけでなく、自らが関与しないところで共有されてきたアーカイブデータ（会員冊子やメディアの記事など）も収集する必要がある。リサーチテーマと関連した場をみつけたら、中心的な人物、各々のメンバーの果たす役割、頻繁にあがる話題、グループの歴史的背景やその場で共有されている儀式や特別な行為などへの理解を深めていく必要がある。

第13章

ンサイトを得ようとしたりする。より効率的にリサーチを行うために、リサーチ目的に適したコミュニティを意図的に設定するエムロックという手法もある（Column13-2）。

195

❖ 第Ⅲ部　デジタル・マーケティングのマネジメント

Column13-2

エムロック

　インターネット上にはさまざまなコミュニティが存在する。例えば、ランニング愛好家や特定の自動車ブランドのファンたちが立ち上げたコミュニティなどだ。運営自体も自らファンたちが行う。こうした集まりは企業にとってリサーチの対象となったり、上手くマネジメントすることで自社ブランドとの関係性を強化する場ともなる。

　一方で、エムロック（MROC：Market/Marketing Research Online Community）は、特定の調査目的に合わせて、規模や参加者などを組み合わせてリサーチ専用に設定されたコミュニティのことである。インターネット上において主にSNSを構築し、消費者の生活や購買行動について双方向のやり取りを通じて分析しインサイトを得る。対話は、消費者同士（生活者とも称される）だけでなく、消費者と企業の間にも設けられるのが特徴だ。新製品開発や既存製品の改良につながるインサイトを得たり、定量調査だけでは描きえない消費者像を理解することなどに適したリサーチ手法である。単にユーザーの交流を目的とした集まりではない。

　例えば、食品・飲料会社のモンデリーズ・インターナショナルは、お菓子ブランドの売上低迷の打開策を練るため、「健康オタク」と「ダイエット希望者」、それぞれ150人からなるエムロックを立ち上げた。両者のやりとりを通じて、健康的なお菓子を食べたいと望む一方で、甘くて高カロリーなものも食べたいというダイエット希望者の葛藤を把握し、オレオやリッツを総カロリー100kcalに抑えたパック詰めを販売した。カロリーを自分で抑えながらお菓子を食べてもらうためである。売上は予想を超え110億円に達した。

　エムロックは、自然発生的に生まれたコミュニティでの調査とは異なったリサーチ上の強みがある。コミュニティが突如消えてしまう心配がないし、調査対象者同士の連続的かつ長期的な対話を意図的に促したり、同時に複数のコミュニティを立ち上げて比較検討することもできる。調査者自らが、コミュニティを運営するのだ。

4　検証的リサーチ

　次に、もう1つのリサーチのタイプである、検証的リサーチについて確認してい

く。

❖ マーケティング活動の効果測定

　自社のマーケティング活動もリサーチの重要な対象である。マーケティング活動の効果測定とは、マーケティング活動の課題を発見し解決するために、効率性と有効性を測定することである。自らが実行した施策の良し悪しを判断し、次の施策に活かすのだ。第２章で説明したカスタマー・ジャーニー全体で利用される（図13‐1）。

【図13‐1　購買意思決定プロセスごとの効果測定項目】

出所：ジェフリー（2017）、図3.2をもとに著者加筆修正

　ウェブサイトであれば、そこにアクセスしたユーザーが製品情報のダウンロードや資料請求、会員登録、試用、購買、推奨などといった利益につながる各行動（コンバージョン）を実際に起こしたかどうかが重要な点となる。マーケティング・ファネル（漏斗）と言われるように、一般的には購買意思決定プロセスが進むにつれ、漏斗の形みたいにユーザー数は減少する（第４章参照）。こうしたコンバージョンについては、デジタル技術が進んだ社会では、より正確かつ迅速に把握することが可能になった。ウェブサイトにアクセスしたユーザーのうち、会員登録や購買などの各コンバージョンに至った割合のことをコンバージョン率という。オーガニック検索や広告など、訪問客の経路ごとにコンバージョン率を把握することで、そのサイトにとって最も適した経路を見つけることができる。さらに、購買意思決定プロセスの各段階でのコンバージョン率を比較することで、どの段階のタッチポイントが有効か、あるいは見直すべきかを把握できるのだ。

　広告の効果測定においては、グーグルのケースでみたようにブランドリフト調査とサーチリフト測定を組み合わせて測定を行うことが可能だ。例えば、賃貸物件空

❖ 第Ⅲ部　デジタル・マーケティングのマネジメント

室情報提供サービスを提供するチンタイは、動画広告を本格的に導入した際に、デモグラフィック特性にもとづいて効果を測定した。メインターゲットの男性若年層（18‐34歳）において、広告接触者と広告非接触者で同社のブランド認知度は20％増加、ブランド名での検索数は156％増加していることが確認された。

　多種多様な情報端末の普及に伴って、効果測定は複雑さを増した。全体で効率化する必要がある。その1つが、オンラインとオフラインとの組み合わせだ。現在では、リアルコンバージョン、すなわちネット広告を見た人が実際に店舗を訪れたのかを把握することが可能になっている。例えば、セブン＆アイは、検索連動型広告が誘引する来店数を可視化し、広告戦略を最適化するためにグーグルのサービス「来店コンバージョン」を導入した。位置情報を許可したユーザーのサンプルを集め、匿名データに基づいて、検索連動型広告をクリックして来店した全体の人数を分析した。スマートフォンで検索した人のうち来店した人の割合は10.4％、PCからの来店は7.2％であった。モバイル広告による1人当たりの来店単価はPCよりも40％ほど低いという結果が得られた。この結果を踏まえて同社は広告投資バランスを最適化した。伝統的なO2O（Online to Offline）では、店舗でクーポンやスマホの画面を確認したり、ビーコン（ある信号を特定の範囲に発信してスマートフォンなどに文字や画像データを送信する装置）やWi-Fiを設置することが必要だったが、スマホの位置情報によって可視化が可能になったのだ。

❖ A/Bテスト

　デジタル社会では、施策を実行しながら改善することも容易になった。2つの製品を併売して市場の状況を検討してから1つに絞るという施策は伝統的なマーケティングでもあったが（もちろん話題集めにもなる）、それがより迅速に低コストで実現できるのだ。例えば、アプリや広告といったデジタル・コンテンツやウェブサイトを企業の目的に沿ったものにするために、2つのパターンを比較する手法がある。A/Bテストとは、ウェブサイトやアプリを最適化するために、画像やテキスト、デザイン、レイアウト、導線などの要素が異なる複数のパターンを入れ替えて表示させ、どのパターンが効果的かをテストする手法である（図13‐2）。グーグルは、企業が直観的な操作で検証できるツールを提供している。

　一般的には、2つのパターンを用意し、サイトの訪問者をどちらかのパターンに振り分けて、ウェブページ上の行動を追跡することで、どちらが効果的であるかを

第13章　デジタル社会のリサーチ：グーグル

【図13-2　A/Bテスト】

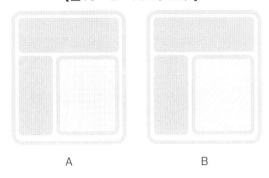

出所：グーグル公式ウェブサイト「テストのタイプ」をもとに著者作成

特定する。しかし、試したい要素が増えるとパターンも増え、何度も入れ替えてテストするので結果的に時間がかかってしまう。十分な量のアクセスがある場合には、一度に多くのパターンのデータを比較し、最も成績のよいパターンを特定することも可能である。

ソニーヨーロッパは、PCブランドVAIOのバナー広告の効果を最適化するためにA/Bテストを実施した。オリジナルの広告には「パーソナライズしよう」という文言が、バージョン１には「あなただけのVAIOノートを作ろう」、バージョン２には「無料でSSD（記憶装置）容量が２倍に」というキャッチコピーを入れた。その結果、バージョン１のコンバージョン率が最も高く、オリジナルのバナーに比べてクリック率が６％増加し、カートに入れられた割合（遷移率）は21.3％に向上した。一方、バージョン２は、オリジナルよりもカートへの遷移率は低下した。

一連のプロセスをより効率的かつ有効的に行うために、人工知能（AI）が活用され始めている。ウェブサイトのアクセス解析データやその他関連付けられた膨大なデータを組み合わせて、課題を抽出させるのだ。見逃していた要素に気づいたり、意思決定を早くすることにつながることが期待されている。検証的リサーチだけでなく探索的リサーチにも役立つ可能性がある。

5　おわりに

デジタル社会では消費者の行動がデータとして蓄積される。探索的リサーチと検

❖ 第Ⅲ部　デジタル・マーケティングのマネジメント

証的リサーチという２つのタイプの境界は、デジタル技術やネットワーク化の進展によって曖昧になりつつある。というのも、多様かつ膨大なデータを低コストでリアルタイムに収集し分析することが実現可能となり、絶えず両リサーチのデータを収集しているといえるからだ。特に、より日常的な文脈においてオンライン、オフライン問わずデータを収集することが容易になってきており、AIによる分析も進みつつある。オンラインとオフラインとの連携はリサーチにおいても重要性が増している。

　しかしながら、蓄積されたデータを有効に用いるためには、伝統的なリサーチにおいて強調されてきた人間的な側面、すなわちアイデンティティに関わる人間の潜在的な欲求への理解も必要とされる。目の前にある整理されたデータからインサイトを引き出し、それを実行につなげる力も求められるし、そもそも何を着眼点としてデータを見るのかも把握しておく必要がある。仮説設定の能力が求められる点は伝統的なマーケティング・リサーチと変わらない。

❓ 考えてみよう

① 　SNSを実際にソーシャル・リスニングしてみて、コンビニエンス・ストアの課題を考えてみよう。

② 　大学のウェブサイトのページを開いて、A/Bテストに使うパターンを２つ考えてみよう。

③ 　位置情報と組み合わせるべきオンライン上のデータとは何か、考えてみよう。

次に読んで欲しい本

☆共感的リサーチについて、詳しく学ぶには…。

　　ラッセル・ベルク、アイリーン・フィッシャー、ロバート・Ｖ・コジネッツ（松井剛訳）『消費者理解のための定性的マーケティング・リサーチ』碩学舎、2016年。

☆ソーシャル・メディアからインサイトを得る手法について、詳しく学ぶには…。

　　萩原雅之『次世代マーケティングリサーチ』SBクリエイティブ、2011年。

第 **14** 章

デジタル社会のロジスティクス

:ヤマト運輸

1 はじめに
2 ヤマト運輸
3 ロジスティクス
4 再 配 達
5 おわりに

❖ 第Ⅲ部　デジタル・マーケティングのマネジメント

1　はじめに

　あなたは健康のために野菜ジュースを常備しているとしよう。ある日、冷蔵庫を開けて野菜ジュースを取り出すと、残りが少ないことに気がつく。いま飲み切ってしまうと、あとで買い足さなければならない…。そんなとき、冷蔵庫に取り付けられたボタンを一押しするだけで、その日のうちに野菜ジュースが届けられる。

　いまやオンライン小売を利用すれば、飲料や菓子、洗剤など多くの日用品が、当日もしくは翌日の配送で届けられる。また、スピードが速いだけではなく、オンライン小売のサイトでは一押しの製品やキャンペーンで、「送料無料」という言葉を度々見かける。インターネットでさまざまな情報が無料で手に入るようになって久しいが、買った荷物が運ばれてくるまでにトラックが動き、玄関までドライバーが届けに来てくれるというのに、送料が無料というのはいったいどういうことなのだろうか。

　前章までに取り上げられたデジタル・マーケティングの事例は、どれもが仮想空間の中だけでビジネスを完結させてはおらず、何らかの現実世界での活動が組み合わされていた。本章では、現実社会で最後に顧客へ製品を届ける役割を担う、物流企業に着目する。トレーサビリティ（追跡可能性）という概念の下、現実社会におけるモノの動きをコントロールするビジネスについて学んでいくことにしよう。

2　ヤマト運輸

❖ 宅配便の誕生

　ヤマト運輸は、1919年創業、東京都中央区に本社を置き、宅配便を中心に運輸サービスに関わる事業を営んでいる企業である。あなたも、友人や家族にプレゼントを贈るなどでコンビニエンスストアに荷物を持ち込んでヤマト運輸に配送を依頼したことがあるのではないだろうか。また、オンライン小売で購入した製品を届けに来たのがヤマト運輸のドライバー（ヤマト運輸ではセールスドライバーと呼ぶ）

202

第14章　デジタル社会のロジスティクス：ヤマト運輸

【写真14 - 1　ヤマト運輸の集配荷拠点】

写真：ヤマト運輸提供

ではなかっただろうか。

　ヤマト運輸は、トラック４台による貸し切り輸送からスタートし、現在では宅配便サービスで日本最大手になった企業である。創業から４年後の1923年、三越呉服店（現在の三越百貨店）との間で商品の市内配送契約を締結したことで成長のきっかけを掴んだ。ヤマト運輸からの申し入れで1979年に契約が解除されるまでの55年間、大口顧客であった三越百貨店のお中元・お歳暮の品を配送する企業として世間にも認知されていた。

　自社でトラックを保有して顧客企業の依頼に応じて荷物を輸送する、いわゆるトラック輸送の企業だったヤマト運輸が、日本を代表する物流企業へと躍進した契機は、宅配便サービスを開始したことにある。ヤマト運輸が宅配便サービスを始める以前、運輸業界では「小口荷物は集荷と配達に手間がかかるので採算が合わない」ということが常識とされていた。実際、個人客向けに小包輸送を行っていた郵便局が、採算が合わずに何度も値上げを繰り返しているという状況であった。このような逆境ではあったが、ヤマト運輸は百貨店のお中元・お歳暮を大量に扱ってきた経験から、予め集荷と配荷の拠点（ヤマト運輸では営業所または宅急便センターと呼ぶ、以下、集配荷拠点）を整備しておくことで効率の良い輸送が可能だと考え、1976年に関東一円で小口荷物の宅配便サービスを開始した。

　その後、宅配便サービスの提供エリアを全国に広げるにあたり、旅客航空分野の用語として知られていた「ハブ＆スポーク」と呼ばれる形態を模倣した物流ネット

203

❖ 第Ⅲ部　デジタル・マーケティングのマネジメント

ワークを構築していく。ハブもスポークも自転車の部品名で、ハブは車輪の中心部にある回転軸部分、スポークは車輪の中心と外周をつなぐ細長い金属棒のことである。ヤマト運輸は、トラックの発着と荷物の積み替えを行う場所として物流センター（ヤマト運輸ではベースと呼ぶ）を、全国の都道府県に最低１カ所ずつ、大都市では２～３カ所、開設した。また、物流センターを中心に複数の集配荷拠点を開設した。物流センターをハブ、それと集配荷拠点との物流ネットワークをスポークに見立てたというわけである。拠点整備費はかかるが、輸送を集約化でき輸送費が安くなるのだ（図14－1）。

サービス開始から３年後には宅配便の取扱いは年間１千万個を超え、郵便局の独占を崩す躍進を見せる。そして1980年度、ついに物流ネットワーク構築の投資を回収し終え、５％強の経常利益を出すに至った。

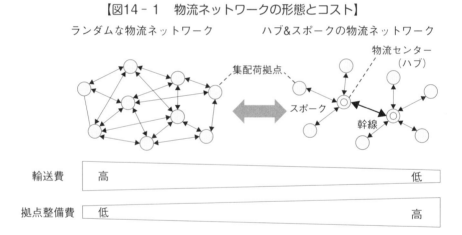

【図14－1　物流ネットワークの形態とコスト】

❖ 宅配便の高付加価値化

1980年代から、ヤマト運輸は宅配便の高付加価値化に取り組む。スキーブームに乗り、1983年に「スキー宅急便」が商品化された。それまで、宅配便は縦・横・高さの合計が１メートル以内としていたが、２メートル近い長さのスキー板やストックのセットをスキー場まで届けるサービスを開始した。このサービスを実現するため、ヤマト運輸では物流ネットワークの全行程でスキー板のセットを立てたまま扱えるように工夫すると共に、スキー場の近くに集配荷拠点を整備するなどで

第14章　デジタル社会のロジスティクス：ヤマト運輸 ❖

トラック輸送の降雪対策に力を入れたのである。

その後、また1987年には「クール宅急便」を開始させた。クール宅急便では、野菜の保管に最適な5～10度のコールド、肉や魚に0～2度のチルド、冷凍食品やアイスクリームにマイナス18度以下のフローズンという、3つの温度帯での輸送を提供するため、物流ネットワークに切れ目なく冷蔵・冷凍設備を導入した。

このような宅配便と一連の高付加価値サービスにおける成功体験から、ヤマト運輸の経営哲学である「サービスが先、利益は後（顧客のニーズを巧みに捉えたサービスを提供すれば、市場が創造されて荷物の取扱い量が増加するため、後から収益が付いてくるという意味）」が生み出されていったのである。

ヤマト運輸の宅配便取扱い実績は、2016年度に18億6,756万個。宅配便サービスの業界シェアはトップの46.7％となっている（国土交通省「平成28年度宅配便取扱実績について」、2017年）。平均すれば1日512万個の荷物を扱っていることになる。このように大量の荷物を捌くには、物流ネットワークをヒトと設備の面から充実させるだけではなく、トレーサビリティを可能とする物流情報システムがしっかり構築されていなければならない。

❖ 物流情報システムの整備

全国津々浦々まで張り巡らせた物流ネットワーク上に荷物を流すには、荷物に目的地を与えると共に、ルートを間違えずに通過させていく必要がある。さらに、荷主からの配達状況問い合わせに対しても的確に答えられなければならない。このようなトレーサビリティをフォローするのが、物流情報システム（ヤマト運輸ではNEKOシステムと呼ぶ）であり、その実体は4万台以上の端末から構成される巨大なコンピュータ・ネットワークである。

1980年に集配荷拠点へのバーコードリーダー付簡易入力機導入と共に整備され、1985年には現場のトラックドライバーが簡単に利用できる携帯型POS端末が配備されて、集配荷データの反映が早くなった他、スキー宅急便などの高付加価値サービスの統合運用が可能となった。現在は、集配荷のトラックドライバーが荷物を預かる際に、通信機能を持った携帯型POS端末で目的地を登録し、即座に目的地最寄りの集配荷拠点コードが書かれたラベルが印字される。その場で荷物にラベルを貼ることで、誤配送のリスクを抑えると共に、データがリアルタイムに反映されるため個々の荷物のトレーサビリティが飛躍的に高まっている。

❖ 第Ⅲ部　デジタル・マーケティングのマネジメント

　物流情報システムの整備は、取扱い件数の増加だけではなく、時間コントロール
の正確さも生み出した。荷物が今日届くか、明日届くかわからないというのは遠い
過去の話で、1992年には翌朝10時の宅配便到着を約束する宅配便タイムサービ
スを可能とした。さらに1998年には一般の宅配便で荷主側からの配達時間を指定
することが可能となり、2005年には受取り側からの事前登録によって電子メール
で配達前の連絡を受け取れるようになった（受取り方法の変更も可能）。さらに
2007年より、このように物流情報システムの効能を活かした機能と割引などを組
み合わせた会員制サービスを展開している。

　サービスの拡充により順調に成長を遂げてきたヤマト運輸であったが、2010年
代に入ってからの取扱い量増加は外部環境変化によるものであり、大きな問題を孕
んでいた。その環境変化とは、アマゾンや楽天、メルカリといったオンライン小売
業から請け負う荷物が急増したことによるものである。特にアマゾンのように大型
物流拠点を有する通販事業者には集荷の手間が省けることからボリュームディスカ
ウントが適用されるため、荷物量の増加の割に売上が伸びない。また、荷物量の増
加と相まって、独居や共働き世帯の増加がここにきて再配達の増加として効いてく
ることとなった。このような状況から、サービスレベルの維持が困難となってきて
いる。

3 ロジスティクス

❖ 物流ネットワーク

　スマートフォンでオンライン小売のサイトを利用すると、巧みな製品レコメンド
や簡易な決済手段に感心してしまう。だが、最後には製品が送られてくることから
わかるように、物流もビジネスの重要な構成要素である。

　適正な品質を保ったまま製品を保管し、顧客の求める製品を適切なタイミングに
届けるためには、単に荷物を輸送や配送するだけではなく、物流の過程で包装や荷
物の保管、荷役と呼ばれる荷物の積み替えや仕分けという機能が必要となる。さら
に、商業貨物を扱う物流企業では、倉庫や物流センターで半製品の最終組立を行う
などの流通加工の機能を有していることもある。これら輸配送・包装・保管・荷

第14章　デジタル社会のロジスティクス：ヤマト運輸

Column14-1

ドローン

　ある顧客がタブレット端末で、子供のおもちゃとポップコーンを注文する。2つの製品を搭載した無人航空機「ドローン」が倉庫から飛び立ち、イギリスの田園地帯を抜けて庭先まで空輸してくれる。飛行時間は13分間、まさにひとっ飛びであった。

　これはアマゾンが手がけた、ドローンによる宅配便サービス「プライムエア」の初配送の1シーンである。アマゾンは、ドローンを使った製品配送の実用化を検討しており、運用関連の特許（ドローンから荷物を受け取る際に受取人のジェスチャーで着陸地点を確認することや、ドローン配送用の高層物流センター、街中でドローンのバッテリー交換を行う街灯など）を数多く出願している。

　ドローンの多くは3つ以上のローターを持つマルチコプターと呼ばれるもので、離発着に広い場所を必要せず、優れた操作性と高い積載能力を持つため、物流以外にも農業や警備などさまざまな産業で活用が期待されている。民生用ドローンの製造で最大手は中国のDJIで、世界シェアの70〜85%を占めている。

　日本企業では、テラドローンが空撮や測量、点検などに利用する産業用ドローンを製造している。無人運行管理システムや、上空からの3次元測量データをクラウド環境で解析するサービスなど、ソフトウェアに強みを持っているのが特長である。

　また東京電力は、地図データを持つゼンリンと組んで「ドローンハイウェイ構想」を打ち出した。高圧送電線の下には住宅や商業施設がないので飛行ルートとして使いやすい。変電所をドローンの離発着と充電を行うステーションとして利用するというアイデアである。今後、ドローンの自動飛行に必要な3次元データを整備し、運行管理システムの開発を行った上で、ロングフライトの実証実験に取り組む計画が示されている。

　日本上空には準天頂衛星「みちびき」が4機飛んでおり、高層ビルの多い都市部でも非常に高い精度で位置測位を行うことができる。このような環境も、ドローンの産業利用を後押しするはずである。

第14章

役・流通加工は物流の5大機能と呼ばれ、物流ネットワーク上の施設・設備で行うことになる。例えば、ヤマト運輸では物流センターの荷役に自動仕分け機を利用している。

　では実際、物流ネットワークはどのような構造となっているのだろうか。先にみ

❖ 第Ⅲ部　デジタル・マーケティングのマネジメント

たハブ＆スポークをイメージするとわかりやすいだろう。宅配便では、住宅街やオフィス街の近くに集配荷拠点があり、小型トラックが拠点周辺やコンビニエンスストアなどの取次店を回って荷物を集める。集配荷拠点に集められた荷物はボックス・パレットに乗せられて、最寄りの物流センターへ送られる。ここまでが「集荷」と呼ばれる。

　物流センターではボックス・パレット単位で大型トラックへの積み替えが行われ、夜間を中心に高速道路を使って目的地をエリアに含む物流センターへ長距離輸送する。この物流センター間は「幹線」と呼ばれる。

　物流センターに届けられた荷物は、再び仕分けられて目的地最寄りの集配荷拠点へ送られる。そして集配荷拠点の小型トラックや手押し車が、荷物を各家庭やオフィスまで届ける「配荷」が行われる。この配荷を行うトラックが、取次店であるコンビニエンスストアや集荷依頼のあった個人宅やオフィスも回り、集荷が同時に行われるという仕組みである。

　この最終拠点（集配荷拠点）から消費者までの区間をラストワンマイル（元々は通信業界の用語のため、物流における実際の距離を意味していない）といい（第9章参照）、物流企業はこの区間におけるサービス内容で他社との差別化を行っている。

【図14-2　宅配便サービスの物流ネットワーク】

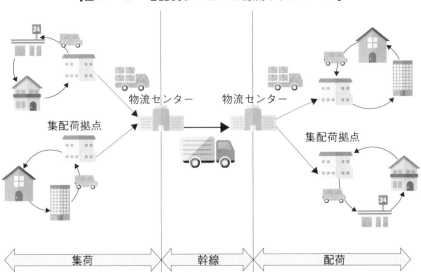

第14章　デジタル社会のロジスティクス：ヤマト運輸

　また、物流ネットワークをモノの生産・製造地から消費地に至る一連の流れに拡張して捉え、その全体をマーケティング・マネジメントの視点から最適化する管理プロセスを「ロジスティクス」という。ヤマト運輸のように大量の荷物を扱うには、ロジスティクスに特化した情報システムが不可欠となる。個々の荷物にIDを割り振って物流ネットワーク上の配送状況を一元把握（ルート管理）するのはもちろんのこと、集配荷拠点や物流センターでの作業ミスの検出や、トラックの配車や運行計画の立案などを物流情報システムの拡張機能として実現している。

❖❖ 物流改革の動き

　このようにロジスティクスは、情報システムと切っても切れない関係にあることから、逆に情報システム側からの発想で、物流を革新しようとする動きもある。その１つが、2016年から日本でもスタートしたフードデリバリーサービス「ウーバーイーツ」だろう（第10章参照）。ウーバーイーツは、イタリアンレストランの「ダルマット」やドーナツ専門店「クリスピー・クリーム・ドーナツ」などの顧客が料理をスマートフォンから注文すると、配達パートナーとして事前登録している一般人（学生や主婦など）が飲食店へ料理を取りに行き、注文したお客さんまで配達するサービスである。スマートフォンのGPS機能を利用することで、自宅やオフィスだけではなく公園などへのピンポイント配送を実現している。配達パートナーには、事前講習や書類審査を課している他、保温ができる配達用バッグを貸与することでサービス品質を担保している。

　ウーバーイーツでは、配達パートナーが利用者からオーダーされた料理を店舗に受取に行くことが集荷、受け取った料理を利用者に届けることが配荷となる。大規模な施設・設備が必要となる幹線の部分がないビジネスモデルであれば、顧客参加を組み込んだビジネスを構築できるという挑戦的な取り組み事例である。

　今後、ウーバーイーツのように、日本中の中小トラック事業者から、空いているトラックを探し出して運輸サービスをコーディネートするビジネスが出現することも、ありえない話ではない。対するヤマト運輸は、ヤマトグループの発表した「バリュー・ネットワーキング」構想の中で、企業物流を扱い、輸送機能を提供するだけではなく、ICT（情報通信技術）・LT（ロジスティクス技術）・FT（金融技術）を駆使した物流改善のソリューションを提供していくという方向性を打ち出している。これまで宅配便を得意としてきたヤマト運輸が、商業貨物の取扱いをどのよう

第14章

209

❖ 第Ⅲ部　デジタル・マーケティングのマネジメント

に次の成長につなげていくのか、注目である。

Column14-2

倉庫・RFIDタグ

　オンライン小売業やメーカーの中には、戦略的に物流企業の能力を自社に取り込んでビジネスモデルを構築するケースが存在する。一方、物流企業に、輸配送・包装・保管・荷役・流通加工の業務を一括委託することをサードパーティ・ロジスティクス（3PL）といい、委託元の企業はマーケティング活動や製品・サービスの企画開発、生産などに集中できるようになる。

　また、特殊な製品を扱うには、貸し倉庫を利用することも有効である。寺田倉庫では、温度と湿度を管理した保管を得意としており、ワインや美術品などを預かっている。また、美術品を保管しつつ展示販売するギャラリーを開設し、顧客のビジネスを支援している。

　物流企業を活用することで海外進出も容易になる。大手物流企業は、国際空港の近くに物流センターを持っており、主要都市間の当日配送や、台湾やシンガポールなどへの冷蔵・冷凍輸送などを実現している。日本の高品質なフルーツが台湾で人気となっていることは、ニュースでもたびたび取り上げられているので知っているだろう。

　だが、せっかく日本から高品質なフルーツを輸出しても、空港などでの検疫に時間がかかったりして物流プロセスのどこかで傷んでしまっては、評判を落としてしまう。そこで日本国内の物流と同様に、海外でもトレーサビリティは重要となる。国際物流ではこれまでバーコードが使われてきていたが、荷役を自動化するためにRFIDタグの導入が検討されている。RFIDタグとは、微弱な電波を受けて起動するバッテリーレスの電子装置のことで、そのチップ固有のIDを応答することができる。これを製品のパッケージに貼り付ければ、ID読み取り装置を荷物が通過するだけで検品できるようになる。また、インターネット経由で製品データベースから製品情報などを参照でき、品質の裏打ちやアピールの手段にもなる。

　このような物流サービスの活用如何が、将来、皆さんのビジネスの成功につながるかもしれない。

4 再配達

❖ オンライン小売業との法人契約

　ヤマト運輸は、オンライン小売業の勃興に際し、「インターネット上をあらゆる情報が行き交うようになっても、物流がなくなることはなく、むしろ宅配便サービスの需要は拡大する。今後一層、物流ネットワークの真価が発揮されるようになる」と考えていた。そして、アマゾンや楽天など大手オンライン小売業と荷物輸送の法人契約を締結した。このような法人顧客に対しては、荷物の多さや集荷方法の違いからボリュームディスカウントが適用される場合が多い。オンライン小売業は倉庫兼物流センターを持っており、そこで梱包された荷物をヤマト運輸の物流センターまで直接運び込むことができる。そのため、ヤマト運輸から見ると、コンビニエンスストアなどの取次店や個人宅、オフィスを回って荷物を回収する「集荷」のプロセスがまるまる省略できる。この集荷コストの削減が割引の原資というわけである。

　さらに取扱い荷物が増えれば、割引運賃であっても売上・利益が上がるはずであった。だが、オンライン小売業による荷物量の増加が「再配達」につながり、ヤマト運輸のサービスレベルの高さと相まって業務の効率が低下する事態に陥った。

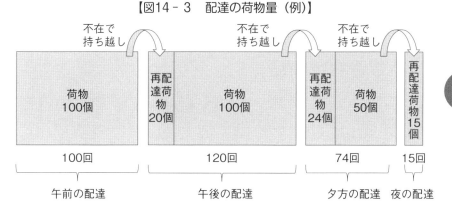

【図14-3　配達の荷物量（例）】

❖ 第Ⅲ部　デジタル・マーケティングのマネジメント

再配達とは、宅配便の配達先で受取人が不在であった場合に、時を改めて再度、配達を行うことである。

❖ ドライバーの配達業務量

　これがどうして問題となるのか。ドライバー 1 人が配荷する宅急便の取扱い個数は、地域や季節による変動も大きいが、 1 日当たり150～200個と言われている。ここで仮に、繁忙期で 1 日に250個（件）の宅配便を配荷するドライバーの仕事を考えてみよう（図14-3）。朝、配荷の小型トラックが100個の荷物を積んで集配荷拠点を出発したとする。午前中に配達してみて、 2 割の受取人が不在であれば20個の荷物が午後に回る。昼頃に集配荷拠点へ戻り、新たに100個の荷物を積み込み、再配達と合わせて120回の配達を行う。再び 2 割の受取人が不在であれば、24個の荷物が再配達に回る。夕方、集配荷拠点へ戻り、新たに50個の荷物を積み込む。再配達分を合わせて74回の配達を行うことになる。また 2 割の受取人が不在であれば、15個の荷物がさらに再配達となる。これを届け終われば、 1 日の仕事が終了となる。つまり、250個の荷物を届けるのに100＋120＋74＋15＝309回の配達が必要となり、不在率以上に再配達の件数は多くなる。オンライン小売業で荷物の取扱い個数が急増し、この再配達の負荷が顕在化したのである。

　また、時を同じくして政府の働き方改革が進められ、従業員のサービス残業や長時間労働といったことが大きな経営課題となった。ヤマト運輸は、デリバリー事業の構造改革を打ち出し、個人客向けの運賃改定を行うと共に、随時、大口法人契約の価格交渉を行っていくという方針を示した。再配達については、すきまなく 6 区分で設定されていた時間帯のうち、昼休みを含む時間帯を廃止した。また、当日の再配達受付締め切りを 1 時間早めて19時までとした。

❖ 配達先とのすれ違い解消

　再配達の問題はオンライン小売による荷物の急増だけが原因ではない。かつて郵便局で小包を送ると、荷主のマナーとして受け取り側に荷物の発送を知らせるため、電話で一報を入れる習慣があった。受取人は、この電話から到着日を想定して外出を控え、荷物を受け取っていたのである。だが、現代では宅配便が届くからと言って外出を控えるような人々は減っているし、仮に受け取りを待っていてもその時間

第14章　デジタル社会のロジスティクス：ヤマト運輸

【写真14-2　クロネコヤマト公式スマートフォンアプリ画面】

写真：ヤマト運輸の許可を得て掲載

帯に1つの場所に拘束されることに不快感を持つ人は少なくない。そこで、再配達率の低下と顧客満足度向上を同時に実現するためには、受け取り側の時間と空間の自由度を極力担保しながら接点を探ることが必要になる。

　ヤマト運輸で行っている対策の1つが、会員制サービス「クロネコメンバーズ」の提供である。クロネコメンバーズでは、宅配便の配達前に専用のスマートフォンアプリ（写真14-2）やメール、LINEメッセージで予定日時が通知される。都合が悪い場合は、受取り日時や受取り方法を変更することができる。受取り日時は、配達予定の連絡の都度変更すること以外に、予め荷物が受け取りやすい曜日や時間帯を指定しておくこともできる。受取り方法については、自宅での手渡し以外に、コンビニエンスストアや駅の宅配便ロッカーなどへの変更が可能となっている。

　近年建てられたマンションなどでは、宅配便ロッカーが備え付けられていることも多くなってきているが、ヤマト運輸では配荷の最適化を狙い、さらに一歩進んだ取り組みも行っている。DeNAと協力し、神奈川県藤沢市で行っていた「ロボネコヤマト」開発・実証実験プロジェクトがそれである。ロボネコヤマトは、宅配ボックスを積んだワゴン車が、受取人がスマートフォンから指定した場所と時間に合わせて移動してくるサービスである。10分単位で宅配便の受取り時間を指定でき、自宅以外にも運んでくれる。このように、配荷におけるサービス拡充は、今後の重

213

❖ 第Ⅲ部　デジタル・マーケティングのマネジメント

要な競争ポイントとなっていくだろう。

5 おわりに

　ヤマト運輸では、宅配便サービスの発展と共に、トレーサビリティをより高度な
レベルで実現する物流情報システムを整備してきた。情報化は物流ネットワークの
処理能力を向上させ、今やオンライン小売では早ければ当日、多くの場合は翌日に
製品が配送される状況を作り出している。

　だが、冒頭でみた送料無料については、あくまで顧客の囲い込み施策や販売促進
キャンペーンの一環で実施されるものであり、物流サービスをコストがゼロで提供
できるわけではなかった。物流ネットワークは、デジタル社会に不可欠な社会イン
フラであり、むしろ利用者が適切なコスト負担を行っていくことが求められる。

　また今後、人工知能（AI）を活用した物流ネットワークの運用効率最適化や、消
費者のスマートフォンを活用した集荷や配荷のプロセスの革新など、ロジスティク
スの観点からさらなる発展の可能性もある。特にラストワンマイルの物流には、消
費者も参画する新たなビジネスモデルの登場を期待したい。

❓ 考えてみよう

① オンライン小売業が、物流企業に運送業務を委託すると、どのようなメリットや
　 デメリットがあるのかを考えてみよう。
② オンライン小売業の宅配便取扱い個数が増えたことで、どのような問題が発生し
　 たのかを考えてみよう。
③ 物流サービスに情報システムがなかったら、どのような問題が発生するのかを考
　 えてみよう。

次に読んで欲しい本

☆ヤマト運輸の成長と規制緩和との関係について、詳しく学ぶには…。

　小倉昌男『小倉昌男 経営学』日経BP社、1999年。

☆再配達問題の社会背景について、深く考えるには…。

　松岡真宏、山手剛人『宅配がなくなる日：同時性解消の社会論』日本経済新聞出版
　社、2017年。

第 15 章

デジタル社会の情報システム

：セールスフォースドットコム

1　はじめに
2　セールスフォースドットコム
3　クラウド
4　アジャイル開発
5　おわりに

❖ 第Ⅲ部　デジタル・マーケティングのマネジメント

1 はじめに

　アップルのiCloudなど、クラウド（Cloud）という言葉を耳にしたことがある
だろう。クラウドとは、顧客が使用できるさまざまなネットサービスを持つ空に浮
かぶ「雲」のイメージだ。顧客は、多様なネットサービスを、スマホや、PC、AI
スピーカーなどからインターネット等の通信ネットワーク経由で利用することがで
きる。他方、企業はクラウドを活用することで、より安全に、低コストに、高速に、
そしてより素晴らしい顧客経験を目指してサービスを開発・提供することができる。
　本章では、効果的にデジタル・マーケティングを実現するための仕組みとして、
クラウドに焦点を当て、デジタル社会の情報システムについて学ぶ。企業向けクラ
ウドをサービスとして提供する企業は、セールスフォースドットコム、アマゾン、
グーグル、マイクロソフトなど多くあり、クラウド事業だけで年間１兆円を超える
売上高を上げる企業が複数社となるほどに、世界中の多くの企業がクラウドを利用
している。本章では、企業向けクラウドの先駆者といえる米国のセールスフォース
ドットコムを取り上げ、デジタル社会において、なぜ、どのように、この企業向け
クラウドが重要となっているのか、デジタル・マーケティングを支える情報システ
ムの重要なトピックとして理解を深めていく。

2 セールスフォースドットコム

❖ 企業向けクラウドのパイオニア

　大企業から中小企業、NPO（非営利組織）まで、事業を営む多くの企業がクラ
ウドを活用してさまざまなマーケティング活動を行っている。たとえばプロ野球球
団のオリックス・バッファローズは、球場に足を運んだ観客のSNSでのつぶやき
やシェアをリアルタイムに分析し、ゲーム進行中に、より適切な顧客とのコミュニ
ケーションを展開している。トヨタは、トヨタフレンズと銘打ち、自動車を
iPhoneに４つのタイヤを付けて走るような情報端末と捉え、自動車が自らの状態

216

第15章　デジタル社会の情報システム：セールスフォースドットコム

などをドライバーにつぶやき、またSNSと連携するなど、顧客とのつながりを深める施策を展開する。日本郵政は、全国の店舗で受け付けた顧客からの要望や苦情等の管理、データ分析や情報共有をクラウドで行い、仕事の改善につなげる。ローソンは、新たな店舗開発に係る業務について、店舗オーナーとの商談、月報・週報・日報や店舗開発状況、顧客の声などの社内情報共有基盤の情報システムを開発した。そして、NPO法人フローレンスは、急な子どもの病気の時に、働く親に代わって保育を行う「子どもレスキュー隊員」を派遣するサービスにおいて、需給の分析などにクラウドを活用している。

　これらの企業向けの情報システムをクラウドとして提供しているのは、セールスフォースドットコムである。同社は、創業者・CEOであるマーク・ベニオフを中心に、共同創業者であるパーカー・ハリスら4名により1999年2月に米国で設立された。同社の創業は、インターネット経由のクラウドにより企業向けのビジネスアプリケーションを提供するというシンプルなコンセプトに基づいていた。米国のIT企業であるオラクルに勤めていたベニオフの創業前からの問題意識は、アマゾンのような消費者向けウェブサイトの便利さをどうやったらB2Bの世界に持ち込めるかという点であった。彼のビジョンは、従来の業務用ソフトウェアの提供者としてのソフトウェア企業、そしてビジネスモデルとしてのソフトウェア技術モデルの終焉を目指していたという。具体的には、「業務用のソフトウェアを新たな方法で提供すること、ソフトウェアの購入方法と利用方法を簡素にし、複雑なインストールやメンテナンス、そして定期的なアップグレードのない民主的なものにするとい

【写真15-1　創業者 マーク・ベニオフ】

写真：ロイター/アフロ

217

❖ 第Ⅲ部　デジタル・マーケティングのマネジメント

うのが夢だった」という。

❖ 高い成長性と効率性の両立

　同社は、従来の企業向けソフトウェアの販売方法であった前払い式のライセンス契約とは異なるサブスクリプション方式（Column 7-2参照）の販売方法を採った。同社のウェブサイトにアクセスし、利用契約を行い、1ユーザー当たり1カ月間に、例えば数千円の使用料を、使用した期間のみ支払うのである。2000年2月より正式なサービス提供を開始し、当時の先駆けであった無料トライアル方式で顧客に納得してもらってから有料サービスへ移行してもらう販売方法により、顧客側の製品選定のリスクを減らす価値（つまり、顧客の購買意思決定の先送りという柔軟性を持たせている）を提供し、顧客を拡大し続けてきた。

　同社は、企業向けソフトウェア市場を席捲し、創業以来17年間のすべての四半期において連続増収を続け、2018年1月期には売上高1兆円を超え、粗利益率約75％を維持する高収益企業に成長している。顧客は、世界で15万社を超え、広がり続けている。サブスクリプション方式により、顧客の離反が少ない限り、着実に売上高を維持することができる。また粗利益率は売上から原価を引いた割合であり、同社のクラウド事業が高い効率性をもった仕組みを提供している一端が理解できるだろう。

　同社のクラウドは、ユーザー向けの画面や使用感に関わるユーザーインタフェース、業務上のプロセス、データ取得や分析を行うデータ管理などの機能を実現する基本的なサービスがあり、加えて、セキュリティ、レスポンス（応答の速さ）、スケーラビリティ（拡張性）などを実現するサービスがある。またグーグル、ツイッター、フェイスブック、LINE等とのクラウドサービスの連携を行っており、顧客企業は機能を拡張することができる。

❖ 顧客情報のセキュリティが肝心

　皆さんは、もしも極めて大切な書類等を保管したい場合、自宅に金庫を購入し保管する、あるいは銀行などの貸金庫を利用する、どちらを選択するだろうか。火事等の災害や盗難といった自宅の安全性にもよるだろうが、クラウドにデータを預けるのは貸金庫のサービスを利用するイメージに近い。

218

第15章　デジタル社会の情報システム：セールスフォースドットコム

Column15-1

プライバシー

　デジタル・マーケティングでは、第13章で学んだリサーチのように、特定の個人を特定できる個人情報を含む顧客情報を取り扱う場合があり、極めて慎重にプライバシー保護に留意する必要がある。

　日本では、個人情報保護法と略して呼ばれる「個人情報の保護に関する法律」（平成15年法律第57号）が制定され、さらに改正された改正個人情報保護法が施行され、個人の権利利益保護を目的とし、氏名、生年月日やその他の情報など特定の個人が識別される情報を「個人情報」と定め、企業などの個人情報を扱う事業者が遵守する義務等が定められている。例えば、利用目的をできる限り特定して取得し、事前に本人の同意を得て利用する義務がある。また漏えいなどが起こらないように安全に管理し、もし個人情報を取り扱う業務を他企業に委託する場合、委託先を適切に監督する義務を負うのである。また故意の漏えいや盗用などは、懲役や罰金などの厳しい罰則が規定されている。したがって、実務上では、特定の個人が特定できないように措置を講じた「匿名加工情報」にすることが必要であろう。

　高水準なプライバシー保護を実践する欧州に目を向けると、EUの一般データ保護規則（GDPR）が2018年5月に制定され、個人情報の保護が一層強化された。例えば、個人情報の取得における同意はもちろんのこと、利用目的や提供先を本人に通知する必要がある。また個人が訂正や消去される権利（いわゆる「忘れられる権利」）を有している。個人情報を大量に扱う企業等は、個人情報保護の専門家であるデータ保護オフィサーの設置義務があり、EU内の個人情報の自由な移転は認めるものの、EU外の第三国への移転は十分な水準のデータ保護を認める場合においてのみ移転可となっている。

　デジタル・マーケティングにおいては、匿名化や認証取得などの組織的なプライバシー保護の営みは欠かせない。加えて各国の法令やガイドラインを吟味して、慎重に個人情報を取り扱うことが必須となる。

　顧客企業は、セールスフォースドットコムが提供するクラウドにデータを預けることとなる。顧客企業がユーザーから預かるデータは、個人情報を含み、プライバシーを守るために安全に管理される必要があるため、同社は、セキュリティが企業の生命線であるという認識をもつ。一般的にセキュリティには、機密性（データが漏れないこと）、保全性（データが損失しないこと）、可用性（データにいつでもア

❖ 第Ⅲ部　デジタル・マーケティングのマネジメント

クセスできること）、監査性（処理の正当性を客観的に評価できるように設計・運用されていること）などの観点がある。同社の場合、ISO27001やプライバシーマーク認証といった国際・国内標準の認証を受けることで、客観的なセキュリティ基準を示している。データの保存における暗号化、通信の暗号化を行いデータが漏れないようにし、データの損失を回避するため常にバックアップを行い、災害対策のために世界中に複数のデータセンターを分散配置しデータ管理を行うのである。データにいつでもアクセスできるようにする観点から、顧客企業やユーザーへのサービスが99％以上の稼働率（システムが正常に作動している）を常に維持している。

❖ スクラム開発への転換と顧客への展開

　最後に、製品の開発方法についてふれたい。セールスフォースドットコムは、1999年の創業以来開発を続けてきたソフトウェアが複雑化し、年4回の製品バージョンアップが年1回程度に落ちてきたことを受け、伝統的なソフトウェア開発手法であるウォーターフォールから、まずソフトウェアを作ってみることを重視し顧客と対話しながら試行錯誤を重ねるアジャイル開発手法の1つであるスクラムに大きくシフトした。

　ウォーターフォール開発時代の体制は、専門組織ごとに分かれており、製品管理チームが仕様書を記述し、ユーザー経験（UX）チームがプロトタイプとユーザーインタフェースを作り、開発チームは技術仕様とプログラムコードを書き、品質管理チームがテストし、ドキュメントチームがマニュアルを文書化していたという。

　一方、スクラム開発の体制は、チームを細かく分けるのでなく、皆で一体となって進める。開発スピードを重視するCEOのベニオフが、開発方法をスクラムで変革すると決断し、チーフ・テクノロジー・オフィサー（CTO）のハリスが変革を主導し、組織横断型のチームをつくり、より短期間に動くソフトウェアをつくり、開発・テストを繰り返し、製品のバージョンアップ頻度を高めた。

　セールスフォースドットコムと同様に、スクラム開発は、多くの企業で行われている。企業は、市場の変化や顧客の多様なニーズに対して、スピーディーに新たな製品・サービスを提供し、試行錯誤を重ねる方法を求めている。そのような状況下、企業向けクラウドを提供する同社は、自らが実施し経験・蓄積したクラウドを駆使した情報システムの開発のノウハウにもとづいて、アジャイルコーチという職種を

第15章 デジタル社会の情報システム：セールスフォースドットコム

設けて顧客企業をサポートしている。

3 クラウド

❖ クラウドの全体像

　冒頭でも触れたが、ユーザーから見たクラウドは、図15‐1のように、その名のとおり空に浮かぶ「雲」からさまざまなネットサービスをユーザーが使用できるイメージだ。ユーザーは、多様なネットサービスを、パソコン、スマホ、タブレット、ウェアラブルデバイスやAIスピーカーなどからインターネット等の通信ネットワーク経由で利用することができる。人による利用に限らず、自動車、ペット、ロボット、家のさまざまな機器などがクラウドを通じて、つながっている。

【図15‐1　クラウドのイメージ】

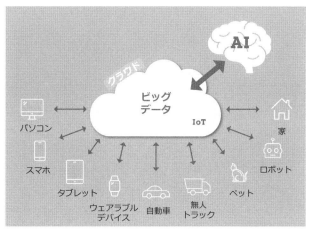

出所：RADIANT「Issue #6：機械と人の未来」

　他方、企業はクラウドを活用することで、より安全に、低コストに、高速に、そしてより素晴らしいユーザー経験を目指してサービスを開発・提供することができる。総じてIoT（第5章参照）と呼ばれるさまざまな機器から通信ネットワークを

❖ 第Ⅲ部　デジタル・マーケティングのマネジメント

通じて集積された各種データは、時にビッグデータと呼ばれ、AIにより分析される場合もある。

　クラウドは、共用の構成可能なコンピューティング資源（ネットワーク、サーバー、ストレージ、アプリケーション、サービスの集積）であり、どこからでも、簡便に、必要に応じてネットワーク経由でアクセス可能である、と定義される（米国国立標準技術研究所）。

　クラウドを身近なサービスで例えると、自宅を建築して購入するのではなく、賃貸マンションのようにレンタルするようなイメージだ。しかも、そのレンタルする部分は、家などの建物と違って無形のITサービスであるため多くの利用者と共有することができ、その分だけ廉価に抑えることができる。また皆さんは自宅を建築しようとする際に、ゼロから材料を準備するだろうか。すでに共通的に提供されている部品等を利用するのではないだろうか。クラウドは共通サービスを提供する。

　クラウドを利用したデジタル・マーケティングの実現のイメージは、図15-2のとおりである。クラウドを提供する事業者は、ハードウェア等のインフラ、顧客企業あるいは消費者向けのアプリケーション、そしてそのアプリケーションを開発・運用する、あるいはAIを駆使したデータ分析を行う等の共通的なモジュールなどをサービスとして提供する。従来は事業を営む企業が自前でアプリケーションや共通モジュール、インフラ等を準備していたが、サービスとして提供されるクラウドを利用することで、さまざまなメリットを享受しつつ、自社の消費者・顧客企業にデジタル・マーケティングを実施することが可能となったのである。

【図15-2　クラウドを利用したデジタル・マーケティングの実現】

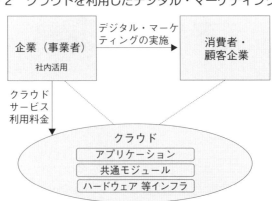

第15章　デジタル社会の情報システム：セールスフォースドットコム ❖

❖ クラウドの特徴

　クラウドの主な特徴は、初期投資不要、市場投入スピード、従量制、拡張性、事業継続性などが挙げられる（表15‐1）。第1にクラウドは、レンタルのようにサブスクリプション方式（Column7-2参照）の利用契約で、初期投資が不要である。利用する企業は、情報システム環境（建物・スペース、配線、電力、空調、サーバー、ネットワーク機器、ストレージ、セキュリティ認証、ソフトウェア、運用人員など）を構築する必要がない。クラウドが提供される以前の情報システムは、オンプレミスと呼ばれ、企業自らがコンピュータや各種ソフトウェアを購入して所有する形態が主流であった。

　第2に、クラウドはクラウドサービスを利用開始するのみなので、初期投資して1から準備するために時間がかかるオンプレミスに比べて、市場投入スピードが格段に速くなった。

【表15‐1　クラウドの特徴】

オンプレミス（クラウド以前）	クラウド
・**初期投資** ー必要（購入、所有）	・**初期投資** ー不要（レンタル、利用） ー市場投入スピードが速い
・**費用** ー固定費	・**費用** ー使った分だけ支出する変動費
・**拡張性** ーコンピューティング資源の増減の作業・時間を要する	・**拡張性** ー容量を随時に変更（増加・減少）可
・**事業継続性** ー自前でリスク分散等を図る必要がある	・**事業継続性** ー災害時等の継続性は、より高まる

　第3に、クラウドは電気料金や水道料金のように使い始めたい時に使い、使った量だけ課金される従量制である。使用した分だけ料金を支払うことができ、オンプレミスでは固定費であったものを変動費化できるようになった。同時に、利用開始・停止を柔軟にできるようになった。

　第4にクラウドは、拡張性に優れている。オンプレミスでは拡張に時間がかかったが、クラウドでは、コンピューティング資源を増減させることが容易になり、ユーザーからの急なアクセス数の増加や大量のデータを分析したい時など（図15‐3）、一時的に必要な分だけを使用することができる。

第15章

223

第Ⅲ部　デジタル・マーケティングのマネジメント

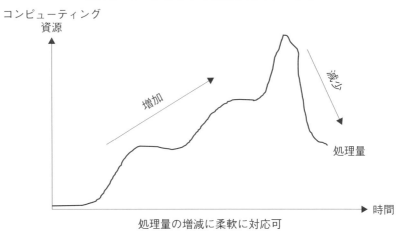

【図15-3　クラウドの拡張性のイメージ】

処理量の増減に柔軟に対応可

　最後に事業継続性である。地震、火事、津波などの災害時に備えて企業は自らの事業を継続させるために、対策する必要がある。オンプレミスでは自ら対策する必要があったが、クラウドを利用することにより、情報システムが地理的に分散され、クラウドの運営会社の専門家による災害等の対応に任せることができるのである。

　なお、セールスフォースドットコム以外に、アマゾン、グーグル、マイクロソフト、NTTグループ、富士通、NEC、野村総研など多くの企業が企業向けクラウドを提供している。

4　アジャイル開発

　本項では、伝統的なウォーターフォール開発と、事例においても紹介したアジャイル開発について、比較しながら話を進めよう。ここで学ぶアジャイル開発は、デジタル・マーケティングを実践する企業が、情報システムを自社開発する場合には、重要な考え方となる。

❖ ウォーターフォール開発

　ウォーターフォール開発は、その名のとおり「滝」のイメージで、上流から下流

第15章　デジタル社会の情報システム：セールスフォースドットコム ❖

Column15-2

AI（人工知能）

　AI（Artificial Intelligence）は、人工知能と訳され、「人工的につくられた人間のような知能、ないしはそれをつくる技術」と、松尾豊により定義される。現在主流を占めるAIは、得られたデータから隠れたパターンや規則性を見つけ出す機械学習に加え、データをもとにどこに目を付けて分析を行うかをAI自らが探し出すことのできる機械学習の手法であるディープラーニング（深層学習）によって、人間には扱うことが困難な膨大なデータから新しい認識を獲得していくことができる。今日のAIはコンピュータの処理能力とスピードの向上、そしてクラウドによって膨大なデータを蓄積・処理できるようになったことが可能にしたといえよう。

　例えば、AIを駆使したデジタル・マーケティングの例として、レコメンドシステムや検索エンジンがある。レコメンドシステムは、「製品を閲覧した、購入した」というユーザーの行動結果に着目し、大量データからパターンを見つけ出す機械学習を行う。第1章でみたアマゾンのレコメンド機能が、その代表例である。また第13章で学んだとおり、さまざまなデジタルのサービスを提供するグーグルでは、既に20を超えるサービスで、ディープラーニングが適用されている。同社の主要サービスの検索や検索連動広告にも適用されており、検索結果の順位づけを導く主要なシグナル（要素）の1つとして、ディープラーニングによるランクブレインと呼ばれる機能が導入されている。特に比較的新しい検索キーワード等にランクブレインの導入効果が示されつつあるという。加えて、ディープラーニングには、なぜそのような分析結果をもたらしたかブラックボックス化されてしまう特質があるが、グーグルはAIが実際に何を行っているかを理解しようとしている。

へ水が流れるように、計画的に順序立てて情報システムの開発を進めていく方法である（図15-4）。前のプロセスを進めることで、次のプロセスの詳細を明らかにしながら、具現化するのである。この発想はとても大切である。例えば、大きな新しい街を建設することを考えてみると、計画的に街の広さ、主要な駅や道路などの拠点を設計するなど大きな枠組みを決めつつ、徐々に詳細を具体化していく手法が進めやすいことがわかるだろう。大規模な情報システムの開発も伝統的にこの考えに基づいて実践されている。

第15章

225

第Ⅲ部 デジタル・マーケティングのマネジメント

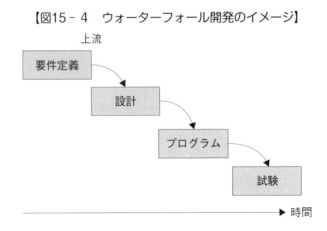

【図15-4 ウォーターフォール開発のイメージ】

ところが、セールスフォースドットコムの事例にあったように、大規模化するにつれて、複雑化が進み、また作業の分担が多くなり、相互のコミュニケーションをさらに要し、結果的に新たな製品・サービスの提供までに時間を要する状況が発生する場合がある。

❖ アジャイル開発の背景

アジャイル開発は、企業の枠を超えた共通的な問題意識から、そして開発実践そのものから生まれたものといえる。2001年に、「プロセスやツールよりも個人と対話を、包括的なドキュメントよりも動くソフトウェアを、契約交渉よりも顧客との協調を、計画に従うことよりも変化への対応を、価値とする。すなわち、左記（それぞれの前者）のことがらに価値があることを認めながらも、私たちは右記（後者）のことがらにより価値をおく。」という「アジャイル・ソフトウェア・開発宣言」が米国ユタ州スノーバードで発表された。

アジャイル開発は、ビジネスの不確実さや変化の速さの増す環境下、ユーザーのフィードバックや開発者の変更要件をより素早く取り入れ、期間を短く区切って優先度の高い機能から実装を繰り返すことで、完成しないと把握できないリスクを軽減する。単なる手順やプロセスでなく、アジャイル開発宣言に示されるような価値観に根ざしている。

第15章　デジタル社会の情報システム：セールスフォースドットコム

❖ アジャイル開発の特徴

図15‐5のとおり、ウォーターフォール開発と違い、要件・設計、プログラム、試験をより短期間で並列的に行う。開発プロセスでは修正を重ねることを前提にしており、試行錯誤を重ねるイメージだ。開発プロセスをとおして、顧客に具体的に動くソフトウェアを見せつつ、フィードバックを受けながら、修正を何度も重ねるのである。

【図15‐5　アジャイル開発のイメージ】

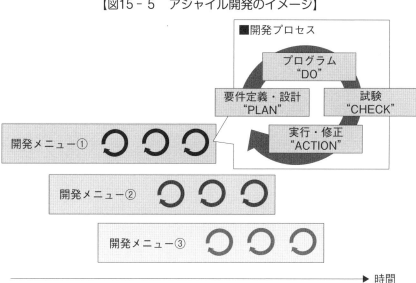

ここで大切なのが、単なる進め方の違いではないという点である。先のアジャイル・ソフトウェア開発宣言にあったとおり、その精神である。対話を重視し顧客を含めて現場の実践者が皆で徹底的に話し合う姿勢、設計書などの美しいドキュメント整備よりもとにかく動くソフトウェアを作って実際に見て触って評価する姿勢、顧客と一緒になって創造する姿勢、変化への柔軟性を最大の価値とする姿勢である。現場の実践から生まれた極めて実践的な方法であることが理解できるだろう。

ウォーターフォールは予見的プロセスであり、アジャイルは経験的プロセスであると言われる。セールスフォースドットコムの事例に取り上げられた「スクラム」

❖ 第Ⅲ部　デジタル・マーケティングのマネジメント

は、1990年代に開発されたソフトウェア開発の手法であり、後のアジャイル・ソフトウェア・開発宣言の精神が共有されている主要な方法の1つである。なぜ、スクラムでは創造性やスピードが発揮されるのだろうか。実は、このスクラムの源流は、竹内弘高と野中郁次郎が1986年に発表した論文が根底にある。「ラグビーのようにチーム一丸となってボールを運んでいる」イメージとして開発プロセスを捉え、当時のホンダとキヤノンの新製品開発の速さと柔軟さを分析した研究である。明確な新製品の企画書や設計書が明示されない中で、開発の最初から最後まで各フェーズを重複させた1つのチームが自律的に動き、各自の専門を超えながら組織的に学習するからこそブレイクスルーが起こっていく点が指摘されたのである。

　例えば、リクルート、楽天、富士通、NTTドコモ、メルカリなど、多くの企業のプロジェクトでアジャイル開発が実践されている。今後も、重要な開発方法の1つとして進化を遂げていくだろう。

　最後に、ウォーターフォール開発もアジャイル開発も双方ともに重要な開発手法であり、目的や状況によって使い分けられることが望ましい。またその開発手法の有する強みや課題を理解しつつ、進めることが大切である。

5　おわりに

　本章では、セールスフォースドットコムのケースを例に、クラウド、アジャイル開発を学んだ。実際に、デジタル・マーケティングを担うマーケターは、具体的にどのようにマーケティング施策を実現するかについて、クラウドをうまく利用する、あるいは自ら情報システムを開発することが求められ、その際の情報システムにかかわる基礎知識となるだろう。

　実はクラウドは、企業のアジャイル開発を促進する特徴がある。アジャイル開発は、ユーザーと協働するために早期に動くアプリケーションを準備することに主眼が置かれる。クラウドは、アプリケーション開発の支援を行いつつ、さらにそれ以外の情報システムの保守や環境適用など、クラウドがかなりの部分を自動的に実行してくれる。したがって、企業のリソースを顧客価値向上に直結するアプリケーション開発等に集中できるマネジメントが行うことができ、アジャイル開発を実現しやすくするのである。

228

第15章　デジタル社会の情報システム：セールスフォースドットコム ❖

❓ 考えてみよう

① クラウドを活用することの利点を、事例をもとに考えてみよう。

② クラウドが、アジャイル開発の利点を促進する理由を考えてみよう。

③ デジタル・マーケティングの実行における情報システムの構築上の留意点を考え
てみよう。

次に読んで欲しい本

☆情報システムの開発における、アジャイル開発について、詳しく学ぶには…。

　平鍋健児、野中郁次郎『アジャイル開発とスクラム：顧客・技術・経営をつなぐ協
　　調的ソフトウェア開発マネジメント』翔泳社、2013年。

☆クラウドの革新的なサービスの1つとして駆使されつつあるAIについて、詳しく学
　ぶには…。

　松尾豊『人工知能は人間を超えるか：ディープラーニングの先にあるもの』
　　KADOKAWA、2015年。

第15章

主要参考文献

■第1章

- アマゾンドットコム「アマゾンの弾み車」<https://www.amazon.co.jp/b?ie=UTF8&node=4967767051>2018年9月10日参照。
- クリス・アンダーソン（篠森ゆりこ訳）『ロングテール：「売れない商品」を宝の山に変える新戦略』早川書房、2006年。
- フィリップ・エバンス、トーマス・S・ウースター（BCG訳）『ネット資本主義の企業戦略：ついに始まったビジネス・デコンストラクション』ダイヤモンド社、1999年。
- ブラッド・ストーン（井口耕二訳）『ジェフ・ベゾス：果てなき野望』日経BP社、2014年。
- 西川英彦「eコマースによる拡大：どのような世界が待ち受けるのか」石原武政・忽那憲治編『商学への招待』有斐閣、2013年。
- 日経ビジネス「アマゾン：ベゾスに見える未来」『日経ビジネス』2017年10月2日号、24-25、2017年。
- 濱野智史『アーキテクチャの生態系』NTT出版、2008年。
- リチャード・ブラント（井口耕二訳）『ワンクリック』日経BP社、2012年。

■第2章

- マイケル・R・ソロモン（松井剛監訳、大竹光寿、北村真琴、鈴木智子、西川英彦、朴宰佑、水越康介訳）『ソロモン消費者行動論』丸善出版、2015年。
- 松井剛、西川英彦編著『1からの消費者行動』碩学舎、2016年。

■第3章

- カール・シャピロ、ハル・ヴァリアン（大野一訳）『情報経済の鉄則 ネットワーク型経済を生き抜くための戦略ガイド』日経BPクラシックス、2018年。
- アルン・スンドララジャン（門脇弘典訳）『シェアリングエコノミー』日経BP社、2016年。
- Eisenmann, Thomas R., Geoffrey G. Parker and Marshall W. Van Alstyne. "Strategies for Two-sided Markets," *Harvard Business Review*, 84 (10), 92-101. 2006.

■第４章

- セス・ゴーディン（谷川漣訳）『パーミッション・マーケティング』海と月社、2011年。
- フィリップ・コトラー、ヘルマワン・カルタジャヤ、イワン・セティアワン（恩藏直人監修、藤井清美訳）『コトラーのマーケティング4.0：スマートフォン時代の究極法則』朝日新聞出版、2017年。
- イタマール・サイモンソン、エマニュエル・ローゼン（千葉敏生訳）『ウソはバレる』ダイヤモンド社、2016年。
- 西川英彦「無印良品の経営学」『一橋ビジネスレビュー』63（1）、148-163、63（2）、132-149、63（3）、104-118、2015年、63（4）、110-122、64（2）、108-123、2016年。

■第５章

- 濱野智史『アーキテクチャの生態系』NTT出版、2008年。
- マイケル・E・ポーター、ジェームス・E・ヘプルマン（有賀裕子訳）「IOT時代の競争戦略」『DIAMONDハーバード・ビジネス・レビュー』40（4）、38-69、2015年。
- 山田英夫『デファクト・スタンダードの競争戦略：第２版』白桃書房、2008年。
- Quah, Danny. *Digital Goods and the New Economy*. CEP Discussion Paper. 2003.

■第６章

- クリス・アンダーソン（関美和訳）『MAKERS：21世紀の産業革命が始まる』NHK出版、2012年。
- 小川進『ユーザーイノベーション：消費者から始まるものづくりの未来』東洋経済新報社、2013年。
- ヘンリー・チェスブロウ（大前恵一朗訳）『OPEN INNOVATION：ハーバード流イノベーション戦略のすべて』産能大出版部、2004年。
- ジェフ・ハウ（中島由華訳）『クラウドソーシング：みんなのパワーが世界を動かす』早川書房、2009年。
- エリック・フォン・ヒッペル（サイコム・インターナショナル訳）『民主化するイノベーションの時代』ファーストプレス、2005年。

- エリック・スティーブン・レイモンド（山形浩生訳）『伽藍とバザール：オープンソース・ソフトLinuxマニフェスト』光芒社、1999年。
- Antorini, Yun Mi, Albert M. Muñiz, Jr. and Tormod Askildsen. "Collaborating with customer communities: Lessons from the LEGO Group," *MIT Sloan Management Review*, 53（3）, 73-79. 2012.

■第7章
- ANA総合研究所『航空産業入門［第2版］』東洋経済新報社、2017年。
- ハーマン・サイモン（上田隆穂監訳、渡部典子訳）『価格の掟：ザ・プライシングマンと呼ばれた男の告白』中央経済社、2016年。
- アン・H・ジャンザー（小巻靖子訳）『サブスクリプション・マーケティング：モノが売れない時代の顧客との関わり方』英治出版、2017年。

■第8章
- 吉元利行「金融から見た電子決済の最新事情とキャッシュレス先進国の事例紹介」『流通情報』525、6-20、2017年。
- Kim, Ju-Young, Martin Natter, and Martin Spann. "Pay What You Want: New Participative Pricing Mechanism," *Journal of Marketing*,73（January）, 44-58. 2009.
- Raghubir, Priya, and Joydeep Srivastava, "Monopoly Money:The Effect of Payment Coupling and Form on Spending Behavior," *Journal of Experimental Psychology*: Applied, 14（3）, 213-225. 2008.

■第9章
- 石原武政、竹村正明、細井謙一編著『1からの流通論〔第2版〕』碩学舎、2018年。
- 近藤公彦「日本型オムニチャネルの特質と理論的課題」『流通研究』第21巻第1号、77-89、2018年。

■第10章
- リサ・ガンスキー（実川元子訳）『メッシュ：すべてのビジネスは〈シェア〉になる』徳間書店、2011年。

- アルン・スンドララジャン（門脇弘典訳）『シェアリングエコノミー』日経BP社、2016年。

■第11章
- フィリップ・コトラー、ヘルマワン・カルタジャヤ、イワン・セティアワン（恩藏直人監修、藤井清美訳）『ユトラーのマーケティング4.0：スマートフォン時代の究極法則』朝日新聞出版、2017年。
- サイバー・コミュニケーションズ監修・MarkeZine編集部編著『ネット広告がわかる基本キーワード70』、翔泳社、2016年。
- 白井明子、西川英彦「企業アバターの効果：ローソンクルー♪あきこちゃん」『マーケティングジャーナル』第37巻第2号、128-149、2017年。
- 徳久昭彦、永松範之『改訂2版 ネット広告ハンドブック』日本能率協会マネジメントセンター、2016年。

■第12章
- フィリップ・コトラー、ヘルマワン・カルタジャヤ、イワン・セティアワン（恩藏直人監修、藤井清美訳）『コトラーのマーケティング4.0：スマートフォン時代の究極法則』朝日新聞出版、2017年。
- 田中辰雄、山口真一『ネット炎上の研究』勁草書房、2016年。
- 濱岡豊、里村卓也『消費者間の相互作用についての基礎研究』慶應義塾大学出版会、2009年。
- 松井剛、西川英彦編著『1からの消費者行動』碩学舎、2016年。
- 水越康介『ソーシャルメディア・マーケティング』日本経済新聞出版社、2018年。
- 山本晶『キーパーソン・マーケティング：なぜ、あの人のクチコミは影響力があるのか』東洋経済新報社、2014年。
- WIRED「INTERVIEW 1億件の口コミによって、わたしたちのホテルの選び方はどう変わった？」
  <https://wired.jp/2013/05/30/tripadvisor-ceo-interview/>2013年。

■第13章
- オプティマイズリー「チェックアウトCVR20％増加：SONY」<https://

optimizely.gaprise.jp/case-studies/1004>2016年。

- グーグル「Google新サービス『来店コンバージョン』測定機能をセブン&アイ・ホールディングスが導入し、オンライン広告からの来店数の可視化に成功」<https://services.google.com/fh/files/misc/7i-cv-casestudy-final.pdf>2015年。
- グーグル「L'Oreal：Googleアナリティクス360スイートとDoubleClick Bid Managerを使って、予測より2倍の収益を獲得」<https://analytics-ja.googleblog.com/2016/03/loreal-google-360-doubleclick-bid.html>2016年。
- 経済産業省「ソーシャルメディア活用：ベストプラクティス」<http://www.meti.go.jp/policy/economy/consumer/consumer/pdf/sns_best_practice.pdf>2016年。
- フィリップ・コトラー、ヘルマワン・カルタジャヤ、イワン・セティアワン（恩藏直人監修、藤井清美訳）『コトラーのマーケティング4.0：スマートフォン時代の究極法則』朝日新聞出版、2017年。
- マーク・ジェフリー（佐藤純、矢倉純之介、内田彩香訳）『データ・ドリブン・マーケティング：最低限知っておくべき15の指標』ダイヤモンド社、2017年。
- レイ・ポインター（GMOジャパンマーケットインテリジェンス訳）『オンライン・ソーシャルメディア・リサーチ・ハンドブック』東洋経済新報社、2011年。
- スティーブン・D・ラパポート（電通ソーシャルメディアラボ訳）『リッスン・ファースト！：ソーシャルリスニングの教科書』翔泳社、2012年。

■第14章
- 大野耐一『トヨタ生産方式—脱規模の経営をめざして』ダイヤモンド社、1978年。
- 角井亮一『図解　基本からよくわかる物流のしくみ』日本実業出版社、2014年。
- 中田伸哉、湯浅和夫、橋本雅隆、長峰太郎『現代物流システム論』有斐閣、2003年。
- 日経ビジネス編『ヤマト正伝：小倉昌男が遺したもの』日経BP社、2017年。
- 湯浅和夫、芝田稔子、内田明美子『手にとるようにIT物流がわかる本—超効率システムが誕生する!』かんき出版、2000年。
- Bowersox, Donald, David Closs and M. Bixby Cooper and John C.

Bowersox. *Supply Chain Logistics Management, Fourth Edition*, New York: McGraw-Hill, 2012.

■第15章

- 平鍋健児、野中郁次郎『アジャイル開発とスクラム：顧客・技術・経営をつなぐ協調的ソフトウェア開発マネジメント―』翔泳社、2013年。
- マーク・ベニオフ、カーリー・アドラー（齊藤英孝訳）『クラウド誕生』ダイヤモンド社、2010年。
- 松尾豊『人工知能は人間を超えるか』KADOKAWA、2015年。
- 依田祐一「ITサービスのカスタマイゼーションとスケーラビリティを同時追求するビジネスシステム―セールスフォース・ドットコム「Force.com」の事例―」『InfoCom Review』54、2-21、2011年。
- 依田祐一、水越康介、本條晴一郎「AIを活用したユーザーニーズの探索プロセスにおける「結果」と「理由」に係る一考察：Amazon.comとGoogleをもとに」『立命館経営学』55（3）、105-127、2016年。
- RADIANT「Issue #6：機械と人の未来」<http://www.ritsumei.ac.jp/research/radiant/robot_ai/story6.html/>2017年。

索　引

■ 人名・企業名等 ■

ANA……………………………… 16, 96
ANAマイレージクラブ……………… 99
AT&T…………………………………… 73
au…………………………………………… 46
AWA……………………………………… 70
CUUSOO SYSTEM………………… 85
DeNA………………………………… 213
DJI…………………………………… 207
HomePod……………………………… 70
Hulu………………………………… 106
IBM…………………………………… 194
IBM Voices………………………… 194
iPhone………………………………… 10
iTunes…………………………… 68, 106
JAL…………………………………… 97
JR東日本…………………………… 120
LINE………… 70, 155, 157, 162, 175, 218
LINEライブ………………………… 164
MUJI passport……………………… 54
MUJI＋Car1000…………………… 52
nanaco……………………………… 120
NEC…………………………………… 224
NTTグループ……………………… 224
NTTドコモ……………………… 46, 228
P&G…………………………………… 86
Suica………………………………… 120
VAIO………………………………… 199
WAON……………………………… 120
Windows 95………………………… 10
YouTube…… 103, 161, 165, 178, 191, 192
アカデミー賞…………………………… 8
アクロバット・リーダー…………… 103
アットコスメ………………… 163, 175
アップル………………………… 16, 68
アップルミュージック………… 68, 106

アディダス…………………………… 86
アドビ………………………… 103, 105
アマゾン… 4, 43, 47, 70, 73, 105, 128, 130,
　　135, 206, 207, 211, 216, 224
アマゾンウェブサービス……………… 9
アマゾンエコー……………………… 135
アマゾンオークション………………… 7
アマゾンスタジオ……………………… 8
アマゾンドットコム…………………… 4
アマゾンプライム…………………… 105
アマゾンベーシック…………………… 9
アメリカン航空……………………… 98
アルファベット……………………… 191
アレクサ………………………………… 9
アンドロイド………………… 75, 191
イオン銀行…………………………… 120
イタマール・サイモンソン…………… 61
一休…………………………………… 110
伊藤ハム……………………………… 156
イーベイ…………………………… 7, 145
インスタグラム………… 20, 155, 175, 194
インターネット・エクスプローラー… 38
宇多田ヒカル………………………… 70
ウーバー…………………… 16, 47, 140
ウーバーイーツ………………… 141, 209
ウーバー・テクノロジーズ………… 140
エアビーアンドビー 16, 41, 110, 149, 150
エクスペディア……………………… 143
エコー……………………………… 9, 16
エマニュエル・ローゼン…………… 61
オーリー……………………………… 173
オリックス…………………………… 149
オリックス・バッファローズ……… 216
オレオ………………………………… 196
価格.com………………… 21, 161, 163, 175
カカクコム…………………………… 20
壁棚…………………………………… 52

237

❖ 索 引

体にフィットするソファ……………… 52
カレコ………………………………… 149
キックスターター…………………… 148
キャス・サンスティーン…………… 182
キャンプファイヤー………………… 117
近鉄グループホールディングス…… 120
キンドル……………………………… 9
グーグル…… 14, 17 , 22, 70, 73 , 161, 188,
　　216, 218, 224
グーグルTV………………………… 191
グーグルアース……………………… 191
グーグルアドセンス………………… 190
グーグルアドワーズ………… 190, 192
グーグルアナリティクス…………… 191
グーグルオプティマイズ…………… 192
グーグルクローム…………… 38, 191
グーグルサーベイ…………………… 191
グーグルサーベイ 360……………… 191
グーグルトレンド…………………… 191
グーグルフォーム…………………… 191
グーグルフォト……………………… 191
グーグルプレイ……………………… 191
グーグルホーム……………………… 192
グーグルマイビジネス……………… 192
グーグルマップ……………… 191, 192
グヌーテラ…………………………… 145
クリスピー・クリーム・ドーナツ… 209
クリプトン・フューチャー・メディア
　　………………………………… 78
クール宅急便………………………… 205
クロネコメンバーズ………………… 213
クロームブック……………………… 191
小林幸子……………………………… 78
コンシューマー・バロメーター…… 191
サーゲイ・ブリン…………………… 188
ジェームズ・ヘプルマン…………… 75
ジェフ・ハウ………………………… 87
ジェフ・ベゾス……………………… 4
ジップカー…………………………… 149
ジャグディシュ・シェス…………… 28

ジーユー……………………………… 134
シュウ・ウエムラ…………………… 193
ジョー・ゲビア……………………… 111
ジョン・A・ハワード……………… 28
スキー宅急便………………………… 204
スターアライアンス………………… 99
ステファン・カウファー…………… 171
スバル………………………………… 194
スポティファイ……………………… 70
西武百貨店…………………………… 51
西友…………………………………… 50
セス・ゴーディン…………………… 58
セゾングループ……………………… 51
ゼブラ………………………………… 164
セブン&アイ………………… 120, 198
セールスフォースドットコム…… 17, 216
ゼンリン……………………………… 207
ゾゾスーツ…………………………… 135
ゾゾタウン…………………………… 116
ソニーヨーロッパ…………………… 199
ソフトバンク………………………… 46
ダッシュボタン……………… 9, 16, 135
食べログ……………………… 13, 20
ダラ・コスロシャヒ………………… 143
ダルマット…………………………… 209
チンタイ……………………………… 198
ツイキャス…………………………… 164
ツイッター…… 54, 55 , 154, 162, 163, 182,
　　194, 218
ツタヤ………………………………… 149
堤清二………………………………… 51
ディディチューシン（滴滴出行）… 141
デュラセル…………………………… 73
テラドローン………………………… 207
トイザらス…………………………… 6
東京電力……………………………… 207
トヨタ………………………………… 216
トラビス・カラニック……………… 142
トリップアドバイザー……… 17, 170
ナップスター………………………… 145

索　引

ニコニコ動画‥‥‥‥‥‥‥‥‥‥‥‥ 78	マーク・ベニオフ‥‥‥‥‥‥‥‥‥ 217
ニコニコ生放送‥‥‥‥‥‥‥‥‥‥ 164	マクアケ‥‥‥‥‥‥‥‥‥‥‥‥‥ 117
日産自動車‥‥‥‥‥‥‥‥‥‥‥‥ 52	三浦大知‥‥‥‥‥‥‥‥‥‥‥‥‥ 70
日本郵政‥‥‥‥‥‥‥‥‥‥‥‥ 217	みちびき‥‥‥‥‥‥‥‥‥‥‥‥ 207
日本郵便‥‥‥‥‥‥‥‥‥‥‥‥‥ 39	ムジ・ネット‥‥‥‥‥‥‥‥‥‥ 52
ネイサン・ブレチャジック‥‥‥‥‥ 111	無印良品‥‥‥‥‥‥‥‥‥ 15, 50, 86
ネットフリックス‥‥‥‥‥‥‥‥ 106	メイカー・フェア‥‥‥‥‥‥‥‥‥ 93
野村総研‥‥‥‥‥‥‥‥‥‥‥‥ 224	メルカリ‥‥ 15, 36, 128, 145, 206, 206, 228
ハーヴェイ・ライベンシュタイン‥‥ 179	メルカリNOW‥‥‥‥‥‥‥‥‥‥ 39
パーカー・ハリス‥‥‥‥‥‥‥‥ 217	メルカリチャンネル‥‥‥‥‥‥‥‥ 39
はじめしゃちょー‥‥‥‥‥‥‥‥ 164	持ち運びできるあかり‥‥‥‥‥‥‥ 52
パソナ‥‥‥‥‥‥‥‥‥‥‥‥‥ 156	モンデリーズ・インターナショナル‥ 196
初音ミク‥‥‥‥‥‥‥‥‥‥‥‥ 78	ヤフー‥‥‥‥‥‥‥‥‥‥‥ 14, 189
はづ別館‥‥‥‥‥‥‥‥‥‥‥‥ 116	ヤフーオークション‥‥‥‥‥‥‥ 145
パナソニック‥‥‥‥‥‥‥‥‥ 73, 86	ヤフージャパン‥‥‥‥‥‥‥‥‥ 161
濱野智史‥‥‥‥‥‥‥‥‥‥‥‥ 14	ヤフー知恵袋‥‥‥‥‥‥‥‥‥‥ 175
ハム係長‥‥‥‥‥‥‥‥‥‥‥‥ 156	ヤフオク！‥‥‥‥‥‥‥‥‥ 115, 116
ピアプロ‥‥‥‥‥‥‥‥‥‥‥‥ 78	ヤマサ醤油‥‥‥‥‥‥‥‥‥‥‥ 156
ヒカキン‥‥‥‥‥‥‥‥‥‥‥‥ 164	ヤマサン‥‥‥‥‥‥‥‥‥‥‥‥ 156
飛騨信用組合‥‥‥‥‥‥‥‥‥‥ 120	ヤマト運輸‥‥‥‥‥‥‥‥ 17, 39, 202
ぴーにょ‥‥‥‥‥‥‥‥‥‥‥‥ 156	ヤマハ‥‥‥‥‥‥‥‥‥‥‥‥‥ 86
ファーストリテイリング‥‥‥‥‥ 125	ゆうゆうメルカリ便‥‥‥‥‥‥‥‥ 39
ファイン・トレーディング・ジャパン‥	ユニクロ‥‥‥‥‥‥‥‥‥‥ 16, 124
117	楽天‥‥‥‥‥‥‥‥ 70, 206, 211 , 228
ファミリーマート‥‥‥‥‥‥‥‥‥ 51	楽天市場‥‥‥‥‥‥‥‥‥‥ 41, 43
フィリップス‥‥‥‥‥‥‥‥‥‥ 73	楽天トラベル‥‥‥‥‥‥‥‥‥‥ 110
フェイスブック‥ 16, 23, 25, 41, 42, 43, 45,	らくらくメルカリ便‥‥‥‥‥‥‥‥ 39
47, 50, 54, 55, 155, 162 , 218	ラリー・ペイジ‥‥‥‥‥‥‥‥‥ 188
富士通‥‥‥‥‥‥‥‥‥‥ 224, 228	リクルート‥‥‥‥‥‥‥‥‥‥‥ 228
ブライアン・チェスキー‥‥‥‥‥ 111	リッツ‥‥‥‥‥‥‥‥‥‥‥‥ 196
プライムエア‥‥‥‥‥‥‥‥‥‥ 207	リナックス‥‥‥‥‥‥‥‥‥‥‥ 90
プライム会員‥‥‥‥‥‥‥‥‥‥‥ 8	リフト‥‥‥‥‥‥‥‥‥‥‥‥ 141
ブリヂストン‥‥‥‥‥‥‥‥‥‥ 77	良品計画‥‥‥‥‥‥‥‥‥‥‥‥ 51
フルフィルメントバイアマゾン‥‥‥‥ 8	りんな‥‥‥‥‥‥‥‥‥‥‥‥ 157
フローレンス‥‥‥‥‥‥‥‥‥‥ 217	レオパレス21‥‥‥‥‥‥‥‥‥‥ 164
ヘンリー・チェスブロウ‥‥‥‥‥‥ 88	レゴ‥‥‥‥‥‥‥‥‥‥‥‥ 16, 82
ポケモンGO‥‥‥‥‥‥‥‥‥‥ 146	レゴアイデア‥‥‥‥‥‥‥‥‥‥ 85
ホームキット‥‥‥‥‥‥‥‥‥‥ 70	レゴマインクラフト‥‥‥‥‥‥‥‥ 86
マイクロソフト‥‥‥‥‥‥ 157, 216, 224	レディオヘッド‥‥‥‥‥‥‥‥‥ 116
マイケル・ポーター‥‥‥‥‥‥‥‥ 75	レディフォー‥‥‥‥‥‥‥‥‥‥ 117

239

索 引

ローソン……………………86, 154, 217
ローソンクルー♪あきこちゃん… 16, 154
ロボネコヤマト………………………213
ロレアル………………………………193
ワイアード………………………………87
ワンクリック……………………………6

■ 数字・アルファベット ■

３Ｄ技術………………………………146
３Ｄプリンタ…………………………146
４Ｃ……………………………………59
４Ｐ……………………………………15
A/Bテスト…………………191, 198
AI…………157, 165 , 199, 214, 222, 225
AIDA…………………………………28
AIDMA………………………………28
AISAS…………………………………28
AIスピーカー……………135, 192, 221
AR……………………………………146
Ｂ２Ｂ………………………41, 106
Ｂ２Ｃ………………………41, 144
Ｃ２Ｃ………………………43, 46, 144
DIY……………………………………93
Ｆファクター…………………………55
GDPR…………………………………219
GPS……………………………………209
ID付きPOS…………………………134
IoT……………16, 59, 75, 135, 193
LCC……………………………………97
MM……………………………………59
ｎ次創作………………………………78
Ｏ２Ｏ…………………………133, 198
Ｐ２Ｐ…………………………………145
RFIDタグ……………………………210
SEO………………16, 161, 190
SNS……………………175, 178
STP……………………………………56
URL……………………………………14
VR……………………………………146
YouTuber………………………164, 178

■ あ 行 ■

アイデアコンテスト……………………87
アーキテクチャ………………………14
アーキテクチャの生態系………………14
アジャイル開発…………………17, 224
アフェリエーション……………………6
アプリケーション……………………222
アルゴリズム…………………………14
アーンド・メディア…………………163
アンバサダー…………………………85
市場伸介者……………………………128
イノベーション………………………82
イノベーション・コミュニティ…… 16, 90
インサイト…………………188, 196
インターネット………………4, 10
インタラプション・マーケティング… 58
インタレストグラフ……………………25
インフラストラクチャー………………4
インフルエンサー……………………178
インフルエンサー・マーケティング·178
ウェアラブル端末……………………135
ウェブルーミング……………………133
ウォーターフォール…………220, 224
エキスパート・ユーザー………………84
エブリシングストア……………………5
エムロック…………………195, 196
エンゲージメント………………………60
エンジェルリスト……………………148
炎上…………………………156, 182
オウンド・メディア……………27, 162
オーガニック検索……………………192
オークションサイト……………7, 60
オープン・イノベーション……… 87, 88
オープンソース・ソフトウェア………90
オムニチャネル…………16, 59, 132
オンプレミス…………………………223
オンライン・コミュニティ…………193

索　引

■ か 行 ■

買い手決定型価格設定……………… 116
買い手提案型価格設定……………… 116
外部資源…………………………… 87
会話…………………… 55, 59 , 177
価格………………………………… 15
価格差異化………………………… 103
価格戦略………………… 16, 96, 110
学割………………………………… 105
カスタマー・ジャーニー…… 13, 20, 22, 26,
　56, 60, 132, 135, 161, 177, 197
カスタマイゼーション………………… 74
仮想通貨…………………… 118, 120
可用性……………………………… 219
監査性……………………………… 220
間接流通…………………………… 128
幹線………………………………… 208
関与………………………………… 175
機械学習…………………………… 225
企業アバター……………… 155, 156
企業ウェブサイト………………… 162
規模の経済………………… 45, 73, 74
機密性……………………………… 219
共感的リサーチ…………………… 194
共創…………………………… 59, 82
協働…………………… 15, 50, 55, 177
共同格付け………………… 17, 60, 179
共同活性化…………………… 59, 145
クチコミ…………………… 8, 17, 60, 174
クチコミサイト・アプリ……………… 170
クラウド…………………… 17, 216, 222
クラウドソーシング……………… 16, 86, 87
クラウドファンディング… 110, 116, 117,
　148
クリック＆モルタル………………… 133
クロスチャネル…………………… 131
群衆の知恵………………………… 87
経験効果…………………………… 40
掲示板……………………………… 175

決済システム……………………… 147
検索エンジン………………… 5, 14, 189
検証的リサーチ……………… 17, 192
検討…………… 22, 26, 60, 132, 161
広告………………………………… 173
広告ブランド効果測定サービス…… 192
公式アカウント…………………… 163
行動…………… 22, 26, 60, 132, 161
購買意思決定プロセス…… 26, 61, 62, 197
購買意思決定モデル………………… 28
後発優位…………………………… 40
顧客生涯価値……………………… 105
顧客体験…………………………… 7, 8
顧客の声…………………………… 51, 52
個人情報…………………… 39, 219
個人情報保護法…………………… 219
個人情報漏洩……………………… 119
コミュニケーション・チャネル……… 26
コミュニケーション・プラット
　フォーム…………………………… 25
コラボ消費………………………… 148
コンソーシアム型スタンダード……… 73
コンテンツ・マーケティング…… 17, 165,
　167
コンバージョン…………… 191, 197
コンバージョン率………………… 197
コンビニエンスストア……………… 202

■ さ 行 ■

サイバーカスケード……………… 182
再配達…………… 17, 206, 211, 212, 213
サージプライシング……………… 143
サーチリフト測定………… 192, 197
サードパーティ・ロジスティクス…… 210
サーバー…………………………… 222
サブスクリプション……… 106, 218, 223
サンプリング……………………… 103
シェア……………………………… 147
シェアリング……………………… 147
シェアリング・エコノミー… 16, 106, 140,

241

❖ 索　引

148
シェアリング・サービス………… 60, 111
市場経済………………………… 148
市場仲介者……………………… 128
支払意思価格…………………… 121
集荷……… 203, 206, 208, 209, 211, 214
需要の価格弾力性……………… 102
需要予測………………………… 88
商業者…………………………… 128
承認……………………………… 50
消費者間取引………………… 16, 144
消費者行動……………………… 13
消費者参加型製品開発………… 82
消費者評価……………………… 174
情報縮約・斉合の原理………… 130
情報端末…………………… 4, 10, 193
情報の透明化…………………… 172
ショールーミング……………… 133
シングルチャネル……………… 131
人的コミュニケーション……… 175
信頼………………………… 50, 55, 57
推奨………………………… 22, 26, 60
スイッチングコスト…………… 40, 46
スクラム………………………… 220
ステルス・マーケティング…… 178
ストリーマー…………………… 164
ストリーミング………………… 69
ストレージ……………………… 222
スノッブ効果…………………… 179
スーパーマーケット…………… 42
スマート・スピーカー…… 9, 10 , 70, 75
スマート製品…………………… 75
製造小売業……………………… 126
生態系…………………………… 14
製品……………………………… 15
製品戦略………………………… 16, 68
セキュリティ…………………… 218
セグメンテーション…………… 56
絶対価値………………………… 61, 181
先発優位………………………… 40

潜伏者…………………………… 29
相互評価………………………… 147
相互リンク……………………… 14
相対価値………………………… 61
相対的要因……………………… 61
贈与経済………………………… 148
ソーシャル・リスニング……… 188, 193
ソーシャルグラフ……………… 25

■ た 行 ■

第三者機関による認証………… 147
態度変容………………………… 26
ダイナミック・プライシング…… 16, 59, 60, 100, 116
ダイレクトモデル……………… 16, 130
妥協効果………………………… 61
ターゲットの設定……………… 166
ターゲティング………………… 56
タッチポイント……… 20, 22, 26, 60, 132
多様性…………………………… 87
探索的リサーチ………………… 17, 192
知的財産権……………………… 83
チャネル………………………… 15, 124
チャネル戦略…………………… 16, 140
直接流通………………………… 128
通貨………………………… 59, 114, 118
ディスプレイ広告……………… 161
ディープラーニング…………… 225
デジタル・デバイド…………… 32
デジタル・ネイティブ………… 32
デジタル・リテラシー………… 13, 28
デジタル財………………… 16, 72, 106
テストマーケティング………… 88
デファクト・スタンダード…… 73
デマ……………………………… 31
電子決済…………………… 16, 114, 118
電子通貨………………………… 118, 120
伝統的マーケティング………… 59, 71, 105
透明性の高い情報……………… 173
匿名加工情報…………………… 219

242

索　引

匿名配送サービス……………………… 39
トラックバック……………………… 14
取引コスト……………………… 42
取引総数極少化の原理……………… 129
トリプル・メディア…………… 17, 160
トレーサビリティ………… 202, 205, 214
ドローン……………………… 207

■　な　行　■

内発的モチベーション………………… 90
生の情報………………………… 173
ナローバンド………………………… 10
認知……………… 22, 26, 60, 132, 160
ネット・コミュニケーション力……… 29
ネットオークション……… 110, 144, 145
ネット懐疑志向………………………… 29
ネットコミュニティ…………………… 83
ネット操作力…………………………… 29
ネットワーク……………………… 222
ネットワーク効果…………… 15, 40, 43
ネトノグラフィー……………… 194, 195

■　は　行　■

配荷………… 203, 208, 209, 212, 213, 214
ハイパー消費……………………… 148
ハイパーリンク……………………… 14
弾み車………………………………… 7
ハッカー………………………… 77
ハブ＆スポーク……………………… 203
パーミッション……………………… 57
パーミッション・マーケティング…… 58
範囲の経済……………………… 45
バンドワゴン効果……………… 179
ビーコン………………………… 198
ビジネスモデル……………………… 126
ビッグデータ 104, 107, 134, 188, 193, 222
ビデオ広告……………………… 161
一人勝ち……………………… 41
標準化戦略……………………… 73
品質効果……………………… 89

ファブラボ……………………… 93
フィルター・バブル………………… 32
フィンテック……………………… 121
フェイク・ニュース………………… 31
不確実性プールの原理……………… 130
物流企業……………………… 203
プライバシー保護……………… 219
プライベートブランド………………… 51
プラットフォーム… 7, 15, 36, 41, 85, 111,
　　116, 128, 170, 172
プラットフォーム・ビジネス………… 6
ブランドリフト調査………… 192, 197
フリーマーケット…………… 110, 144
フリマアプリ……………………… 18
フリーミアム……………………… 103
ブロガー…………………… 172, 178
ブログ………… 14, 163, 171, 175, 178
プログラミング能力…………………… 30
ブロックチェーン……………… 145
ブロードバンド……………………… 10
プロモーション………………… 15, 170
プロモーション戦略……………… 16, 154
ペイド・メディア……………… 161
ページビュー……………………… 178
ページランク………………… 14, 190
便益の束……………………… 71
ベンチャーキャピタル……………… 141
ボーカロイド……………………… 78
ポジショニング………………… 56
星評価…………………… 174, 179
保全性……………………… 219
ボックス・パレット……………… 208

■　ま　行　■

マイレージ・プログラム……………… 98
マインドストーム…………………… 83
マーケットプレイス…………… 7, 37, 43
マーケティング・サイト……………… 162
マーケティング・ファネル……… 62, 197
マーケティング・ミックス……… 15, 59

243

◆ 索 引

マーケティング・リサーチ……… 89, 192
マーケティング活動の効果測定……… 197
マス媒体……………………………… 161
マーチャンダイジング……………… 125
マルチサイド・プラットフォーム
　　　　　　　　　　　　 41, 112
マルチチャネル……………………… 131
マルチホーミングコスト………… 40, 46
メイカー…………………………… 93
メイカー・ムーブメント………… 91, 93
メッシュ性グリッド……………… 149
メール広告………………………… 161
目標設定…………………………… 165
モバイル情報端末………………… 31
問題解決…………………………… 87

■ や 行 ■

やらせ……………………………… 178
ユーザー…………………………… 179
ユーザー経験……………………… 220
ユーザー・アントレプレナー………… 92
ユーザー・イノベーション………… 92
ユーザー・イノベーター…………… 90
ユーザー・コミュニティ…………… 85
予測………………………………… 87

■ ら 行 ■

ライドシェア・サービス…………… 140
ライブ動画配信…………………… 39
ラストワンマイル………… 136, 208, 214
ラベル効果………………………… 89
ランキング……………………… 174, 179
リアルコンバージョン……………… 198
リスティング広告………………… 161
リーチ……………………… 4, 11, 55
リッチネス………………… 4, 11, 55
リードユーザー…………………… 89
利用契約…………………………… 223
レコメンデーション……………… 6
レビュー…………………………… 6, 174
レベニュー・マネジメント………… 101
レンタル…………………………… 149
ロイヤルティ・プログラム………… 105
ロジスティクス………… 17, 209, 214
ロスリーダー……………………… 6
ロングテール現象………………… 12

■ わ 行 ■

忘れられる権利…………………… 219
ワールドワイドウェブ…………… 10, 14

■編著者略歴

西川　英彦（にしかわ　ひでひこ）

法政大学経営学部教授（博士（商学））

2004年、神戸大学大学院経営学研究科博士後期課程修了。

ワールド、ムジ・ネット取締役、立命館大学准教授・教授を経て、2010年より現職。

主な著書に、『1からの商品企画』、『1からの消費者行動』、『ネット・リテラシー：ソーシャルメディア利用の規定因』など。

主な受賞に、2010年度吉田秀雄賞奨励賞、2013 Best Paper Award of the International Journal of Research in Marketing, Finalist、マーケティングジャーナル2017 ヤングスカラー賞など。

澁谷　覚（しぶや　さとる）

学習院大学国際社会科学部教授（博士（経営学））

2003年、慶應義塾大学大学院経営管理研究科後期博士課程修了。

東京電力、新潟大学助教授、東北大学准教授・教授を経て、2016年より現職。

主な著書に、『ネット・コミュニティのマーケティング戦略』、『類似性の構造と判断』、『はじめてのマーケティング』など。

主な受賞に、2009年度吉田秀雄賞奨励賞、2012年度日本商業学会優秀論文賞、2016年度吉田秀雄賞大賞など。

執筆者紹介 (担当章順)

西川　英彦 (にしかわ　ひでひこ)⋯⋯⋯⋯⋯⋯⋯⋯⋯⋯⋯⋯第1章、第4章
法政大学　経営学部　教授

澁谷　覚 (しぶや　さとる)⋯⋯⋯⋯⋯⋯⋯⋯⋯⋯⋯⋯⋯⋯⋯⋯第2章
学習院大学　国際社会科学部　教授

山本　晶 (やまもと　ひかる)⋯⋯⋯⋯⋯⋯⋯⋯⋯⋯⋯⋯⋯⋯⋯第3章
慶應義塾大学大学院　経営管理研究科　准教授

石田　大典 (いしだ　だいすけ)⋯⋯⋯⋯⋯⋯⋯⋯⋯⋯⋯⋯⋯⋯第5章
日本大学　商学部　准教授

本條　晴一郎 (ほんじょう　せいいちろう)⋯⋯⋯⋯⋯⋯⋯⋯⋯第6章
静岡大学学術院　工学領域事業開発マネジメント系列　准教授

石井　裕明 (いしい　ひろあき)⋯⋯⋯⋯⋯⋯⋯⋯⋯⋯⋯⋯⋯⋯第7章
成蹊大学　経済学部　准教授

奥瀬　喜之 (おくせ　よしゆき)⋯⋯⋯⋯⋯⋯⋯⋯⋯⋯⋯⋯⋯⋯第8章
専修大学　商学部　教授

横山　斉理 (よこやま　なりまさ)⋯⋯⋯⋯⋯⋯⋯⋯⋯⋯⋯⋯⋯第9章
法政大学　経営学部　教授

水越　康介 (みずこし　こうすけ)⋯⋯⋯⋯⋯⋯⋯⋯⋯⋯⋯⋯⋯第10章
首都大学東京　経済経営学部　准教授

外川　拓 (とがわ　たく)⋯⋯⋯⋯⋯⋯⋯⋯⋯⋯⋯⋯⋯⋯⋯⋯⋯第11章
千葉商科大学　商経学部　准教授

浦野　寛子 (うらの　ひろこ)⋯⋯⋯⋯⋯⋯⋯⋯⋯⋯⋯⋯⋯⋯⋯第12章
立正大学　経営学部　教授

大竹　光寿 (おおたけ　みつとし)⋯⋯⋯⋯⋯⋯⋯⋯⋯⋯⋯⋯⋯第13章
明治学院大学　経済学部　准教授

遊橋　裕泰 (ゆうはし　ひろやす)⋯⋯⋯⋯⋯⋯⋯⋯⋯⋯⋯⋯⋯第14章
静岡大学　情報学部　准教授

依田　祐一 (よだ　ゆういち)⋯⋯⋯⋯⋯⋯⋯⋯⋯⋯⋯⋯⋯⋯⋯第15章
立命館大学　経営学部　准教授

1からのデジタル・マーケティング

2019年3月10日　第1版第1刷発行
2020年2月1日　第1版第7刷発行

編著者　西川英彦・澁谷　覚
発行者　石井淳蔵
発行所　㈱碩学舎
　　　　〒101-0052 東京都千代田区神田小川町2-1 木村ビル10F
　　　　TEL 0120-778-079　FAX 03-5577-4624
　　　　E-mail info@sekigakusha.com
　　　　URL http://www.sekigakusha.com
発売元　㈱中央経済グループパブリッシング
　　　　〒101-0051 東京都千代田区神田神保町1-31-2
　　　　TEL 03-3293-3381　FAX 03-3291-4437
印　刷　東光整版印刷㈱
製　本　㈲井上製本所
Ⓒ 2019　Printed in Japan

＊落丁、乱丁本は、送料発売元負担にてお取り替えいたします。
ISBN978-4-502-28991-0　C3034

JCOPY〈出版者著作権管理機構委託出版物〉本書を無断で複写複製（コピー）する
ことは、著作権法上の例外を除き、禁じられています。本書をコピーされる場合は
事前に出版者著作権管理機構（JCOPY）の許諾を受けてください。
JCOPY〈http://www.jcopy.or.jp　eメール：info@jcopy.or.jp〉

楽しく読めて基本が身につく好評テキストシリーズ！

1 からの 流通論
石原武政・竹村正明（編著）
■A5判・252頁

1 からの マーケティング
石井淳蔵・廣田章光（編著）
■A5判・304頁

1 からの 戦略論
嶋口充輝・内田和成・黒岩健一郎（編著）
■A5判・296頁

1 からの 会計
谷武幸・桜井久勝（編著）
■A5判・248頁

1 からの 観光
高橋一夫・大津正和・吉田順一（編著）
■A5判・268頁

1 からの サービス経営
伊藤宗彦・高室裕史（編著）
■A5判・266頁

1 からの 経済学
中谷武・中村保（編著）
■A5判・268頁

1 からの マーケティング分析
恩藏直人・冨田健司（編著）
■A5判・296頁

1 からの 商品企画
西川英彦・廣田章光（編著）
■A5判・292頁

1 からの 経営学
加護野忠男・吉村典久（編著）
■A5判・320頁

1 からの ファイナンス
榊原茂樹・岡田克彦（編著）
■A5判・304頁

1 からの リテール・マネジメント
清水信年・坂田隆文（編著）
■A5判・288頁

1 からの 病院経営
木村憲洋・的場匡亮・川上智子（編著）
■A5判・328頁

1 からの 経営史
宮本又郎・岡部桂史・平野恭平（編著）
■A5判・344頁

1 からの 消費者行動
松井剛・西川英彦（編著）
■A5判・282頁

1 からの 観光事業論
高橋一夫・柏木千春（編著）
■A5判・296頁

1 からの マーケティング・デザイン
石井淳蔵・廣田章光・坂田隆文（編著）
■A5判・240頁

1 からの グローバル・マーケティング
小田部正明・栗木契・太田一樹（編著）
■A5判・236頁

1 からの アントレプレナーシップ
山田幸三・江島由裕（編著）
■A5判・260頁

1 からの 流通システム
崔相鐵・岸本徹也（編著）
■A5判・268頁

1 からの デジタル・マーケティング
西川英彦・澁谷覚（編著）
■A5判・264頁

発行所：碩学舎　発売元：中央経済社